An Introduction to
GLOBAL ECONOMY
2024

この一冊でわかる
世界経済の新常識 2024

監修 熊谷亮丸
編著 大和総研

日経BP

はじめに

2023年は激動の一年だった。

2022年2月にロシアがウクライナに侵攻したことを受け、資源価格の高騰などを背景とする世界的なインフレ圧力が強まり、主要国の中央銀行は、近年では例を見ない急速かつ大幅な利上げに相次いで踏み切った。多くの中央銀行がインフレ警戒姿勢を継続する中、米国を中心とする民主主義国と中国やロシアを中心とする覇権主義国の対立、新興国の債務リスク、欧州のエネルギー問題、経済安全保障とサプライチェーンの動向、中国における不動産市況の低迷、中東情勢の混乱など、世界経済には不透明要因が山積している。特に、中国における不動産市況の低迷は、2024年の世界経済にとって最大のリスク要因だといっても過言ではないだろう。また、2023年10月に、パレスチナ暫定自治区のガザ地区を実効支配するイスラム組織「ハマス」が、突然イスラエルへの攻撃を開始したことをきっかけに、中東情勢混乱のリスクが高まっている点にも、細心の注意を払う必要がある。

国内に目を転じると、岸田政権は、看板政策である「新しい資本主義」の実現に引き続き取り組んでいる。

2023年に、内政面で、岸田政権が注力したのは「異次元の少子化対策」だった。2023年6月、岸田政権は「こども未来戦略方針」を閣議決定した。岸田総理は、同方針の決定に当たり、①経済成長実現と少子化対策を「車の両輪」とした大きなパッケージとすること、②2030年代までがラストチャンスであることを踏まえた規模の確保、③スピード感という、三つのポイントを重視したと発言している。また、同方針は、①若い世代の所得を増やす、②社会全体の構造・意識を変える、③すべてのこども・子育て世帯を切れ目なく支援するという、三つの基本理念を掲げている。

少子化対策において大切なことは、お金の出し手からみて、「費用対効果」の面で納得のいくお金の使い道であることだ。

筆者は、予想される出生率の改善効果を、必要とされる財政支出額と比較して、いわば「ビー・バイ・シー」的な観点から、政策の優先順位付けを行うべきだと考えている。大和総研の試算では、「こども未来戦略方針」に盛り込まれた政策オプションの中では、両立支援や働き方改革などに関する施策の「費用対効果」が最も高く、逆に「費用対効果」が低いとみられる児童手当拡充の3倍弱から6倍程度に達するものと推定される。

今後は少子化の主因ともいえる若者の婚姻数の減少への断固たる政策対応を講じることが喫緊の課題となる。わが国では正規雇用者と非正規雇用者の年収格差が固定化していることが、結婚・未婚の格差につながっている。こうした観点からは、正規雇用者と非正規雇用者の格差是正を最重要の政策課題と位置づけ、同一労働同一賃金ガイドラインの見直しや、非正規雇用者の待遇改善に関する取り組み状況について非財務情報の開示対象に加えることなどが肝要だ。

加えて、わが国の労働生産性を上昇させる成長戦略という観点からも、労働市場改革こそが

「宝の山」である。労働生産性の高い企業への労働者の分布が米国並みになることや、企業や個人の人的資本投資が米国並みに活性化することで、経済全体でも生産性のさらなる向上が見込める。さらに、年金改革で第3号被保険者制度の見直しや働き方に中立な制度の導入により「収入の壁」の解消が実現し、また「不本意非正規」や「L字カーブ」の解消も進めば、労働投入量が増加することも期待できる。大和総研の試算では、これらの政策効果がフルに発現すれば、中長期的には、わが国の潜在GDPが最大12％程度（約70兆円）押し上げられる可能性がある。

今後、岸田政権が「新しい資本主義」を実現する上で、筆者が特に注力してほしいと考える政策は、以下の5点である。

第一に、継続的な賃上げを実現するためには、すでに指摘した通り、労働生産性を引き上げることが喫緊の課題だ。

そのためには、①人的資本を中心とする無形資産投資を促進して、労働者の「エンプロイアビリティ（雇用され得る能力）」を向上、②グリーン化、デジタル化、規制改革などを通じて、企業の成長期待を高める、③企業の新陳代謝を促すことで、供給過多から企業が値下げ競争に陥っている現状を是正、④「失業なき労働移動」を進めて、経営者が好況期に社員の賃金を安心して引き上げられる環境を整備、⑤外国人高度人材の活用や女性のさらなる活躍を推進して、ダイバーシティー（多様性）を高め、イノベーション（技術革新）を起きやすくする、⑥デジタル化や組織のフラット化などを進めて、企業や政府の業務効率を改善、⑦コーポレート・ガバナンス（企業統治）を強化、といった、わが国の労働生産性の引き上げに向けた多面的な施策を同時並行的に講じる必要がある。

第二に、わが国の成長戦略の柱として、ＧＸ（グリーントランスフォーメーション）とＤＸ（デジタルトランスフォーメーション）を不退転の決意で推進するべきだ。

ＧＸに関しては、経済と環境の好循環実現に向けたカーボンプライシング（炭素税、排出量取引など）の導入に加えて、鉄鋼会社、自動車部品会社などの円滑なトランジション（移行）をサポートすることなども重要だ。

また、ＤＸについては、日本企業の勝機は、デジタルやＡＩ（人工知能）のような「ソフト」で「バーチャル」な世界だけで勝負せずに、これらを「ハード」で「リアル」な製造業や建設業と融合させる点にあるので、こうした分野への支援策も強化してほしい。

第三に、第二のポイントなどとも密接に関係するが、成長戦略の「一丁目一番地」である規制改革には、引き続きしっかりと取り組むべきだ。特に、医療・教育分野のデジタル化や、エネルギー分野の規制改革などが極めて重要である。新たな政策課題として急速に国民の注目度が増している「ライドシェア（自動車の相乗り）」に関する規制改革も、迅速に進めてほしい。

第四に、「全世代型社会保障改革」こそが「新しい資本主義」における公的な分配戦略の柱となる。

わが国では急速な高齢化の進行に伴い、医療・介護の費用が増加し、これを支える現役世代の保険料の負担が非常に重くなっている。その結果、賃上げを行っても保険料の増加で相殺されて、可処分所得が伸びず、消費に回らない。

今後は「人生100年時代」なので、負担能力のある高齢者には支え手に回っていただき、医療提供体制の改革や社会保障給付の効率化などを通じて、現役世代の負担増を抑える一方で、勤労者皆保険の実現や少子化対策の強化などに取り組むことが肝要だ。

また、終身雇用社会から転職社会への移行を見据えた、セーフティーネットの再編も最重要課題の一つである。

ここで中核をなすのは、スウェーデンなどで普及している「アクティベーションプログラム（職業訓練・コーチング・就業体験等の就労移行支援プログラム）」の拡充・多様化を柱とする、積極的労働市場政策の推進だろう。加えて、①同一労働同一賃金の原則の厳格な適用、②生活困窮者対策の充実、③働き方改革の継続、④フリーランスのための所得補償制度の創設、⑤リカレント教育の深掘り、⑥兼業・副業の促進、⑦働き方やライフコースに中立的な税制改正の実施なども課題となる。生活困窮者などへのきめ細かいプッシュ型支援の拡充には、デジタル化の推進、マイナンバーの普及が必要だ。将来的には、企業ではなく、弱い立場の個人により一層焦点を当てて、産業と企業の新陳代謝や、「失業なき労働移動」を前提としつつ、個人の命とくらしを守るというインクルーシブ（包摂的）な政策を実現すべきだ。

第五に、岸田政権が掲げる「資産所得倍増プラン」や「資産運用立国」の実現に向けた施策を着実に推進することが肝要である。そもそも「新しい資本主義」は「成長か？　分配か？」という不毛な二元論を超えて、両者を一体的・同時並行的に推進することを目指しているため、一つの政策が成長戦略であると同時に分配戦略であるケースも多い。「資産所得倍増プラン」はこの典型例であり、成長と分配の好循環の要となるという意味で、岸田政権の最重要政策の一つだといえる。2024年は、非課税投資枠の拡大や投資期間の無期限化などを柱とする「新NISA制度」がスタートすることもあり、わが国にとって長年の課題だった「貯蓄から投資へ」という資金シフトの実現に向けた期待感が非常に高まっている。

本書の構成と各章の概要

グローバル経済が歴史的な転換点を迎える中、今後、岸田政権は「新しい資本主義」を実現し、日本経済を再生させることができるのだろうか？

今後のわが国が進むべき方向性を検討する上では、グローバルな視点が不可欠だ。私たちの日常生活には「世界経済」に関するニュースがあふれている。毎日、テレビを見たり新聞を読んだりしていると、世界経済に関する様々なニュースが目に入ってくるが、容易には、その背景などを理解できないことが多いのではないだろうか。

「日本経済に関するニュースを見ているだけでも、変化が激しくて先を読むことが難しいのに、世界経済の動きともなると、複雑な要素が絡み合っていて現状を理解するだけでも大変……」

こうした読者の皆様の切実な悩みにお応えする目的で企画された、『この一冊でわかる　世界経済』シリーズも、おかげさまで今年9年目を迎えた。

本書では、大和総研の選りすぐりのエコノミストたちが、世界経済を理解する上で必要な基礎知識を、やさしく、わかりやすく解説する。そして、これらの基礎知識を踏まえて、先行きの世界経済の展望を多面的に考察する。この1冊さえ読めば、世界経済に関する基礎知識を習得すると同時に、世界経済の展望が簡単に頭に入る構成になっている。

本書の構成、および、各章の概要は以下の通りである。

「第1章　グローバルリスク：複雑化する深刻な危機を切り抜けられるか」で指摘するように、様々なグローバルリスクが生じ、世界経済の不確実性を高めている。その一つが地政学的リスクであり、米中対立はウクライナ侵攻の長期化によって、さらにはインドなどグローバルサウスの台頭によって複雑化している。また、各地で頻発する異常気象は経済により広範な悪影響を及ぼし、早急な地球規模の取り組みが求められているが、各国の思惑が交錯し解決は遠のいたままだ。グローバルリスクは、一方向ではなく、それぞれが相互に影響を及ぼし合うため、世界経済の不透明さを払拭することは難しい。

「第2章　米国経済：景気後退なしに高インフレから脱却できるか」で取り上げる米国では、堅調な景気を維持しつつインフレの減速が進むというソフトランディングへの期待が高まっている。しかし、底堅く推移してきた屋台骨の個人消費にも、学生ローン返済の再開、超過貯蓄の解消、株価下落に伴う逆資産効果などの下振れリスクはある。また、賃金上昇圧力が緩和せず、インフレが高止まりし、金融引き締めが長期化することも懸念材料だ。２０２４年11月の大統領選挙まで1年を切った。支持率の低いバイデン大統領の再選可能性は、ソフトランディングの達成次第といえる。

「第3章　欧州経済：インフレ鈍化でも拭えぬ先行き不透明感」では、欧州経済を悩ませてきた高インフレの落ち着きが景気拡大を下支えすると指摘する。ただし、インフレ率は先行きも上振れリスクが大きく、ECBは引き締め的な金融政策を当面維持すると見込まれる。加えて、財政政策においては、コロナ禍以降の危機対応で一時停止されていたEUの財政ルールの適用が再開される。再開に当たってルールの見直しが進められているが、多くの国は緊縮財政を余儀なくされる可能性が高い。

「第4章　中国経済：中国版『失われた20年』の始まり？」では、中長期的に中国の成長率低下は不可避であり、いずれ長期低迷局面が訪れる可能性が高いと結論付けた。これは、①人口減少と少子高齢化の急速な進展、②住宅需要の減退など総需要の減少、③過剰投資と投資効率の低下、④それと表裏一体の過剰債務問題、⑤「国進民退」（政策の恩恵が国有企業に集中し、民営企業が蚊帳の外に置かれる）とイノベーションの停滞、などの構造的な問題が中国の成長力を低下させるためだ。処方箋の一つは「国進民退」からの脱却だが、習近平政権では困難だと考えられる。

「第5章　新興国経済：『グローバルサウス』の台頭と葛藤」では、「グローバルサウス」を構成する新興・途上国に関しては、インドのように注目度が高まり、「漁夫の利」を得た国もある一方、中国との関係で難しい立場に置かれた新興国も多いと指摘している。「グローバルサウス」が世界経済の第3極として機能するのは難しいだろう。実体経済では、コロナ禍やウクライナ危機からの回復を着実に進めている国が多く、24年には利下げに踏み切る国が増加する見通しだ。ただし、資源や食料価格の変動がもたらす影響には注意が必要だろう。

「第6章　日本経済①：経済正常化の一巡で景気は減速するもインフレは定着へ」で取り上げる日本経済のメインシナリオでは、実質ＧＤＰ成長率は２０２３年度に＋２％程度へと高まる一方、経済正常化が一巡する24年度に大幅に減速すると見込んでいる。ＣＰＩ上昇率は生鮮食品とエネルギーを除くベースで、24年度の終盤に1％台半ばで推移する見込みだ。ただし、想定よりもインフレが加速し、日銀が24年度に金融政策の正常化に着手する可能性もある。利上げの悪影響は中間層や企業などで表れるだろう。

「第7章　日本経済②：最低賃金『１５００円』目標と今後の課題」では、１０００円を超えた日本の最低賃金を取り上げる。政府は「２０３０年代半ばまでに１５００円」という最低賃金の新たな目標を掲げたが、日本は主要先進国に比べて平均賃金が低く、１５００円への性急な引上げは雇用の悪化を招く可能性が高い。雇用環境に配慮しつつ最低賃金を平均賃金対比で引き上げたり、生産性向上などを通じて平均賃金を高めたりする必要がある。ＥＢＰＭ（証拠に基づく政策立案）を強化する余地も大きい。

「第8章　生成ＡＩ：世界の潮流に学ぶChatGPT活用法」で取り上げたChatGPTは最先端のテキスト生成ＡＩであり、ビジネス上の煩雑なタスクを効率化し、重要な業務への集中を促す効果が期待されている。しかし、事実と異なる内容を生成するハルシネーション（幻覚）という課題も存在する。この問題は、今後のＡＩ技術の進化により近い将来に解決に向かう見込みだ。ChatGPTの導入に伴う「雇用喪失」の影響などへの政策対応も不可欠である。そうした配慮のもと、ChatGPTの積極的な活用は、日本経済の成長を支える重要な要素となるだろう。

本書は、ビジネスパーソンの方々が通勤時間などにも気軽に読める、面白くてためになる本を目指している。世界経済に関心があるすべての読者の皆様のお役に少しでも立てれば、望外の幸せである。

本書の出版に当たり、平素より懇切なご指導を賜っている、大和証券グループ本社の日比野隆司会長、中田誠司代表執行役社長、大和総研の望月篤代表取締役社長、中曽宏理事長にも、謝辞をお伝えしたい。

なお、本書の内容や見解はあくまで個人的なものであり、筆者たちが所属する組織とは関係ない。もし記述に誤りなどがあれば、その責めは筆者たち個人が負うべきものである。

２０２３年10月

熊谷亮丸（大和総研 副理事長 兼 専務取締役 リサーチ本部長）

目次

第2章

米国経済

景気後退なしに高インフレから脱却できるか

第3章

欧州経済

インフレ鈍化でも拭えぬ先行き不透明感

第4章

中国経済

第5章

新興国経済

「グローバルサウス」の台頭と葛藤

第6章 日本経済①

経済正常化の一巡で景気は減速するもインフレは定着へ

第7章 日本経済② 最低賃金「1500円」目標と今後の課題

第8章 生成AI

世界の潮流に学ぶ ChatGPT活用法

第 1 章

グローバルリスク

複雑化する深刻な危機を
切り抜けられるか

世界経済の先行きについて、米国では、金融引き締め政策のソフトランディングへの期待が高まっているが、欧州においては、依然として高インフレ、特にコアインフレの高止まりに対する警戒感が根強い。一方、「ゼロコロナ」政策の放棄からの景気加速が期待された中国は、市場予想を下回り、回復に息切れも見える。このように世界経済の方向感が定まらない中、短期・中長期の景気循環を通じて見通すと、当面は緩やかな景気回復が想定されるものの、様々なリスクが世界経済の不確実性を高めている。

想定されるグローバルリスクの一つが2022年2月に始まったロシアによるウクライナ侵攻に代表される地政学的リスクだ。すでに激化している米中対立も絡んで、世界情勢を複雑化している。また、気候変動問題は、本来、中長期的に解決を目指す課題だが、世界各地で異常気象が頻発していることから、短期的に無視できない影響を及ぼし始めている。そして、地政学的要因や異常気象によって加速した難民・移民の動きは、経済にとどまらず、政治・社会問題を引き起こし、利害対立から事態が複雑化し、解決を困難にしている。

このようにグローバルリスクは一方向の因果関係ではなく、それぞれが相互に影響を及ぼし合うなど、各要因の関係が複雑化している。さらに、一国内にとどまらず、周辺国や地域を巻き込み、ひいては世界規模の問題へと発展している。ここでは、2024年に懸念される「地政学リスク」「経済のブロック化」「異常気象」「難民・移民問題」などを軸に、グローバルリスクについて見ていく。

01

局所的な地政学的リスクが、世界全体を巻き込む

複雑に絡み合う世界各国の思惑

地政学的リスクは、欧州にとどまらず、西アフリカ（ニジェールなど）やアジア（台湾、中印国境など）など世界各地で顕在化しており、一帯の地域を不安定化させている。そして、エネルギーや食料の供給不足危機、サプライチェーンなど経済的な問題を引き起こしている。サプライチェーンが滞れば、価格変動を通じて（最悪、供給の途絶）、経済に大きな打撃を与える恐れがある。地政学的リスクが現実に世界経済を動かすほどのインパクトを与えたケースとしては、これまでも1970年代の第四次中東戦争などがあったが、ロシアによるウクライナ侵攻もその一例だ。

しかも、国連安全保障理事会で拒否権を持つ常任理事国であるロシアが一方の当事者であり、米英仏がもう一方のウクライナ支援に回っているため、国連は機能を果たせていない。このように、世界的な対立によって国連やG20での協議がなかなかまとまらず、問題解決が遠のいたままの事案が少なくない。

例えば、2023年7月にアフリカのニジェールで発生したクーデターの場合、地域連合であ

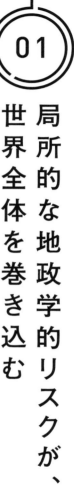

る西アフリカ諸国経済共同体（ＥＣＯＷＡＳ）はニジェールに対する経済制裁を実施し、軍事介入の可能性も示した。これに対し、ＥＣＯＷＡＳのメンバーでもあるマリとブルキナファソの軍事政権は、ニジェールの軍事政権を支持する一方でＥＣＯＷＡＳの軍事介入に反対し、軍事介入を両国への宣戦布告とみなすと警告するなど、事態は膠着したままだ。これらの軍事政権をロシア（民間軍事会社ワグネル）が支援しているともいわれており、西アフリカにおいても、西側とロシアの利害関係が対立する可能性がある。

さらに、8月末、ガボンでも軍事クーデターが発生した。２０２０年以降で6カ国目、延べ8回目のクーデターとなった。これらのクーデターの多くはフランスの旧植民地で発生しており（スーダンのみ英国の旧植民地）、米ロだけでなく、仏英など旧宗主国のコントロールも弱まっていることがうかがえる。ロシアのウクライナ侵攻後、アフリカ諸国は西側（欧州）からの呼び掛けに曖昧な対応や中立的な立場を取ったが、その背景には、旧宗主国への不信感があるとも指摘されている。9月にモロッコで発生した大地震でも同様に、大きな被害に遭ったモロッコがフランスの支援を拒否した（モロッコは、英国、スペイン、カタール、アラブ首長国連邦（ＵＡＥ）の4カ国の救助隊のみを当面受け入れると発表）。その背景には、旧宗主国であるフランスとモロッコの関係が必ずしも良好ではないことがあるとされる。

また、10月に入ると、パレスチナ自治区ガザ地区を実効支配するイスラム組織ハマスによるイスラエルに対する大規模な攻撃をきっかけに、中東情勢はこれまでになく緊迫化した。イスラエルとハマスの軍事衝突が一段と拡大すれば、イスラエルを支援する米国など西側諸国と、ハマス・パレスチナを支援するアラブ諸国やロシアなどを巻き込む形で状況は複雑化し、世界経済への影響は避けられないだろう。

一方、アジアにおいても、ロシアのウクライナ侵攻前から台湾を巡る緊張が高まっており、台湾が世界の主要な製造拠点となっている半導体関連でも、サプライチェーンのリスクが意識されるようになった。半導体は経済的な覇権を争う米中間の争点の一つであり、日本も巻き込まれる形で、西側と中国の対立がエスカレートしていく恐れがある。また、南シナ海を巡っては、インドネシアやマレーシア、フィリピン、ベトナムなどのASEAN諸国と中国は緊張関係にあり、目が離せない。

長期化するウクライナ侵攻
――支援疲れか、西側諸国でも不協和音

侵攻当初より欧米の西側諸国はウクライナを支援してきたが、紛争が1年半以上と長期化する中、国内・域内で「支援疲れ」の兆しが散見されるようになってきた。例えば、最大の支援国である米国では、野党共和党から、無条件での支援を疑問視する声が上がっており、これまでのような巨額な支援予算が成立しにくい状況になると予想される。

また、ウクライナの強力な支援国の一つであるポーランドは、ウクライナ産の穀物輸送を巡って、スロバキアなどの東欧諸国とともに、ウクライナや欧州委員会と揉めている。本来であれば、穀物は黒海を経由して輸送されるが、紛争でそれが困難となったため、代替的に陸路で運ばれて

いる。だが、その過程で、安いウクライナ産が東欧諸国内で流通し、各国の農家が大きな打撃を受けたとして、ポーランドなどが強く反発した。ポーランドなどにとっては、恩を仇で返されたという思いだろう。その後、ＥＵが輸入禁止措置（通過は容認）を時限的に導入したことで危機は回避されたが、９月半ばに期限切れとなったことで、緊張関係が再燃した。これはウクライナを巡る話だが、ＥＵ（欧州委員会）が決定権限を持つ通商政策について、ポーランドなどの加盟国がＥＵの方針に反して独自の措置を取ろうとしていることから、ＥＵの根本的なルールを揺るがす話になっている。

スイス国立銀行が２０２３年９月に公表した分析(注1)によると、欧州経済はロシアのウクライナ侵攻によって、「金融市場の混乱」「ロシアなどとの経済関係悪化」「エネルギー価格の高騰」などに直面し、ウクライナ侵攻がなかったケースと比べて、経済成長率は低下し、インフレ率は押し上げられたという。国別では、ドイツが被った影響が大きい。ウクライナ侵攻の影響で、２０２２年10-12月期のＧＤＰは０・７％押し下げられ、インフレ率は０・４％高くなったと試算している。ここでのポイントは、ウクライナ侵攻が長期化すれば、マイナスの影響はより大きくなる可能性が高いことだろう。

スロバキアやポーランドなどいずれの国も、近い将来、選挙が予定されていて、国内世論に配慮して自国優先になるのが常だ。したがって、ウクライナ支援の優先度が落ちる分、「支援疲れ」と映るのは避けられない。ウクライナ侵攻の長期化によって経済へのダメージが蓄積されていけば、他の国でも同様の「支援疲れ」は十分に起こると考えられ、西側からの支援継続が反攻遂行の生命線であるウクライナにとっては、時間との戦いにもなっている。

欧州同様に、2024年11月に大統領選挙を控えている米国でも、ウクライナに対する態度が変化する可能性がある。リスク要因は、大統領返り咲きを狙っているトランプ前大統領だ。トランプ氏はいくつもの裁判で起訴されているが、共和党内で過半数の支持を集め、現時点での党の最有力候補となっている。仮に、大統領に返り咲き、前政権のレガシーをひっくり返すスタイルを踏襲すれば、ウクライナ問題も例外ではない。最大の支援国が方針を転換したら、西側のウクライナ支援体制は瓦解し、米欧の対立が起きるとみられる。ロシアのプーチン大統領の立場からすると、事態を引き延ばし時間稼ぎすることが得策となるかもしれない。

02 経済のブロック化は世界をどう変えるか

米国のCHIPSプラス法やインフレ抑制法をはじめとして、各国は自国や域内での調達を強化するためこれと似たような補助金・優遇制度を導入しようとしている。自国・域内での調達を原則とする補助金制度を導入すれば、企業の直接投資が大幅に増加する可能性がある。実際、バイデン政権は企業の投資を引き込み、雇用を創出したとアピールに余念がない。他方で、自国優先主義の流れが強まれば、適材適所の国際分業制度はゆがめられ、企業活動の非効率化は価格上

図表1・1　米中の経済規模　～　中国は米国に追いつけるか

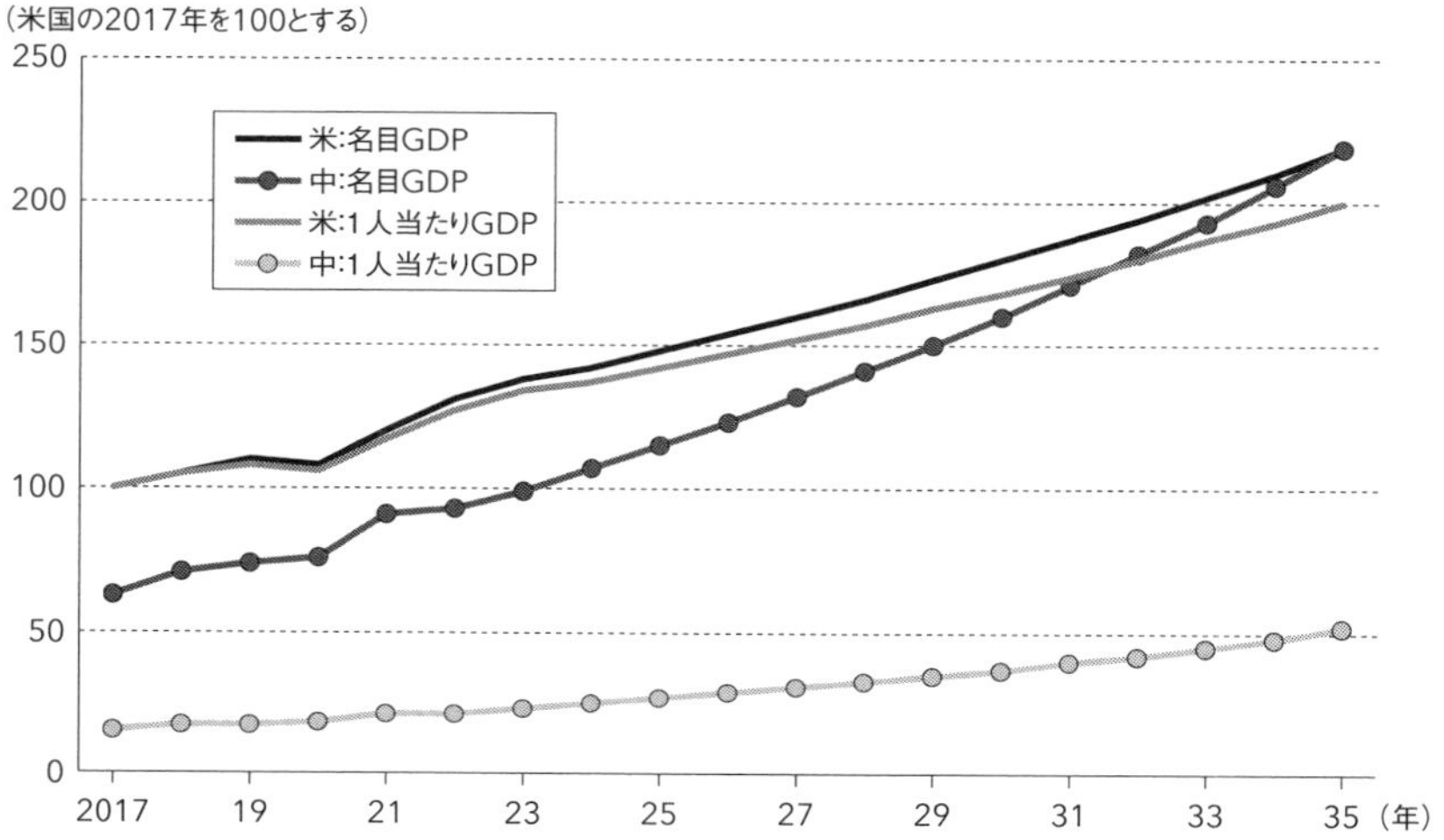

(注)名目GDPは2028年までIMFの推計を使用し、2029年以降は、米国は年4%、中国は年6.5%ずつ機械的に伸ばした。名目GDPは米ドル建て。

(出所)IMF、国連資料より大和総研作成

昇要因になるだろう。

中国は米国を追い越せるか
——米中対立がもたらす影響

世界経済のトップ2である米中の対立激化は、二国間にとどまらず世界の広範囲に影響が及ぶだろう。中国国内に目を転じると、人口の高齢化という構造問題とともに、不動産危機や過剰債務など一朝一夕には解決できない課題に直面しているが、強力な政策を実行すれば、景気の底割れを回避できるのではという期待もある。一方の米国は、金融引き締めのソフトランディングが大きな課題となっているが、様々な要因の均衡で成り立つ険しい道のりであることも確かで、金利上昇や信用収縮がもたらす下振れリスクに留意が必要だ。

これまで米中関係においては、いつ中国が米国を追い越すかが注目され、新型コロナウイル

ス禍（コロナ禍）前の段階では、２０２０年代後半にも米国と中国の経済規模が肩を並べる可能性が指摘された。ただ、コロナ禍を経て中国の成長率が鈍化したことから、ＩＭＦが２０２３年４月に公表した世界経済見通しでは、２０２８年においても米国の経済規模が中国を２割弱上回っており、１人当たりで見ると５倍近い差があると予想されている。

２０２９年以降、米国４％成長、中国６・５％成長が続くと（いずれも２０１５−19年の平均成長率）、２０３５年に両国の経済規模が並ぶ計算になる。もっとも、ディスインフレが進んでいる中国経済の現状を踏まえると、ＩＭＦが想定する名目成長率（２０２４−28年は平均７・25％）はやや高い可能性がある。仮に、高齢化や人口減少が進み、２０２９年以降、成長率が徐々に鈍化すると仮定すると、[注2] 米中の差が縮小するシナリオは変わらないものの、２０３５年時点でも米国の経済規模は約５％大きい。また、ＩＭＦの為替レートの予想を見ると、２０２３年の６・69元／ドルから緩やかに元高が進んで、２０２８年には６・16元／ドルになるとしている。これは２０１３年以来の元高水準だ。足下の７・０元／ドルを上回る人民元安傾向からはギャップがある前提になっており、ＩＭＦの想定よりも人民元安で推移した場合には、中国のドル建て換算ＧＤＰは一段と小さくなり、米国との差は拡大したままだ。

グローバルサウス、インドの台頭で、世界は一段と複雑に

米中対立に、ロシアのウクライナ侵攻などが加わり、エネルギーや食糧の危機、サプライチェ

図表1・2　世界経済で進むグループ化

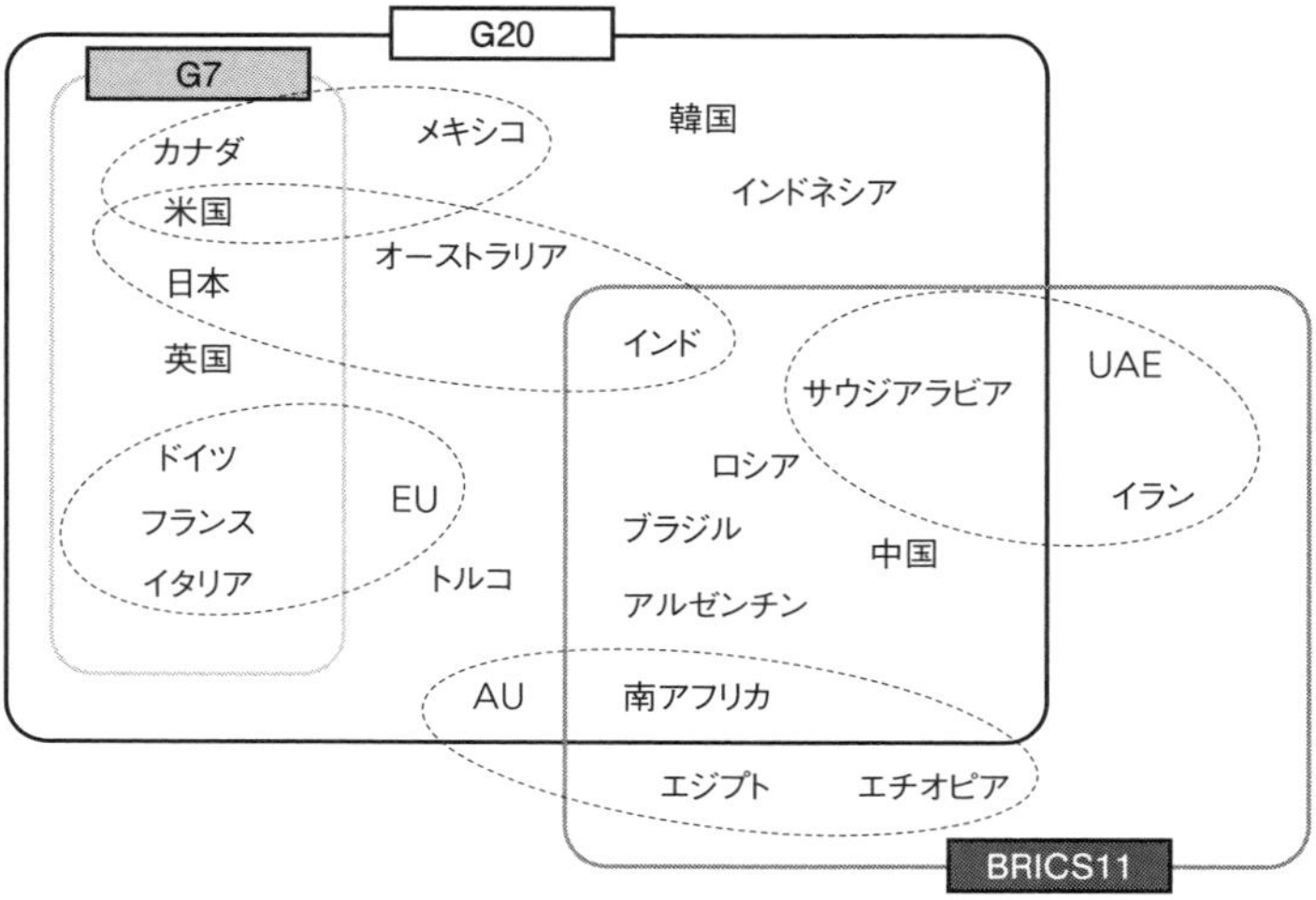

（出所）大和総研作成

ーンの再構築、経済の分断といった諸問題が顕在化している。だが、国連の安保理が機能不全に陥っているように、国際貿易の場では、WTO（世界貿易機関）が機能しなくなって久しい。G20の枠組みが、懸案となっている経済や環境、エネルギー、食糧など様々なグローバルな問題・課題を議論する場として注目されているが、ウクライナ侵攻の余波によりここでも西側諸国と中ロが対立する構図が解けない。このように国際的な枠組みが問題解決に機能していない中、対立するそれぞれの陣営は味方を増やすことに躍起になっている。

西側の主要7カ国が参加するG7に対抗する組織として重要性が増しているのがBRICSだ。2011年より、ブラジル、ロシア、インド、中国、南アフリカの5カ国の首脳が参加する会議が定期的に開催されている。2024年1月からは、サウジアラビアやイラン、エジプト、アルゼンチン、エチオピア、UAEの6カ国を迎えて、BRICSは11カ国体制へと拡大する。この新生BRICS（BRICS11）は、世界経済の3割弱を占めることになり、4割超のG7とは差はあるものの、世界に及ぼす影響力は一段と高まると予想される。

特に、サウジアラビアやイラン、UAEというOPECの主要メンバーが加わり、中国、ロシア、ブラジルなどの既存メンバーと合わせて、原油をはじめとする資源の面で大きなシェアを持つことは要注目だ。また、長年米国と友好関係にあったサウジアラビアと、米国と対立するイランは、中国を仲介役に外交関係の正常化を進め、同時にBRICSに加盟する。さらに、サウジアラビアは、自主的に減産を決め、輸出制限をしているロシアとともに原油の供給調整を実施して価格維持を図っている。原油価格上昇を抑えるためにサウジアラビアに増産を働きかけていた米国をはじめ、インフレ率の鈍化に注力している西側諸国にとっては面白くないだろう。

一方、2023年のG20の議長国を務めたインドの立ち位置は複雑だ。BRICSの一員でありながら、中国とは国境問題を抱えているインドは、米・日・豪・印4カ国による戦略対話（QUAD）の場で安全保障や経済などを協議するほか、米国が主導するインド太平洋経済枠組み（IPEF）の交渉にも参加している。グローバルサウスの中心的な役割を担おうとしているインドに対して、各国から関係強化の働きかけが一段と強まるとみられる。中ロ首脳が欠席した2023年のG20サミットにおいてインドは、西側と中ロの対立が続く状況下で、議長国としてG20ニューデリー首脳宣言を取りまとめた。同宣言には、アフリカ連合（AU）をEUと同様にG20のメンバーとして迎えることも盛り込まれた。インドは、グローバルサウスの発言力拡大に注力している。

03 異常気象が世界を翻弄する

2022年に続いて、異常気象が世界各地で頻発

世界各地で頻発する異常気象もグローバルリスクの一つであり、近年、猛暑や山火事、大雨など極端な事象が増えている。EUの気象情報機関であるコペルニクス気候変動サービスによると、2023年6-9月の世界の平均気温は、同月としての観測史上最高記録を更新した。欧州では、6月から気温が高い日が続いた。欧州の過去最高気温（2021年8月にイタリアのシチリア島で記録された48・8度）は更新されなかったものの、地中海を中心に各地で観測史上最高気温を更新した。一方、フランスでは、連日の酷暑から一転して気温が大幅に低下し11月並みの寒さとなったり、ドイツやイタリアなどでは局地的な豪雨で洪水が発生したりと、不安定な天候も散見された。

2023年は、異常気象との関連性が指摘されているエルニーニョ現象が7年ぶりに発生した。国連の世界気象機関（WMO）によると、2023年夏の世界的な暑さは、エルニーニョ現象が

本格化する前から生じている。また、エルニーニョ現象は通常、1年ほど続くため、2024年も異常気象が頻発し、2023年を上回る暑さになる可能性がある。

欧州最大の経済大国であるドイツでは、水不足によって主要な物流網を担っているライン川の水位が下がると、貨物船の運行に支障を来し、穀物から鉱物、石炭、石油製品など多くの輸送が滞る恐れがある。2022年には対ロシア経済制裁の余波で生じたガス供給懸念から石炭火力発電を代替的に活用したが、水位低下で大型船の運航が困難になり、石炭・石油製品の輸送に影響が及んだ。水位低下により貨物船の積載量が限定されたことから輸送コストが増したほか、ライン川の流域に生産拠点を置く製造業では、必要な量の原材料を確保できずに生産調整を余儀なくされたケースも見られた。

2023年も、ライン川の7月の水位は6月から一段と低下し、1981年以降で最も低かった2022年、そして2018年に次ぐ水位まで下がった。過去40年の7月平均の約半分程度の水位となり、前年に続いて、工場に原材料などを届ける貨物船の運行に支障が出て、低迷が続くドイツ製造業の生産活動に打撃となった。幸い、7月末の大雨によって貨物船が満載で航行できる水位まで回復したものの、大型コンテナ船は今後の水位次第で、積載量を大幅に調整する必要が出てきそうだ。今後も、ライン川の低水位状態は頻発すると予想されるため、企業は供給のボトルネックを回避すべく、代替の輸送ルートの確保に努める必要がありそうだ。

水不足の影響は欧州に限った話ではなく、太平洋と大西洋を結ぶ海上輸送の要衝であるパナマ運河でも、水不足のため運行に支障を来している。通行量が制限されて貨物船が渋滞し、貨物の輸送スケジュールに遅れが生じているとみられる。より遠回りのルートも選択肢になるかもしれないが、いずれにしろ輸送日数は余計にかかってしまう。

また、物流だけでなく、製造過程で大量の水を使う産業も水不足の影響を受ける。原発依存度の高いフランスでは、2022年、水不足と猛暑による水温上昇により、原子炉の冷却効果が十分に得られず、原発の稼働率を抑えざるを得なくなった。川の水量不足による水力発電能力の抑制とともにダブルでダメージとなった。アジアでも、中国からインド、ベトナム、フィリピン、マレーシアなど広範な国において、熱波・雨不足の異常気象のためダムの貯水量が不足し、水力発電の稼働が制限され発電量が減少している。電力不足を補うため、水力に代わって石炭などの化石燃料による発電量が増えているという。環境への配慮から、化石燃料の使用を控えて水力などの再生可能エネルギーへのシフトを進める世界的な動きがある中で、異常気象で水力発電が十分に稼働できず、環境に負荷をかける火力発電をやむを得ず増やすという、ある意味で矛盾した事態に陥っている。

水を大量に使う産業の場合、生産が大幅に抑制される可能性がある。その代表例が、米中で技術覇権を争い、世界中で生産拠点や研究開発、技術の囲い込みが起きている半導体産業だ。世界各国は自国内・域内への工場誘致に必死だが、干ばつ・水不足が頻発する地域では生産に支障を来すリスクが高く、企業が投資を躊躇する理由になるだろう。

半導体産業以外では、アパレル業界も影響を受ける産業の一つだ。2023年9月、コーネル大学とシュローダーズは、猛暑と洪水の影響で東南アジア（バングラデシュ、カンボジア、パキスタン、ベトナムの4カ国）のアパレル業界の輸出が下振れする可能性があるという分析結果を発表した。（注3）気温の上昇や気候変動で増す洪水リスクが、地域経済に大きな打撃をもたらすことを示している。ちなみに、同分析によると、この4カ国は世界最大のアパレル生産拠点であり、世界全体のアパレル輸出の約2割を占め、生産に従事している労働者は1000万人を超える。後述する国際労働機関（ILO）の指摘にもあるように、十分な空調がない工場では、労働者の生産性が高温のため著しく低下すると予想され、生産の押し下げ要因になり得る。

また、これらの地域はもともと、モンスーンなどによる豪雨で洪水に見舞われやすく（パキスタンでは、2022年6月半ば、国土の約3分の1が被害を受ける洪水が発生した）、工場設備が水に浸かったり、物流がストップして原材料の調達が難しくなったりするケースも想定される。今後、気候変動によって引き起こされる猛暑や洪水の多発によって生産性が低下し、生産量が減少すれば、外貨獲得で重要な輸出も減り、企業は従業員を削減せざるを得なくなるだろう。コーネル大学とシュローダーズの推計では、ベースシナリオ比で、輸出は2025～2030年で650億ドル、雇用は約100万人減少するとしている。これらの地域にサプライチェーンを展開する欧米のアパレル企業にとっては、業績面への打撃は避けられないとみられる。

猛暑で労働生産性が低下するリスク

欧州各地では猛暑と乾燥が相まって、大規模な山火事が相次いだ。夏のホリデーシーズンとも重なり、例えば、ギリシャのロードス島では、2023年7月下旬、発生した山火事の影響で滞在していた多くの観光客が避難する事態になり、あまりの猛暑で観光関連施設を一時的に閉鎖する措置も取られた。また、農業の場合、干ばつの影響によって、オリーブやブドウなどの農作物の収穫量が大幅に減少したほか、農業機械や水を汲みあげる機械の燃料代がかさむなど生産コストが増しており、最終的に食料品価格の上昇につながるのではないかと警戒されている。

ＩＬＯによると、暑さへのストレスが企業の管理能力を低下させるなど経済活動上の障害となっており、この新たな脅威に適応するには費用がかかると指摘した上で、暑さへのストレスで蓄積された経済的損失（具体的には、暑さのために日中に働けなくなる時間を損失としている）が２０３０年には年２・４兆ドルに達すると試算している。[注4] 特に、屋外での作業時間が長い農業や建設業、運輸業、そして観光業などのサービス業への打撃が大きく、屋内の作業でも冷房設備が不十分な場合、生産性は低下する。農業の場合、農作物の収穫量が減り一段と価格高騰を招く恐れがある。また、ＩＬＯは、低所得国と高所得国の間で不平等が拡大し、最も弱い立場の人々は、より暑い過酷な労働環境下で働くことになると予想する。このように、異常気象によって農業だけでなく観光業など広範な産業で影響が生じており、将来にわたってマイナスが蓄積されていくと予想される。

また、企業に対して実施されたアンケート（ロイター企業調査、9月、対象は日本企業）でも、世界の異常気象が収益にマイナスの影響を及ぼしていると回答した企業が4割にのぼる。考えられる影響としては、暑さ対策に費用がかかるため他の支出を抑制しなければならない、異常気象で輸送システムに障害が出て物流が滞る、原材料コスト上昇が収益性を圧迫する、などがある。企業は暑さ対策として、交代要員も含めた屋外作業者の確保や従業員の健康管理などを実施する必要がある。このほか、猛暑などで消費者が外出を控えれば、売り上げにも影響が及ぶ。コロナ禍では人々の行動制限が実施され経済活動に影響が出たが、猛暑も形を変えた行動制限と考えられる。

気候変動のような地球規模の問題は、総論ではコンセンサスを得やすいが、費用負担などの各論となると、先進国と新興国が対立するケースが多い。しかし、議論している間に、現実は想定を上回るペースで悪化している。

観光産業は異常気象の打撃を受ける一方、オーバーツーリズムも問題化

異常気象が欧州の観光関連に与える影響を見てみよう。

2023年になって、海外からの旅行者は、コロナ禍前の水準に回復して推移している（図表1・3）。世界各国がコロナ関連の行動制限措置をほぼ撤廃したほか、中国政府が自国民の団体旅行を解禁したことも大きな原動力になった。EU向けでは、2023年2月のハンガリーを手始めに、3月にはフランスやギリシャ、スペイン、イタリア、ポルトガルなど、日本向けと同じ8月に、オーストリアやベルギー、ドイツ、オランダ、英国などがそれぞれ解禁され、これですべてのEU加盟国が対象となった。

一般的に、暑さが厳しすぎると報道されたり、山火事など大きな自然災害に見舞われた地域は、

図表1・3　ユーロ圏の延べ宿泊日数の推移

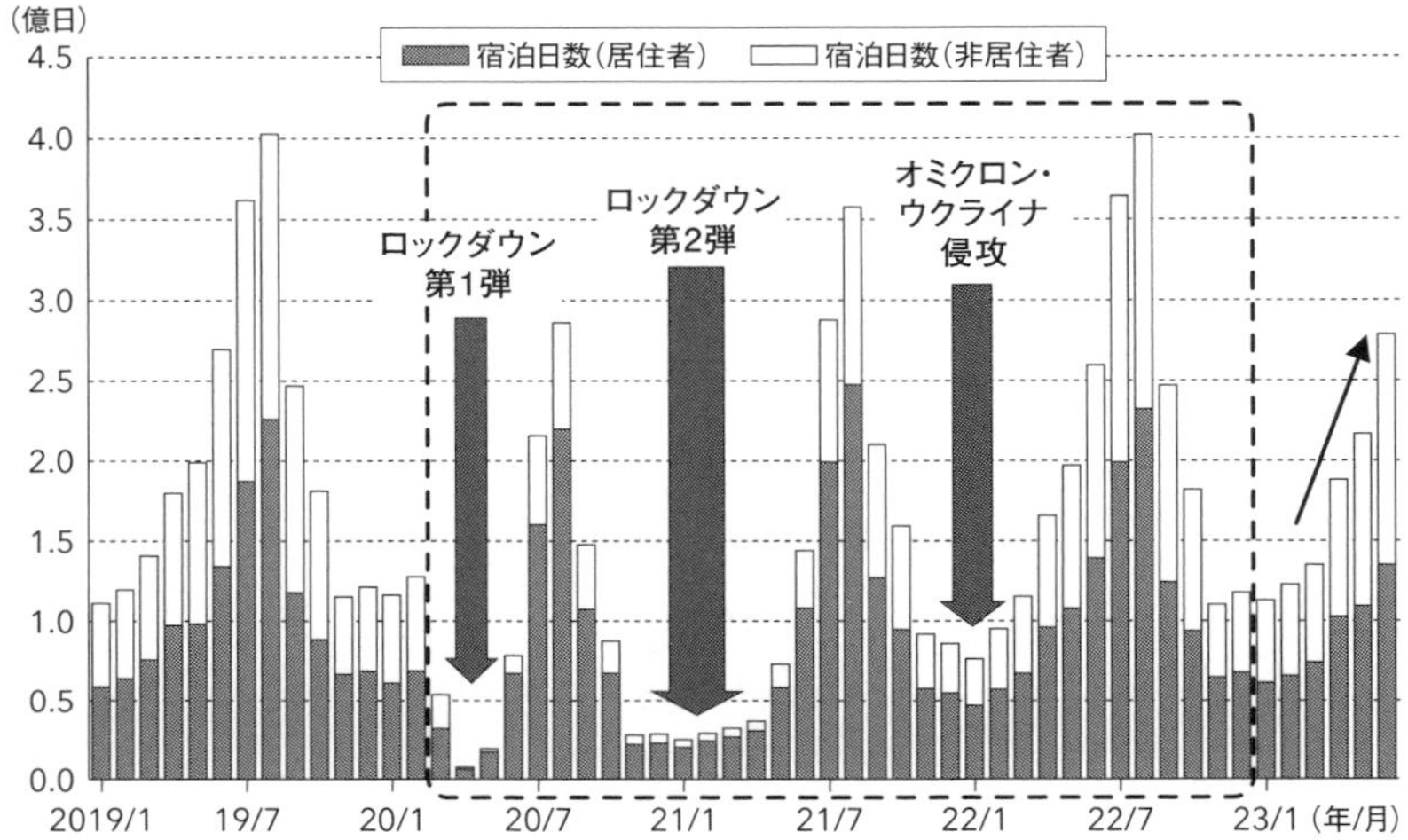

(出所)Eurostatより大和総研作成

観光客から敬遠されがちで、観光客数がもとの水準に戻るには時間がかかるものだ。観光に依存している地域経済にとっては、被害への対応もあるが、いち早く観光産業が復活することが欠かせない。前述のロードス島のケースでは、夏の旅行を断念した観光客に対して、無料で1週間滞在できるようにするプランをギリシャの首相が発表するなど、観光立国は落ち込んだ観光客の回復に努めている。

その一方で、世界中から観光客が集まりすぎて、世界遺産の価値が損なわれ、住民の生活が脅かされるオーバーツーリズムも、欧州各地で問題視されている。その対策として、例えば、オランダのアムステルダムやイタリアのベネチアなどでは大型クルーズ船の寄港を禁止したり、スペインやイタリアの観光地では入場の有料化や観光税の導入を計画したりしている。また、観光客の迷惑行為に対して高額の罰金を科す動

き も広がっている。地域経済が観光に依存しているだけに、多くの人々に来てほしいものの、多すぎても困るため、どこでバランスを取るかという難しいジレンマに陥っている。ただし、後述する難民・移民とは異なる贅沢な悩みであるといえる。

04 複合的な要因で増加する難民・移民

地政学的要因や異常気象によって生活基盤を失う人々

地政学的要因や民族・宗教対立など、様々な要因で引き起こされた紛争や内戦をきっかけに生じた大量の難民・移民の例は、1970年代のベトナムなどのインドシナ難民から、アフガニスタン、イラク、アフリカ各地、2010年代に入ってからシリア、直近ではウクライナというように枚挙にいとまがない。

また、異常気象や大地震などの自然災害で壊滅的な影響を受け生活基盤を失った人々は、よりよい生活を求めて移動する。つまり、こうしたパターンで難民になるケースが世界的に増えている。また、各地で高まる地政学的リスクが、難民・移民の移動の誘因になるケースもある。これ

図表1・4　EUなどへの難民申請者数の推移

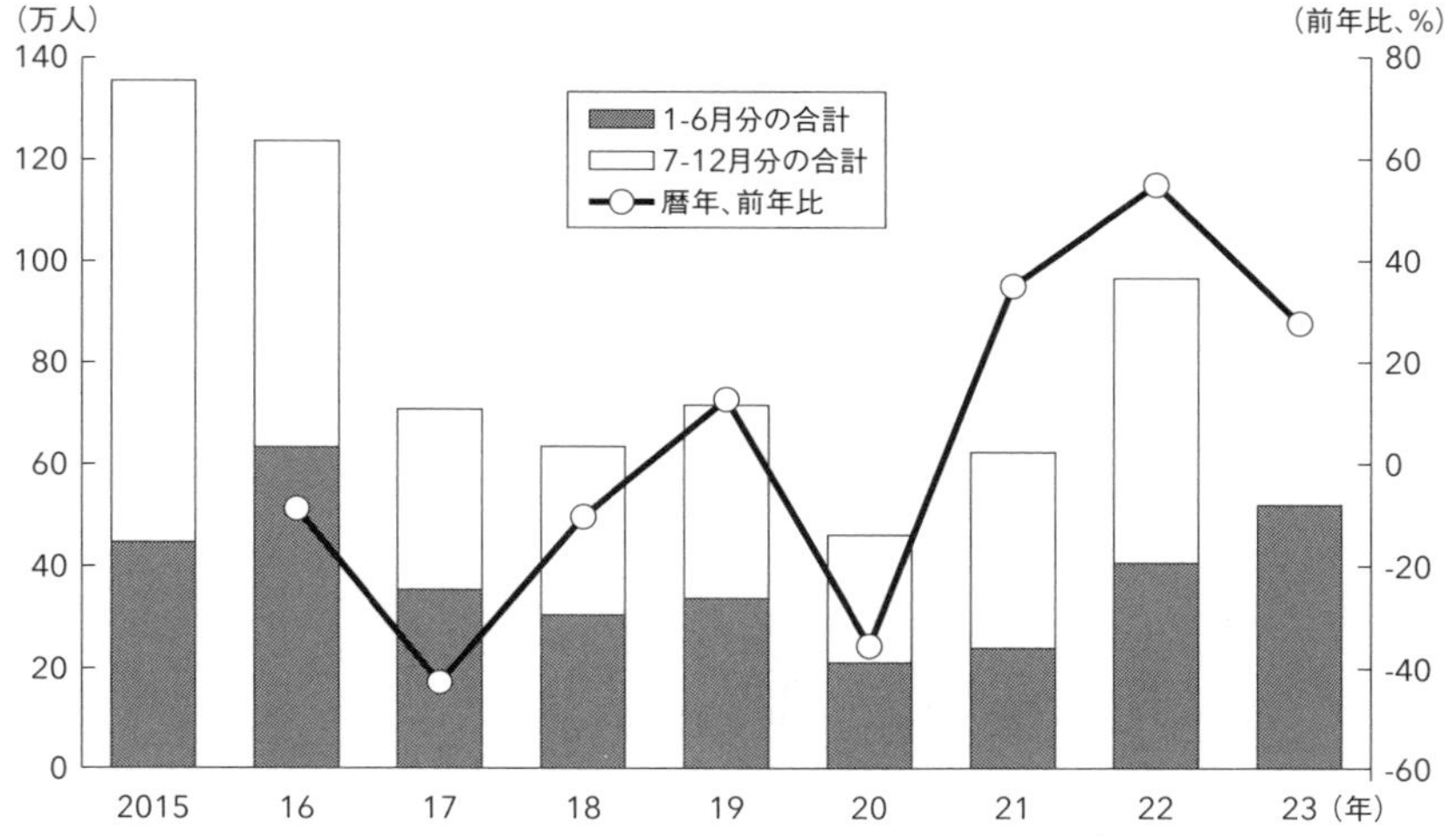

（注）2023年の上昇率は、2022年上半期と2023年上半期を比較して計算。

（出所）EUAA資料より大和総研作成

までの食料や肥料、エネルギーの価格高騰は、低所得国の人々の生活をひっ迫させており、特に、ウクライナやロシアからの穀物輸入に依存していた中東やアフリカの国々では、食料不足に直面している。

実際、中東やアフリカなどから欧州を目指す難民の数は、2020〜2022年はコロナ禍の影響などで人々の移動が制限されていたこともあり低水準にとどまっていたが、その後再び増加に転じ、2023年全体では、2016年以来の100万人超となる可能性が高まっている。だが、コロナ禍やウクライナ侵攻に起因するエネルギー危機、さらに高インフレへの対応で、欧州各国の政府には財政的な余裕がなく、押し寄せる難民・移民への対処を巡ってEU域内の対立の火種となっている。

欧州連合庇護機関（EUAA）の発表によると、2023年上期（1−6月期）のEUなど（スイスとノルウェーを含む）への難民申請者数は、前年同期比＋27・7％の51・9万人となった。難民申請者数は、2020年にはコロナ禍の影響で46・1万人まで減少したが、その後は増加に転じ、2022年は96・6万人と100万人に迫る勢いで増加した。2023年は上期だけで50万人を超えており、例年下期にかけて増加する傾向があるため年間では、2016年以来の100万人超えの可能性が高まっている。シリアなどの中東情勢が悪化した2015–16年には、大量の難民・移民希望者が欧州に押し寄せ、大きな政治・社会問題となった。当時は、難民申請者数全体の約半分をシリア、アフガニスタン、イラクの上位3カ国が占めた。一方、2022年の上位3カ国は、シリア、アフガニスタン、トルコだが、その比率は全体の約3分の1であり、分散化が進んでいる。例えば、2015–16年時には数千人だったベネズエラやコロンビアからの申請者が近年急増しており、2022年の9・4万人から、2023年は上期だけで7万人に達し、この二つの国で全体の1割強を占めている。急増したのは、米国政府が移民の流入を大きく制限した余波と考えられ、難民や移民は、南米から欧州にシフトした可能性もある。

ない袖は振れぬ、先進国の消極的な対応

コロナ禍やエネルギー危機に対処するために積極的な財政政策を実施した結果、各国の財政状況は悪化し、金融政策同様に、財政面でも健全化に向けた取り組みを迫られている。限られた予算の中で、デリスキングを目指す一環として半導体や重要資源の確保、あるいは産業政策の要素

も絡めた気候変動問題への対応、そして、国内の社会安定を維持するためのインフレ対策など、国内・域内向けを優先して予算を配分している。選挙が近づけば、その比重が一段と高まるのは避けられない。さらに、経済安全保障や地政学的リスクの観点から、対外的な支援（その代表例が西側によるウクライナ支援）を実施しているが、それも、自国・地域にとってメリットがあるかどうかが支出の判断となるだろう。したがって、海外から押し寄せる難民・移民への対応は二の次になってしまいがちだ。だが、優先度が低いとはいえ、実際に許容能力を超える大勢の人々を目の前にする国・地域と、そうではないところでは危機感の違いから、その負担を巡って国内・域内の対立を招く事態になっている。

具体的には、表に立たされるイタリアなどの南欧の国々と、ドイツなど内陸の国々の対立だ。地中海沿岸の南欧は、中東や北アフリカからの難民・移民が最初にたどり着く、いわば欧州の玄関口に当たり、EUの中ではコロナ禍からの回復が遅かった地域でもある。その後のウクライナ侵攻で高まったエネルギー危機や高インフレへの対応で再び支出が増加しており、難民・移民対策の財政負担は重く感じるだろう。

2015-16年の難民危機以来の大幅な流入に直面していることから、EUでは2023年6月の閣僚理事会において、地中海沿岸国の負担を軽減し各国がどのように責任を分担するかを議論した。その結果、難民関連法の改正案が採択されたものの、採決時にハンガリーとポーランドが反対し、複数の国が棄権した。EUがこの問題で一枚岩になっているとは言い難い。具体的な合意内容は、難民を分担して受け入れ、それを拒む国は受け入れるべき人数に応じて難民1人当たり2万ユーロを負担するというものだ。

法制度は整備されつつあるが、すでに大量の難民・移民が海を渡って、イタリアなどにたどり着いている。EUには、難民が最初にたどり着いた国で難民認定審査など管理するルール（ダブリン規則）があるが、EU全体としてその先の対応が明確になっていなければ、難民・移民が玄関口で滞留してしまう。実際、フランスやオーストリアは、難民・移民の流入を防ぐため、イタリアとの国境管理を強化している。ドイツ政府は、難民を支援している民間団体への金銭的な支援で自国の負担を済ませようとしており、イタリア政府から批判されている。ちなみに、ドイツ政府は、多くの州政府が難民受け入れの支援金の増額を求めているにもかかわらず大幅に減らそうとしており、予算の緊縮化に取り組んでいる。

気候変動問題と同様に、人道上の観点から総論では救助に賛成だが、EU全体で難民・移民をケアする負担をシェアしてほしいというイタリアなどの要請に他のEU諸国は消極的（各論反対）という図式になっている。消極的な背景としては、個別の選挙以外に、2024年6月には5年に1度の欧州議会選挙が控えており、各国が国内の世論の対立を引き起こすような問題には慎重になっている可能性がある。

米国の世論は二極化した状態が続き、先行きは不透明のまま

押し寄せる難民・移民への対応を巡っては、EUだけでなく、米国でも国内対立を招いており、

2024年11月の大統領選挙の争点の一つになっている。トランプ前政権では、メキシコとの国境沿いに物理的な壁を建設するという強硬手段で、難民・移民の流入を大幅に制限しようとした。それに対して、民主党のバイデン政権は、前政権よりも寛容な政策を取るという期待があり、難民・移民が一段と大幅に押し寄せるという事態に直面している。米国とメキシコの国境では、不法な移民の流入を防ぐため、米国側の町では、橋・道路や鉄道を閉鎖するなど国境管理を強化している。その結果、貿易・物流も滞ってしまい、メキシコ側から物流が滞ることへの批判の声が上がっている。その背景には、不法な移民流入対策に多くの人員を割いた結果、そのしわ寄せで税関担当者が減少したことがあり、物流量が限られるようになった。

欧州のイタリアなどと同様に、大量の難民・移民が押し寄せているテキサス州では、共和党知事を擁する州政府が、より寛容な受け入れ策を取っているNY市など（多くは民主党の地盤）へ、大量の難民・移民をバスで一方的に送り届けるという強硬策を実施している。NY市も、当初は歓迎ムードだったが、あまりに多くの難民・移民が到着したことから収容施設の受け入れ能力が限界に達し、財政的にも頭を抱える状態になっている。このように、国内で負担が平準化されているともいえるが、軋轢を生んでいるのも事実であり、結果から見ると、バイデン政権は有効な政策を打ち出しているとは言い難い。

大統領選挙で最も重要な争点は何かを尋ねた世論調査(注5)によると、「経済全般」が31％と最も多く、次いで「民主主義の維持」が20％、「ヘルスケア」が9％、「移民」が8％で、それ以下は、「気候変動」8％、「犯罪」7％、「銃規制」6％、「中絶」5％、「教育」4％と続く。支持政党によって重視する項目が異なり、民主党支持者では、「民主主義の維持」が25%で最も多く、「経済」17%、「ヘルスケア」13%、「気候変動」13%、「銃規制」10%となっており、「移民」は3%と最下位だ。対照的に、共和党支持者では、「経済」が48%と圧倒的に重視され、「民主主義」と「移民」がそれぞれ14%、「犯罪」8%、「中絶」5%と続く。無党派層は、おおむね全体と同じ傾向が見られるが（「経済」「民主主義」の順）、「移民」が11%と「ヘルスケア」の10%を上回る関心を集めている。民主党支持者は移民問題にほとんど関心を示していないが、共和党支持者や無党派層は高い関心を持っており、主要な争点となるとみられる。

このように、民主党支持者と共和党支持者では、重視するポイントが大きく異なる。直近の調査でも、民主党支持者の約8割が、経済成長が減速するリスクよりも気候変動を重視すべきだと考えているのに対して、共和党支持者の約7割は、気候変動を無視するリスクを冒しても、経済成長を重視すべきと答えている。無党派層では環境重視派が多いことから、世論全体では環境重視派が過半数を占めているものの、経済重視派との差は1割未満と接近している。米国の世論が二極化している、あるいは分断されているといわれて久しいが、今後の約1年に及ぶ選挙戦においても、様々な争点で意見の相違が目立つと予想され、先行きの不透明感を払拭するのは難しいだろう。

注

1 Jonas M. Bruhin, Rolf Scheufele, Yannic Stucki, “The economic impact of Russia’s invasion of Ukraine on European countries – a SVAR approach”, SNB Working Papers, 4/2023.

2 2029年の6.5%から年0.25%ptずつ低下させて2035年に5.0%に鈍化、米国は人口が増え続けるので4%維持すると仮定。

3 Jason Judd, Angus Bauer, Sarosh Kuruvilla and Stephanie Williams, “Higher ground?: Report 1: Fashion’s Climate Breakdown and its Effect for Workers”, Cornell University’s Global Labor Institute（GLI）and Schroders, 13 September 2023.

4 Tord Kjellstrom, Nicolas Maître, Catherine Saget, Matthias Otto and Tahmina Karimova, “Working on a warmer planet: The effect of heat stress on productivity and decent work”, ILO, July 2019.
United Nations, “Heat stress spike predicted to cost global economy $2.4 trillion a year”, July 2019.

5 https://www.npr.org/2023/03/29/1166486046/poll-economy-inflation-transgender-rights-republicans-democrats-biden.

第2章

米国経済

景気後退なしに
高インフレから脱却できるか

01 米国経済は悲観から楽観へ

銀行破綻によって強まった米国経済悲観論

ＦＲＢが急ピッチでの金融引き締め（利上げ）を進める中で、２０２３年の初め頃、米国経済は景気後退を避けられないとの見方が強まっていた。この悲観的な見方に一層の説得力を持たせたのが、２０２３年3月のシリコンバレーバンク（ＳＶＢ）の破綻だ。ＳＶＢは、その名の通り、シリコンバレーにあるＩＴベンチャー企業を主要顧客とする総資産規模２０００億ドル超の銀行だった。コロナ禍でのリモートワークの拡大などによって、ＩＴベンチャー企業が活況となっていた際には預金流入が増えた。しかし、ポストコロナへの移行を契機にＩＴベンチャー企業が苦境に陥ったことで、解雇手当などを賄うため預金流出が増え、ＳＶＢは手元流動性がひっ迫しやすい状況にあった。そういった中、金融引き締めによって債券価格が下落し、債券関連の含み損が拡大したため、3月8日、財務強化策を公表した。ところがその公表により、ＳＶＢの財務健全性に対する預金者や投資家の不安がかえって高まることになった。その後、預金流出が急速に進み、3月10日には債務超過となってＳＶＢは経営破綻に至った。

それに続いて、3月12日にはシグネチャーバンクが、そして、5月1日にはファーストリパブリックバンクが相次いで経営破綻した。また、経営破綻は回避できたが、パックウェスト・バンコープはバンク・オブ・カリフォルニアと合併した。こうした状況に対してリーマン・ショックの再発を危惧する声も高まったが、これまでのところ大手銀行の経営基盤は強固なままで、リーマン・ショック時のような米国の金融システム全体の不安定化は起きていない。もっとも、各銀行は、自行が人々や投資家の不安の対象にならないよう手元流動性を確保するとともに、資産劣化による損失拡大リスクを抑制するために貸出基準の厳格化を進めている。こうした銀行経営の保守化は、企業や家計の資金調達環境を悪化させ、米国経済に悪影響を及ぼす「信用収縮」をもたらすおそれがある。

懸念とは裏腹に経済は堅調さを維持

こうした懸念がある一方、米国経済は足下まで堅調さを維持している。実質GDP成長率は、2023年1-3月期が前期比年率+2・0%、銀行破綻による景気への悪影響も想定された4-6月期も同+2・1%となり、2022年7-9月期以来4四半期連続でプラス成長を続けている。米国経済が堅調な主な要因としては、良好な雇用環境を背景とした力強い個人消費や、資金調達環境の悪化が懸念される中でも底堅く推移している設備投資が挙げられる。また、アトランタ連銀の経済予測モデル「GDPナウ」によれば、個人消費や設備投資が引き続きけん引役と

図表2・1　各種景気判断指標

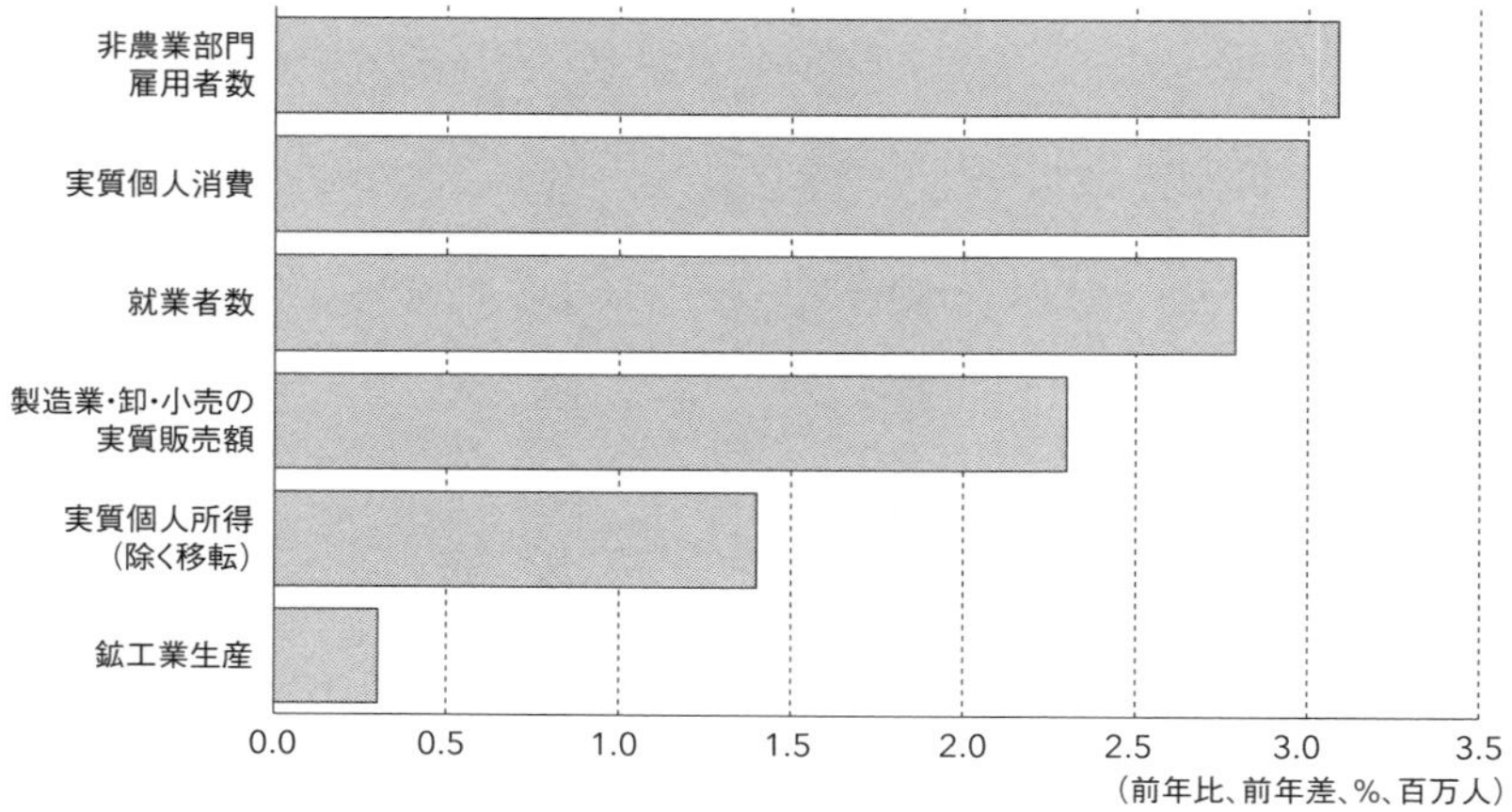

（注）就業者数と非農業部門雇用者数は2023年8月の前年差（百万人）。鉱工業生産は2023年8月の前年比。製造業・卸・小売の実質販売額は2023年6月の前年比。実質個人消費、実質個人消費（除く移転）は2023年7月の前年比。

（出所）BEA、BLS、FRB、Census、Haver Analyticsより大和総研作成

なり、２０２３年７-９月期の実質ＧＤＰ成長率も高い伸びが見込まれている。これより低い伸びを見込んでいる市場予想も、７-９月期の実質ＧＤＰ成長率は４-６月期からさらに加速すると考えている。なお、市場では、実質ＧＤＰ成長率が２四半期連続でマイナスになるとテクニカルリセッションと認識する。10-12月期以降の実質ＧＤＰ成長率に関して市場予想は減速を見込んでいるが、予想公表期間（２０２４年末まで）中はプラス成長を維持すると予想しており、市場の中でもテクニカルリセッションは想定されていない。

続いて、米国の景気サイクルを判断する非営利・無党派の研究機関である全米経済研究所（ＮＢＥＲ）の基準をもとに、景気後退までの距離感を測ってみよう。ＮＢＥＲは、経済活動全般が数カ月以上にわたって相当な下降局面にある場合を景気後退と定義している。ＮＢＥＲは

景気判断に際し、雇用関連（非農業部門雇用者数、就業者数）、企業関連（鉱工業生産、企業の実質販売額）、家計関連（実質個人所得（除く移転）、実質個人消費）の経済指標を用いている（図表2・1）。過去にNBERが景気後退期と判断した期間において、これらの指標は前年比あるいは前年差でマイナスに落ち込んでいることが多い。

これらの経済指標を見ると、足下では企業関連指標が他の指標に比べていくぶん冴えない。企業の実質販売額は2022年上半期に前年比でマイナスに転じた後、再びプラス圏に浮上している。鉱工業生産に関しては2023年6月に前年比でマイナスとなったものの、足下では再びプラスへと転じた。家計関連指標は減速から足下ではやや上昇に転じている。実質個人所得（除く移転）の前年比は2022年半ばに一度マイナスに転じたが、その後はプラスで推移している。実質個人消費は下降トレンドが続いたもののプラス圏は維持し、2022年12月以降上昇トレンドへと転じている。雇用関連の指標に関しては、前年差でプラス幅が縮小傾向にあるが、依然として大幅なプラスで推移している。現時点では、企業関連指標がやや見劣りするものの、雇用関連指標は依然として底堅く、家計関連指標も回復傾向が見られる。これらを踏まえれば、NBERの基準で見ても、景気後退からは距離があるといえる。

インフレは減速し、金融引き締めは最終盤に突入

景気が堅調なことは通常ではポジティブ要素以外の何物でもない。一方で、景気の堅調さを背

図表2・2　CPI、コア財、コアサービス

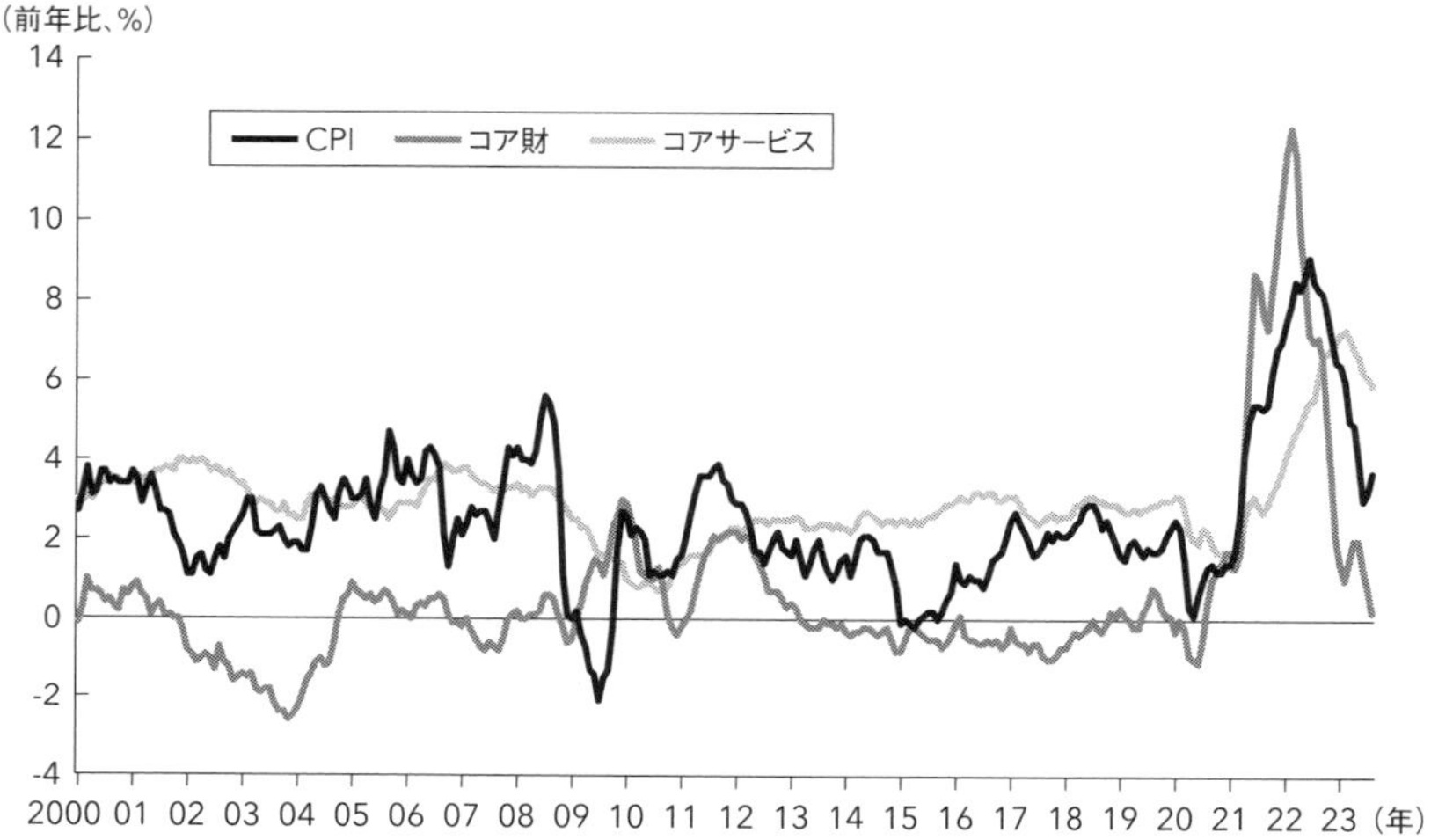

(出所)BLS、Haver Analyticsより大和総研作成

景とした需給ギャップのタイト化が高インフレを長期化させる可能性があり、その点ではネガティブな要素もはらんでいる。他方でインフレ指標を見ると、２０２３年８月のＣＰＩが前年比＋３・７％と、ピークだった２０２２年６月の同＋９・１％から順調に低下している（図表２・２）。これは、ロシアのウクライナ侵攻を契機に上昇したエネルギー価格が一服したことや、食品価格の伸びの減速がＣＰＩを押し下げたためだ。

インフレ基調を判断する上で重視されるエネルギー・食品を除くコアＣＰＩに関しては、２０２３年８月が前年比＋４・３％となり、前述のＣＰＩより伸び率は高い。もっとも、コアＣＰＩの内訳を見ると、サプライチェーンの改善に伴いコア財は同＋０・２％と、ピークだった２０２２年２月の同＋12・３％から大幅に低下している。コアサービスに関しては、

2023年8月が5・9％と、ピークとみられる2023年3月の7・3％から減速ペースは緩やかであり、コアCPIが高い水準にある主因になっている。他方で、コアサービスの内訳を見ると、押し上げ要因だった家賃がピークアウトし、今後は実勢の住宅価格の減速に遅行する形でペースダウンしていくと見込まれる。

インフレの減速が進む中でFRBによる利上げも、当初は急ピッチなペースで進められたが、データ次第での実施という緩やかなペースへと転換している。例えば、2023年1-9月の利上げ幅の合計は1・00％ptで、2022年合計の4・25％ptに比べて利上げペースが緩やかになっている。金融政策の先行きに関しても、2023年9月のFOMCで公表されたドットチャート（FOMC委員によるFF金利予想）の中央値からは、2023年内に0・25％ptの追加利上げの可能性が示唆されているだけで、2024年には利下げへの政策転換が想定されている。以上をまとめると、景気が底堅く推移する中でインフレは減速し、金融引き締めも終幕に近づきつつある。銀行の経営破綻を契機とした信用収縮が景気後退をもたらすとの懸念は薄れつつあり、大幅な景気悪化を経ずにインフレも落ち着くというソフトランディングに対する期待が市場でも高まっている。それを実現できるかが、2024年の米国経済の注目点だ。

02 弱い企業と堅調な家計という構図は続く

資金調達環境の悪化により設備投資は抑制へ

ソフトランディングを実現する上では、やや弱さが見られる企業活動の急激な腰折れを回避できるかが一つ目のカギとなる。銀行破綻による米国全体への影響は今のところないが、企業の資金調達環境は悪化している。例えば、金融引き締めに加えて銀行経営の保守化が進み、金融機関の貸出態度はリーマン・ショックや2020年のコロナショックに近い水準まで厳格化している（図表2・3）。また、銀行のリスクアセット残高を銀行不安が本格化する前と比較すると、消費者向けと住宅向けと商業不動産向けの貸出は増加しているが、商工業向け貸出は減少している。企業の実質設備投資は銀行の貸出動向と連動する傾向にあるため、これまでのような実質GDPの押し上げは期待しにくくなる。

加えて、銀行貸出による資金調達環境の悪化が債券市場にも波及すれば、生産活動や設備投資が急激に落ち込む可能性がある。従来は銀行の貸出態度が厳格化する時期において、債券市場においてもリスクの再評価が進み、クレジットスプレッド（「ハイイールド債利回り」－「米10年国債利回

図表2・3　銀行の貸出態度と実質設備投資

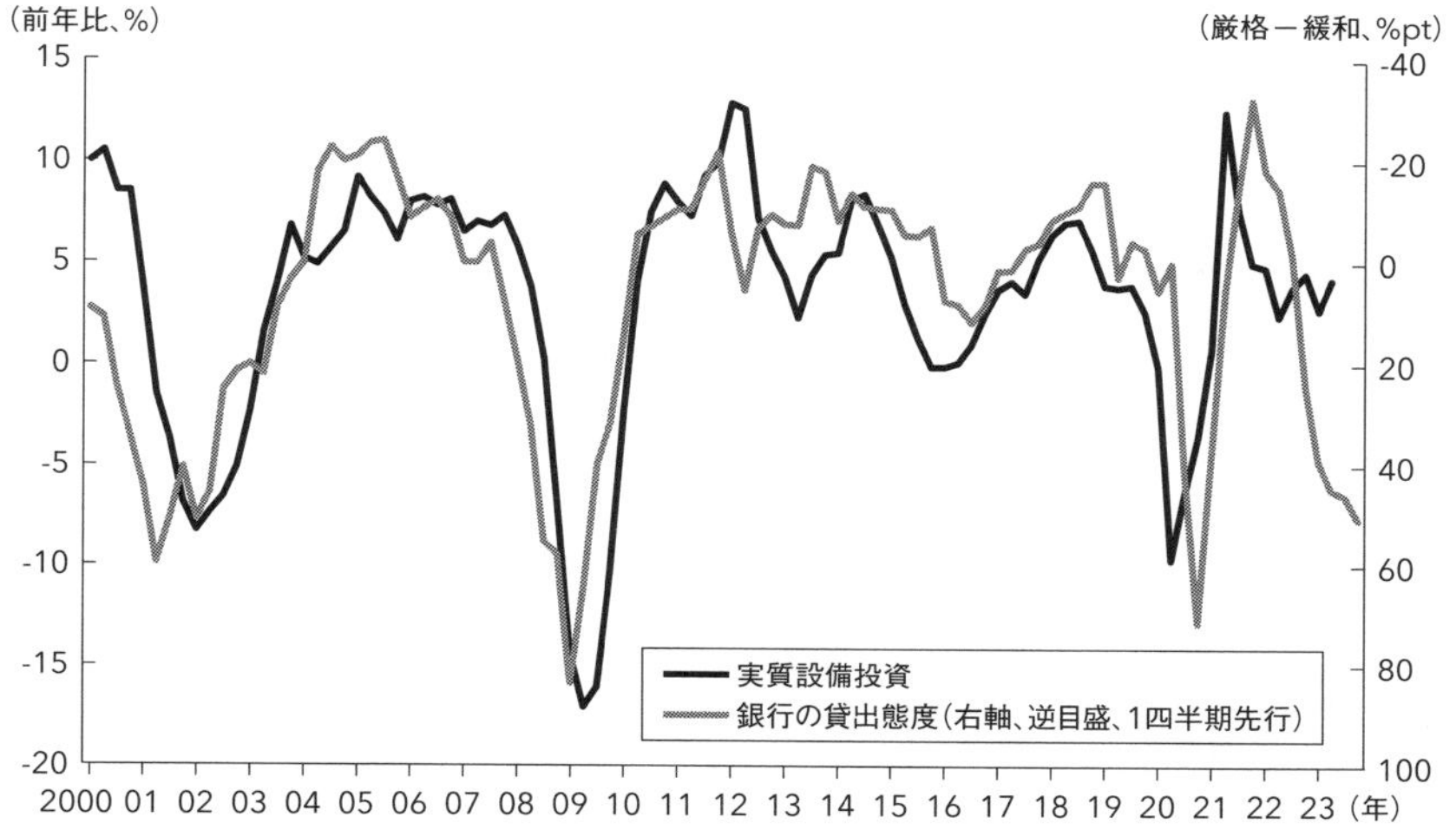

（出所）FRB、BEA、Haver Analyticsより大和総研作成

り）が拡大する傾向があった。しかし、足下ではクレジットスプレッドが拡大しておらず、企業のリスク再評価は進んでいない。クレジットスプレッドが極端に縮小している足下の債券市場は、企業の資金調達にとって好都合であり、企業活動の急激な腰折れを避ける意味ではポジティブな要素だ。しかし、足下で企業の破綻や債務再編といったクレジットイベントが増えつつあることから、債券市場におけるリスク評価が進む可能性もある。例えば、クレジットスプレッドとも連動傾向のある企業の破産申請件数は、コロナ禍初期の２０２０年に増加した後、２０２１年から２０２２年１－３月期までは減少あるいは低水準で推移したが、２０２２年４－６月期以降は増加に転じた。２０２３年４－６月期の破産申請件数は約１８００件で、コロナ禍初期の２０２０年７－９月期以来の高水準となった。そのため、いつ債券市場のリス

クの再評価が行われてもおかしくない状況といえる。

もっとも、製造業と非製造業で直面する状況は異なる。企業マインドを確認すると、ＩＳＭ製造業景況感指数は２０２２年11月から10カ月連続で好不況の目安となる50％を下回っている。サプライチェーンの混乱が改善しつつあるものの、コロナ禍の収束に伴い家計の選好が財消費からサービス消費へと移行し、その結果、積み上がった在庫の調整が必要だったことが製造業マインドの重石となった。他方で、非製造業に関しては、ＩＳＭ非製造業景況感指数は緩やかに低下しつつあるものの、２０２２年12月に好不況判断の節目となる50％を下回ったことを除けば50％以上での推移が続いている。非製造業にとっては、家計がサービス消費を積極化した恩恵を受けるとともに、ポストコロナへの移行に伴う人々の移動や交流の活性化が追い風になったといえる。

つまり、製造業の設備投資が抑制的となる一方で、非製造業を中心とした省人化などへの投資は相対的に底堅く推移すると考えられる。しかし、この先、非製造業の投資マインドが急激に悪化する事態となれば、設備投資は全面的に腰折れしていくことを想定しなければならない。非製造業の景況感と連動しやすい個人消費の浮沈が、設備投資の趨勢を占うポイントとなるだろう。

実質雇用所得は急増も急減もせず、個人消費は底堅く推移

ソフトランディングの実現可否を占う二つ目のカギは、底堅い景気を支えてきた個人消費が今後も堅調さを維持できるかどうかだ。個人消費の内訳を見ると、実質財消費はコロナ禍での巣ご

もり消費による押し上げが2021年4-6月期に終わり、その後は2022年10-12月期まで横ばいから緩やかな減少トレンドを示してきた。しかし、2023年に入り、再び増加しつつある。財消費のうち耐久財に関しては、落ち込んでいた自動車購入が半導体不足の解消によって供給が増えたことで回復し、全体を押し上げている。また、非耐久財に関しても、自動車購入の回復に伴ってガソリン購入が増加している。もっとも、自動車価格は下がりにくくなっており、自動車ローン金利が上昇していることから、家計の自動車購入がさらに積極化していくとは考えにくい。そのほかの耐久財や非耐久財に関しては、2023年下半期のホリデー商戦などのイベント消費において一時的にトレンドを上回ることも考えられるが、ならしてみれば実質財消費全体は緩やかな増加あるいは横ばいが想定される。

実質サービス消費は、コロナ禍の収束に伴う急回復から、コロナ禍前のトレンドにおおむね沿った巡航速度に転じつつある。内訳を見ると、ペースに違いはあれ、住宅・公益、ヘルスケアサービス、輸送サービス、娯楽、外食・宿泊サービス、金融・保険のいずれも増加トレンドを示している。実質サービス消費の先行きに関しては、依然としてコロナ禍前の水準まで回復できていない輸送サービスや娯楽は、コロナ禍前以上のペースで増加する可能性はある。ただしこの二つの項目は、自然災害に左右されやすい点に注意が必要だ。それ以外の項目は、巡航速度での増加が見込まれる。

つまり、実質個人消費全体としては緩やかなペースで増加していくという見立てになる。

実質個人消費は、その裏付けとなる実質個人所得と連動し、中でもウエイトの大きい実質雇用

図表2・4　実質個人消費と実質総賃金

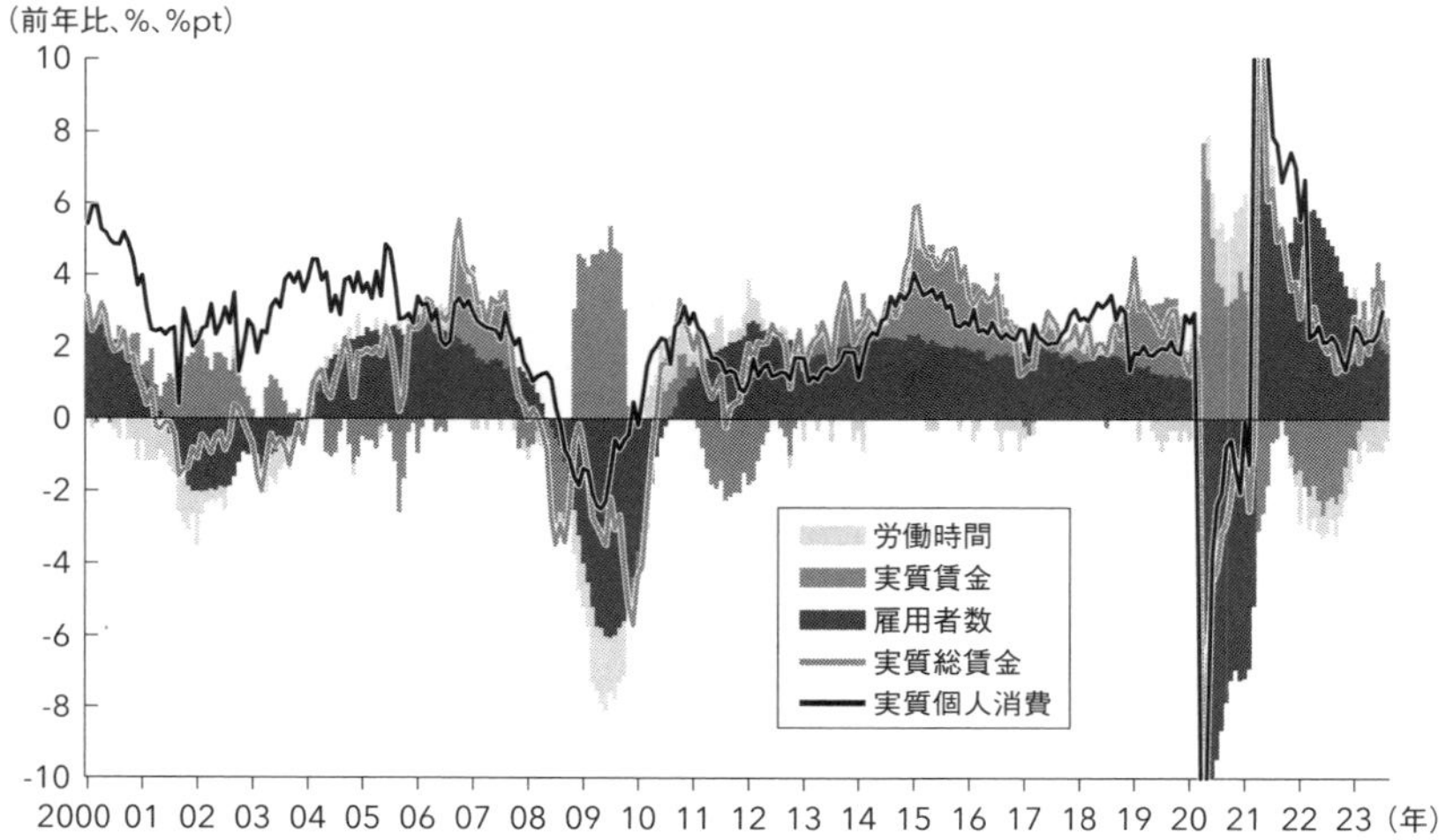

(出所)BEA、BLS、Haver Analyticsより大和総研作成

者報酬の影響を受けやすい。両者の関係を見るために、実質総賃金の前年比を雇用者数、実質賃金、労働時間で要因分解すると、労働時間は2022年3月以来マイナスで推移しており、雇用者数に関しては伸びが継続的に減速している（図表2・4）。しかし、実質賃金がインフレの減速を受けて2023年上半期にプラスになったことで、実質総賃金は上昇トレンドに転じ、実質個人消費を押し上げている。

実質個人所得の先行きに関しては、労働時間が減少するなど雇用環境は緩やかに悪化しつつあり、実質総賃金のプラス幅は縮小していくと想定される。一方で、求人件数が失業者数の水準を大幅に上回る状況が続く中で、雇用者数が継続的にマイナスとなることは考えにくい。また、16～64歳の労働参加率がコロナ禍前の水準を上回り、人口のボリューム層である65歳以上が退職することなどから、労働供給の拡大余地は狭まっており、労働需給のタイトさの緩和には時間を要する可能性がある。また、インフレの再加速がなければ、労働需給のタイトさに支えられて実質賃金はプラス圏で推移するだろう。つまり、実質雇用者報酬は足下の上昇トレンドが続きはしないものの、急速に下降トレンドへと転じることもないと考えられる。実質雇用者報酬から考えても、実質個人消費は緩やかなペースでの増加が想定される。

三つの下振れのリスク要因

個人消費の今後のメインシナリオとして急落は考えにくいが、リスク要因として懸念されているのは、超過貯蓄の解消に伴う消費余力の低下だ。コロナ禍では、消費の抑制や政府による現金給付、失業保険の給付拡大などの家計向け支援によって、家計の貯蓄率はコロナ禍前のトレンドを大きく上回り、現預金が積み上がる超過貯蓄が生じた。その後、コロナ禍が収束に向かうと、消費への制限がなくなり、政府による家計向け支援も終了した。加えて、インフレの加速に伴う家計の負担が増加したことから、超過貯蓄が徐々に取り崩されていった。その結果、超過貯蓄は2023年1-3月期におおむね解消したとの分析もある。(注1)

また、超過貯蓄の取り崩しの過程で、クレジットカードのリボ払い残高も、コロナ禍前のトレンドを上回るペースで増えた。金融引き締めを背景としたクレジットカード金利の上昇による家計の債務負担も増加しており、今後、消費余力が低下するおそれがある。もっとも、超過貯蓄の分布は一律ではなく、その解消ペースもまちまちとの分析もある。(注2) 超過貯蓄は高所得層に多い。2022年上半期の時点で低所得層の超過貯蓄がおおむね解消されていた一方で、高所得層の超過貯蓄は大きく積み上がったままだった。つまり、高所得層の消費余力は残っているが、所得水準の低い層の消費は抑制される可能性がある。

所得水準の低い層には若年層も含まれる。若年層にとって、例えば、学生ローンの返済増加は消費の抑制要因となり得る。2023年7月、米連邦最高裁は、バイデン政権による連邦学生ローンの一部免除措置を認めない判断を下した。そのため、支払い猶予措置は打ち切りとなり、10月よりローンの返済が再開されることになった。米教育省によると、連邦学生ローンの利用者は4360万人で残高は総額1・6兆ドルにのぼる（2023年3月末時点）。年齢別に見ると、20代・30代の1／4強、40代以降の1割強が、ローンを抱えており、連邦学生ローンの返済再開が若年層の消費に与える影響は小さくない。

米国の年間消費額のうち30代以下の世帯が占める割合は3～4割程度だ。30代以下の連邦学生ローン保有者割合から見積もると、年間消費額の8～12％程度が返済再開の影響を受ける可能性がある。

最高裁判断を受け、バイデン政権は、学生ローンの返済制度の変更を通じた新たな債務返済の免除策や、1年間は返済が滞っても債務者のクレジットスコアが低下しないようにする措置を講じている。こうした支援策も考慮すると、個人消費全体が急激に腰折れすることは考えにくいが、若年層が主要顧客となる財・サービスに関しては、ローン返済が再開される秋口以降の消費が下

図表2・5　実質個人消費とS&P500

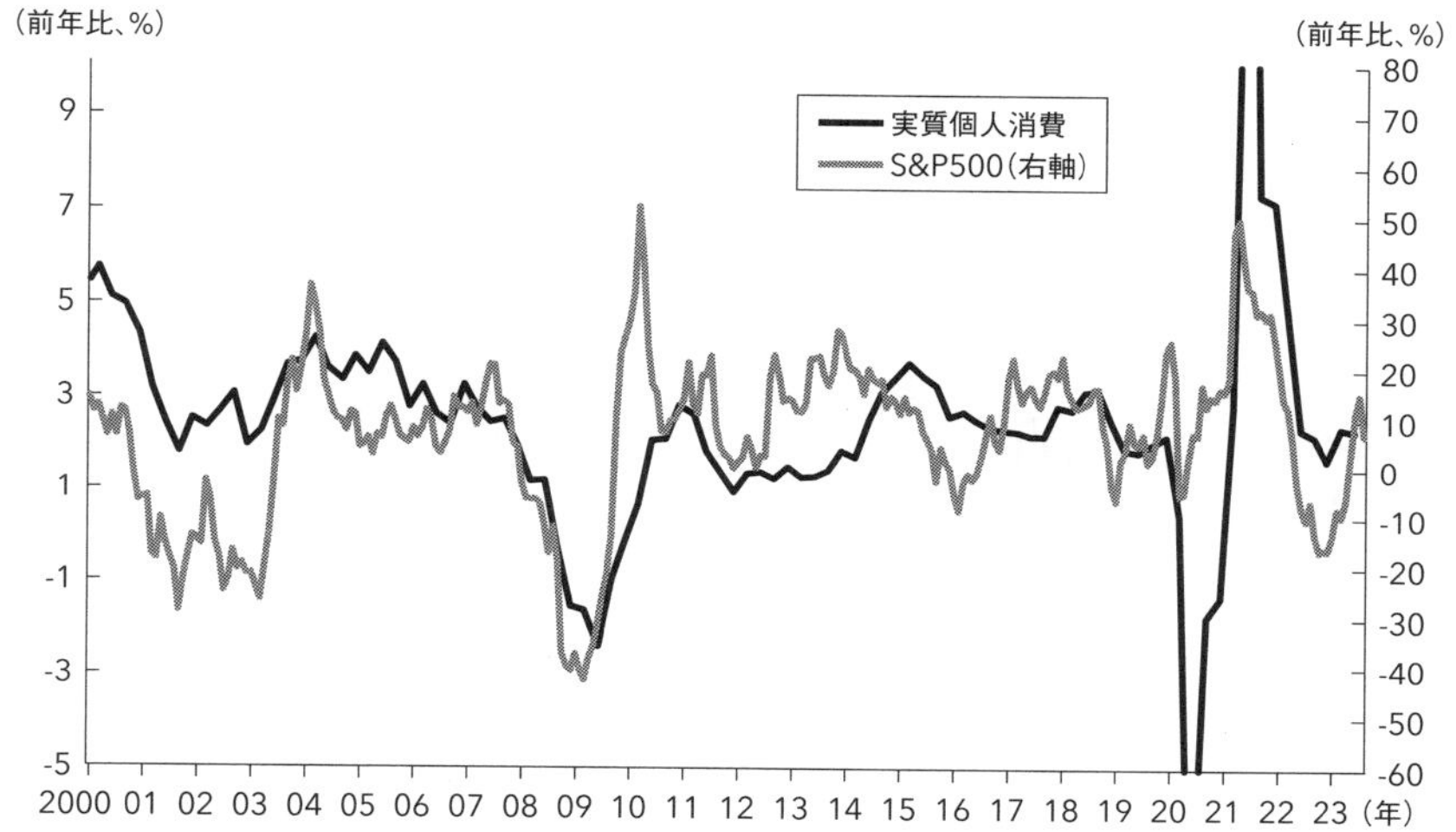

（出所）BEA、S&P、Haver Analyticsより大和総研作成

振れする可能性がある。

一方、個人消費をけん引する高所得層や相対的に年齢の高い層にとっては、株式などのリスク資産の価格下落による逆資産効果がリスク要因として考えられる。家計全体が保有する株式・投信残高の95%は、所得上位40%が握っており、彼らが年間消費額の6～7割程度を占めている。そのため、所得上位40%の株式・投信残高は個人消費とも連動しやすく、株価上昇時の個人消費の押し上げ効果も示唆される。なお、過去のデータを分析すると、主要株価指数のS&P500が前年比▲20%を下回ると、所得上位層40%の株式・投信残高も減少し、実質個人消費も前年比で落ち込む傾向がある（図表2・5）。

金融引き締めによって、S&P500は2022年10-12月に前年比▲16%程度まで下落した。しかし、インフレが減速し金融引き締めのペースが緩やかになった2023年以降、前年比ベースでのマイナス幅が縮小し、2023年4月にはプラスに転じた。所得上位40％の株式・投信残高や前年比ベースの個人消費も、2023年以降は増加傾向にある。2024年以降に関しては、上半期にS&P500が3000台前半、下半期に3500程度まで下落する場合には、所得上位40％の株式・投信残高や前年比ベースの個人消費が大きく落ち込むおそれがある。

2022年以降でS&P500が下落したのは、インフレ抑制にどの程度の金融引き締めが必要かが不透明だった2022年上半期や、ジャクソンホールでの講演会でパウエル議長が金融引き締めの継続を強調した後の2022年9月、そしてSVBが破綻した2023年3月などだった。つまり、金融引き締めが強調されたり、その副作用への懸念が強まったタイミングだ。つまり、株価下落による逆資産効果というリスクは、金融政策の運営に左右されるといえる。

03

金融引き締めは本当に終わるか

インフレの高止まりがリスク要因発現の可能性を高める

金融政策では前述の通り、2023年内に0・25%ptの追加利上げの可能性が残るものの、2024年は利下げに転じると見込まれている。2023年9月のドットチャートの中央値によると、2024年内は合計0・50%ptの利下げが予想されている。仮に0・25%ptずつ利下げするなら、最も遅い場合、2024年11月より利下げが始まることとなる。一方、市場参加者は、2024年7-9月期での利下げ実施を織り込んでおり、FOMC委員の予想とは食い違っている。

利下げに転じるタイミングは、景気とインフレ見合いとなる。景気が大幅に落ち込む事態となれば、需要減少によりインフレ抑制効果が見込めるため、利下げのタイミングを前倒しする可能性がある。もっとも、市場は2024年以降もマイナス成長を予想しておらず、FRB委員も景気後退をメインシナリオとして想定していない。言い換えれば、景気が大幅に落ち込まないメインシナリオの下では、インフレの減速ペース次第で利下げのタイミングが決まる。

利下げの具体的な条件に関して、FOMC委員は言及していないが、利下げの決断にはインフレ目標の達成にメドが立つようなインフレの減速が一つの目安となる。例えば、FRBがインフレ目標の基準としている個人消費支出（PCE）価格指数は、7月に2カ月連続で前月比+0・2%となった。このペースが続けば、FRBのインフレ目標である前年比+2%の達成に近づく。また、FRBがインフレの基調判断に用いるコアPCE価格指数に関しては、直近の前年比+4・2%から2%台半ばぐらいに下がれば、FOMC委員の中でも利下げ可能という判断が優勢となる。ただし、前年比はインフレのトレンドを見る上では重要だが、短期的な動きは見えにく

図表2・6　コアPCE価格指数の伸び

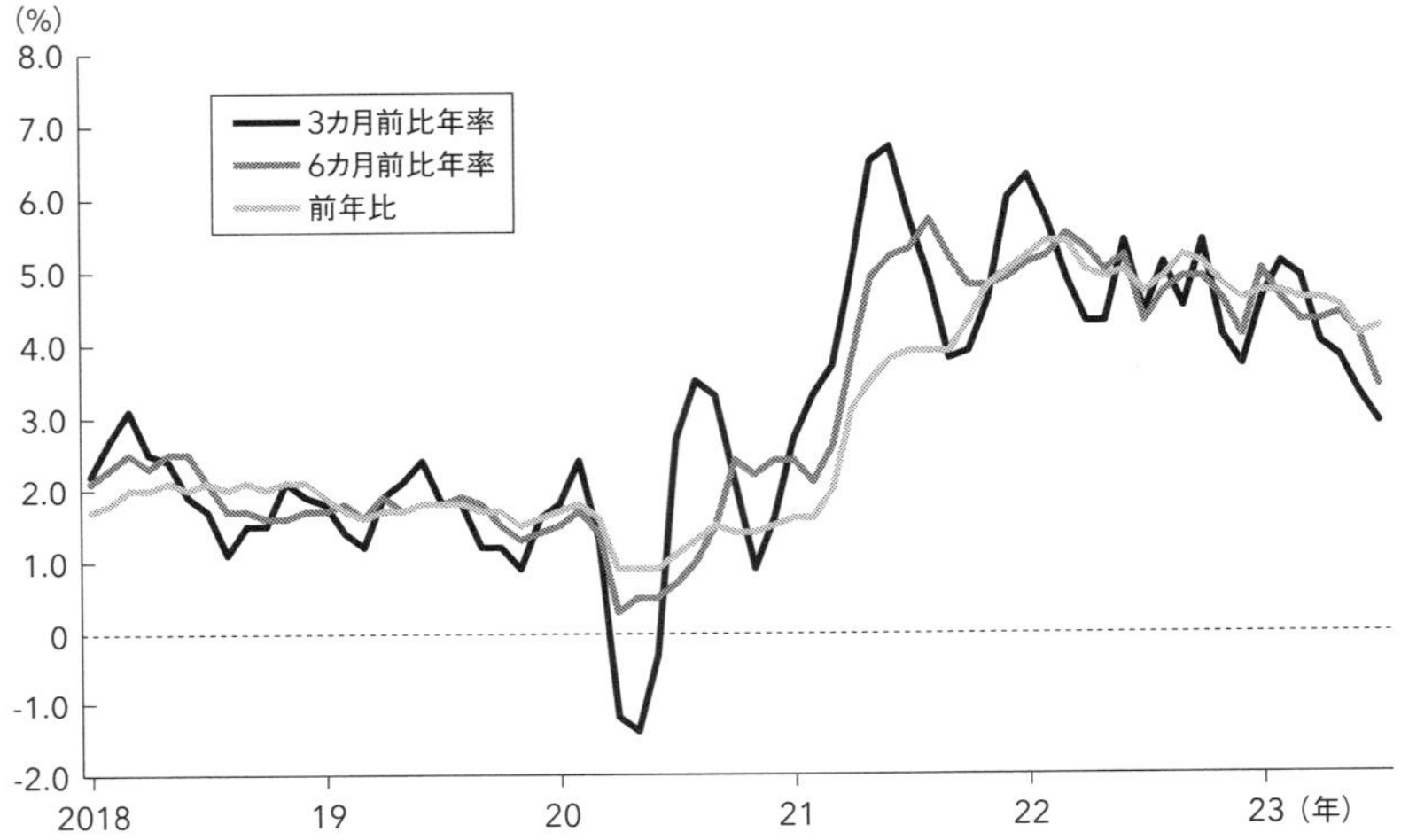

（出所）BEA、Haver Analyticsより大和総研作成

い。インフレ目標達成までの距離感を測るには、3カ月前比年率や6カ月前比年率も併せて確認する必要がある。コアPCE価格指数の3カ月前比年率は7月が2・9%、6カ月前比年率は3・4%まで減速した（図表2・6）。両指標が2%半ばぐらいまで減速すれば、前年比が仮に2%台半ばまで減速していなかったとしても、FRBが利下げへと転じるための材料になり得るだろう。

　コアPCE価格指数に関しては、コア財はすでに減速していることから、コアサービスがカギを握る。コアサービスを押し上げてきた家賃が今後ペースダウンしていくことはすでに述べた。他方、家賃を除いたコアサービスは、投入コストである人件費、つまり賃金に左右されやすい。雇用環境は緩やかに悪化しているが、労働需給はタイトなままであり、その解消が望まれるほか、賃金上昇率も一層の減速が望ましい。

前述の通り、労働供給の拡大が見込みにくい中で、労働需要の減退が賃金上昇率のペースダウンを左右する。

労働需給次第で金融引き締め長期化のおそれも

インフレの減速に必要な労働需要の水準に関しては、労働供給を示す失業者数と、労働需要を示す求人件数を用いたサンフランシスコ連銀の分析が参考になる。(注3)

この分析によると、インフレが安定していた過去の期間において失業者数対求人件数は0・9倍だったが、2023年5月時点では約0・6倍と求人件数が失業者数を大きく上回った。また、2023年6月のFOMCで公表された経済見通しを前提に、2025年10-12月期のコアPCE価格指数(前年同期比+2・2%)に近づくためには、失業者数対求人件数が約1・3倍まで上昇する必要があると指摘している。なお、2023年6月のFOMCが公表した経済見通しで想定されている4・5%の失業率(2025年10-12月時点)を前提とすれば、求人件数は直近値(7月)の約880万件から580万件程度まで減少している必要がある。1カ月当たりに算すると、2023年8月以降の求人件数が約11万件ずつ減少し続ければ、2025年10-12月期までに達成可能となる。

もっとも、2024年以降は利下げに転じ、金融引き締めの効果は徐々に薄れていくと考えられ、求人件数の減少幅も利下げに至るまでの間にできる限り大きくなっていたほうが、インフレ

図表2・7　求人件数の減少ペース

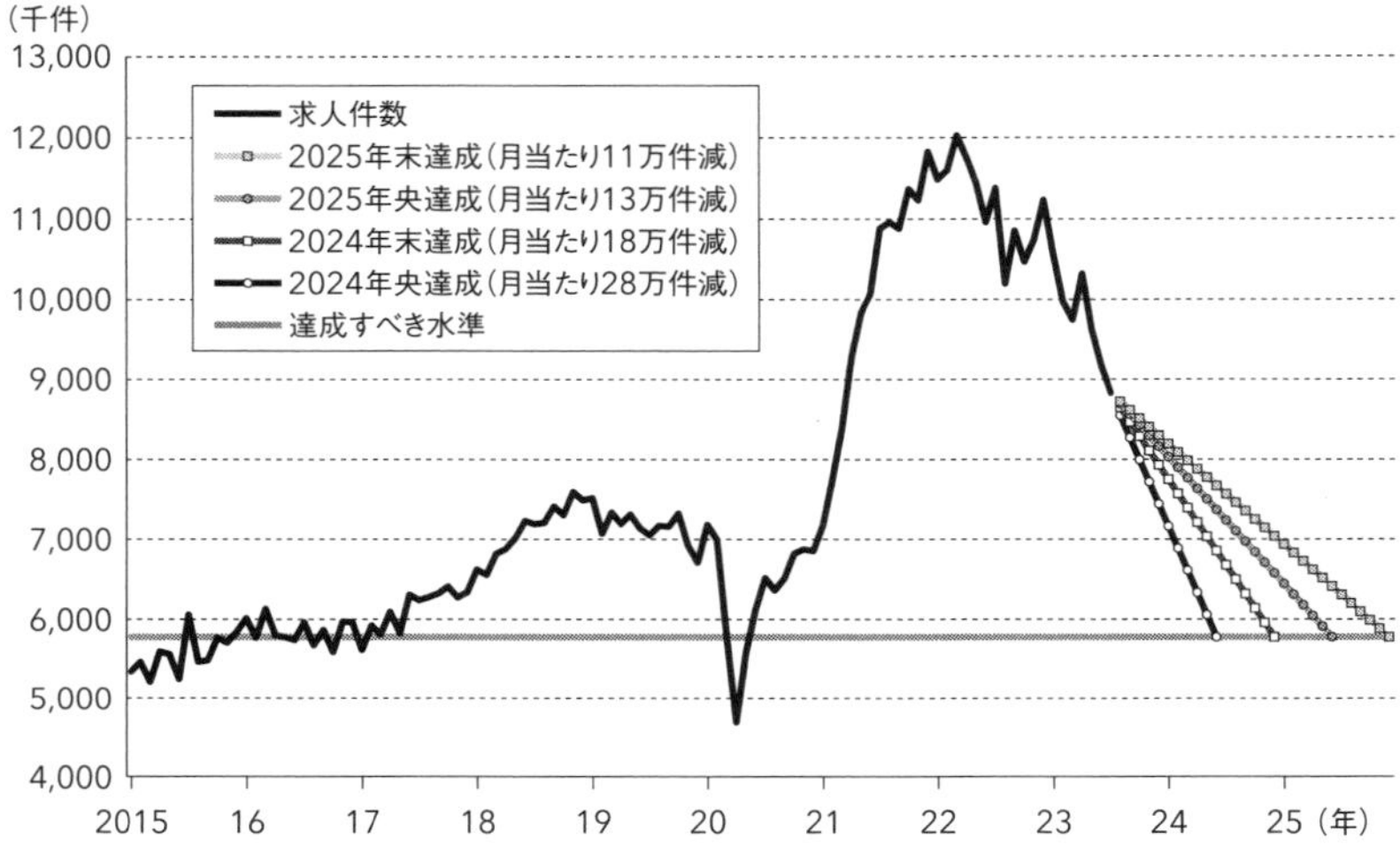

（出所）BLS、Haver Analyticsより大和総研作成

抑制を進めていく上でも好都合だ。仮に、目標となる求人件数の水準（５８０万件）に達するタイミングを、２０２４年半ば、２０２４年末、２０２５年末とした場合、１カ月当たりの減少ペースはそれぞれ、約28万件、約18万件、約13万件となる。２０２３年の減少ペースは１カ月当たり34万程度であり、それが続けば２０２４年半ばよりも早く達成できる。いずれにしても、労働需要は順調に減退しているといえる（図表２・７）。

労働需給のタイトさの解消に着実な進展が見られることは、インフレ圧力を抑制し、金融引き締めの長期化で過度に景気を冷やすリスクを低減させる点でポジティブな側面といえる。

しかし、２０２３年９月のＦＯＭＣで公表された経済見通しにおいて、堅調な景気を背景に失業率（２０２５年10-12月時点）の予想値は４・１％へと下方修正された。サンフランシスコ連

図表2・8　家賃除くコアPCEサービス価格と賃金を引き上げた企業の割合

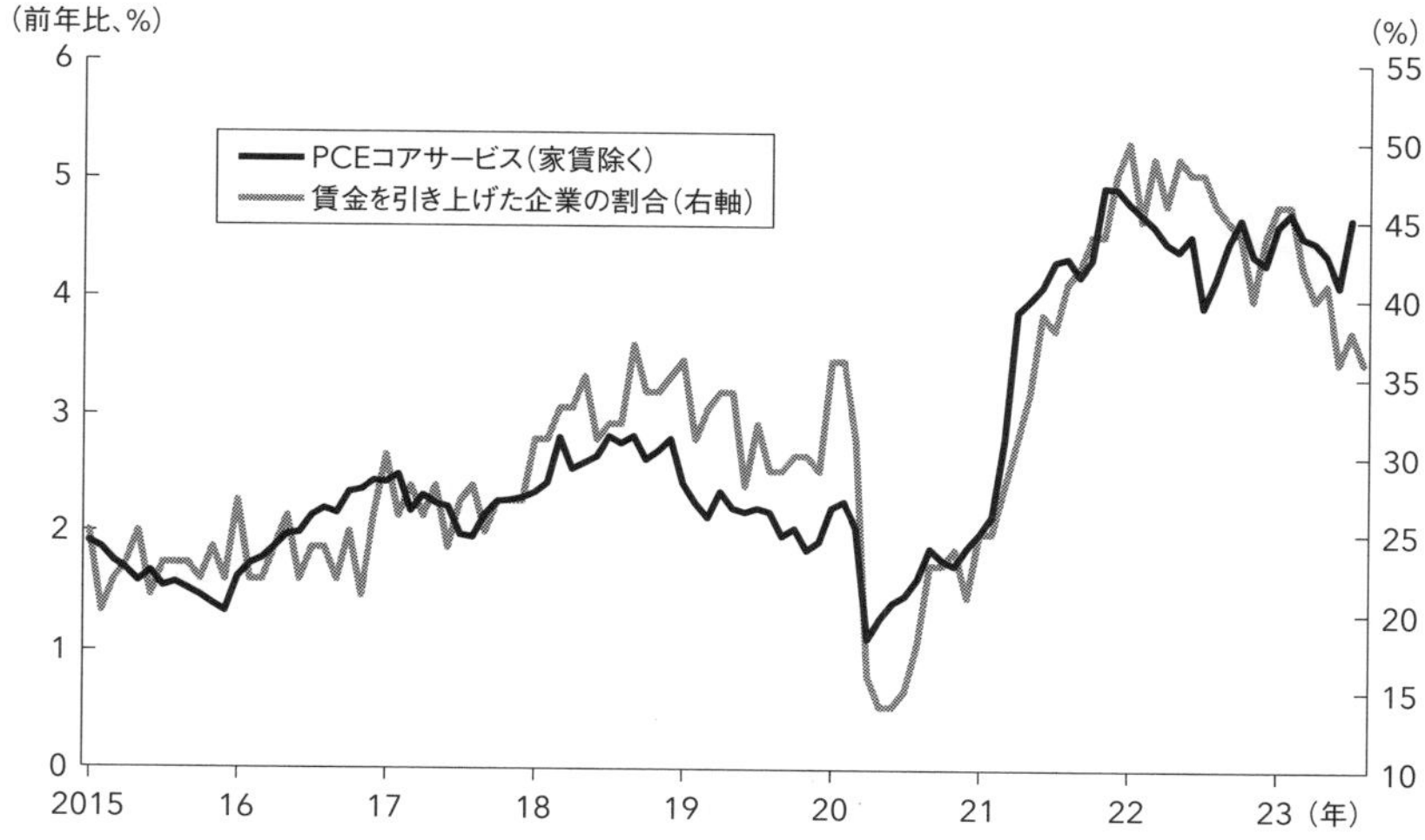

(出所)BEA、NFIBより大和総研作成

銀の分析と時期が異なることから単純な比較はできないが、仮に直近の失業率を想定した場合、求人件数を530万件まで減少させる必要があり、達成のハードルは上がる。また、労働需給のタイトさが緩和したとしても、既存社員の待遇改善の動きが進み、賃金上昇率が下がりにくくなるおそれがある。例えば、輸送大手のUPSは労使交渉の結果、パートタイム労働者の待遇改善として今後5年で現在の時給を少なくとも40％以上（例：時給18・25ドル→25・75ドル）へと引き上げることになった。このほか、全米自動車労組（UAW）も米3大自動車メーカーに対して大幅な賃上げを要求し、期限までに交渉がまとまらなかったためストライキに発展した。労働組合によるこうした待遇改善要求は2010年代半ばに比べて活発になっており、大企業以外でも賃金上昇圧力は強い。中小企業の4割が賃金を引き上げ、コロナ禍前の水準（3割弱）

を上回った。賃金を引き上げた企業の割合は、家賃を除いたコアサービス価格とも連動しており、インフレを抑制するためには一段の低下が望ましい（図表2・8）。

賃金上昇などの待遇改善は、人々の生活水準を引き上げ、消費余力の向上を促し、米国経済を活性化させるものの、インフレの高止まりリスクが懸念される現在においてはネガティブな側面もあり、ＦＲＢにとっても頭痛の種だ。加えて、バイデン政権の政策スタンスも、ＦＲＢの金融政策を難しいものにする可能性がある。ＦＲＢのパウエル議長は、物価の安定なしに良好な雇用環境を維持することはできないとの認識のもとで金融引き締めを進めているが、バイデン政権は２０２３年９月４日のレイバーデーで「史上最も労働組合寄りの大統領になることを約束する」と述べた。２０２４年11月に大統領選挙が控える中、バイデン大統領は有権者からの賛同を得るため、労働者寄りのスタンスを一層強める可能性もある。こうした政治の季節の到来もインフレ圧力を持続させる要因になるかもしれない。その結果、ＦＲＢが金融引き締めを長期化せざるを得なくなり、最終的には金融システム全体に負荷をかけたり、景気の下振れリスクが高まったりする可能性には注意が必要だろう。

04 バイデン大統領はホワイトハウスに残れるか

すでに始まっている大統領選への戦い

2024年に11月5日に実施される米国大統領選挙に向け、1年以上にわたる長い戦いがすでに始まっている。

民主党からは、2023年4月25日にバイデン大統領が立候補を表明した。同党からは、ほかに2人が立候補を表明しているが、世論調査ではバイデン氏が他候補を大きく引き離し、党内の最有力候補となっている。

一方、共和党からは10人以上が立候補を表明している。2022年11月に早々と立候補を表明したトランプ前大統領が、共和党の最有力候補となっている。

仮に民主党でバイデン氏、共和党でトランプ氏が党の候補者となれば、2020年大統領選挙の再現となる。米国史上、大統領選で同じ候補者同士が二度対戦したことは6回あり、直近では1956年、共和党現職のアイゼンハワー氏が、1952年に続いて民主党候補者のスティーブンソン氏と対戦し、アイゼンハワー氏が再選を果たした。

図表2・9　2024年大統領選挙のスケジュール

1月15日	共和党アイオワ州党員集会
2月3日	民主党サウスカロライナ州予備選挙
3月5日	スーパー・チューズデー
7月15〜18日	共和党大会
8月19〜22日	民主党大会
11月5日	大統領・議会選挙投開票
12月17日	選挙人投票

（出所）各種資料より大和総研作成

大統領選挙のスケジュールを図表２・９に示した。

大統領選挙は、各党の候補者を選ぶ予備選挙・党員集会（以下まとめて予備選挙）と、大統領を選ぶ本選挙の二つに大きく分かれる。

予備選挙は、２０２４年1月の共和党アイオワ州党員集会から始まり、6月まで各州で実施される。最も多くの州の予備選挙がある２０２４年3月5日は、「スーパー・チューズデー」と呼ばれ、過去の選挙では、ここで候補者が事実上絞られてきた。夏には両党がそれぞれ全国大会を開催し、党の政策綱領を採択した上で、予備選挙で最も多くの代議員を獲得した候補者が党の大統領候補として正式に指名される。

各党の大統領候補は、２０２４年9月から10月にかけて開かれる数回の公開討論会で意見を戦わせる。そして11月の本選挙で選挙人（事前に支持する候補者を表明している）の過半数を獲得した候補者が事実上の次期大統領となる。形式的には、その後12月に本選挙の結果を受けた選挙人による投票があり、翌年1月の開票を経て、正式に次期大統領が選出される。

バイデン大統領再選の可能性は？

バイデン大統領の再選の可能性を考える前に、バイデン政権の経済政策を振り返ってみよう。

バイデン大統領はこの3年間で複数の経済対策法を成立させた。例えば、新型コロナウイルスの被害からの家計の救済などを目的とした「米国救済計画法」（２０２１年3月）、インフラに対する連邦政府の支出増大などを目的とした「インフラ投資および雇用法」(2021年11月)、米国の半導体製造能力の強化や研究開発の活性化を目指す「CHIPSおよび科学法」(2022年8月)、クリーンエネルギーの促進などを目的とした「インフレ抑制法」(2022年8月)などだ。

バイデン大統領は、CHIPSおよび科学法の成立1周年となる2023年8月、「半導体製造を米国に戻すため1660億ドル以上の投資を呼び込み、全米で雇用を生み出した」と強調した。インフレ抑制法についても、17万人以上のクリーンエネルギーに関する雇用を創出したことや、民間部門が1100億ドルを超えるクリーンエネルギー製造への投資計画を発表したことなどを挙げ、有権者に経済政策の成果をアピールした。バイデン大統領は、コロナ収束後の景気回復を目指した経済対策「バイデノミクス」の成果を全面的に打ち出し、選挙戦を戦い抜こうとしている。

ただし、バイデン大統領のアピールは必ずしも奏功していない。政治サイトのリアル・クリア・ポリティクスの世論調査によると、バイデン大統領の支持率は就任1年目の2021年8月以降、不支持が支持を上回り続けており、直近の支持率(2023年9月)は40%台前半と低い水準で推移している。また、ウォール・ストリート・ジャーナルが2023年8月に実施した世論調査によると、経済政策への支持は37%、不支持は59%、インフレ対策は支持34%、不支持63%となっており、現状では「バイデノミクス」への支持は得られていないといえる。

ここで興味深いデータがある(図表2・10)。これは、過去の大統領選(1968~2020年)について、選挙の2年前からのS&P500の値動きを、「政権が交代した年」と「政権が継続し

図表2・10　大統領選挙前後のS&P500の動向

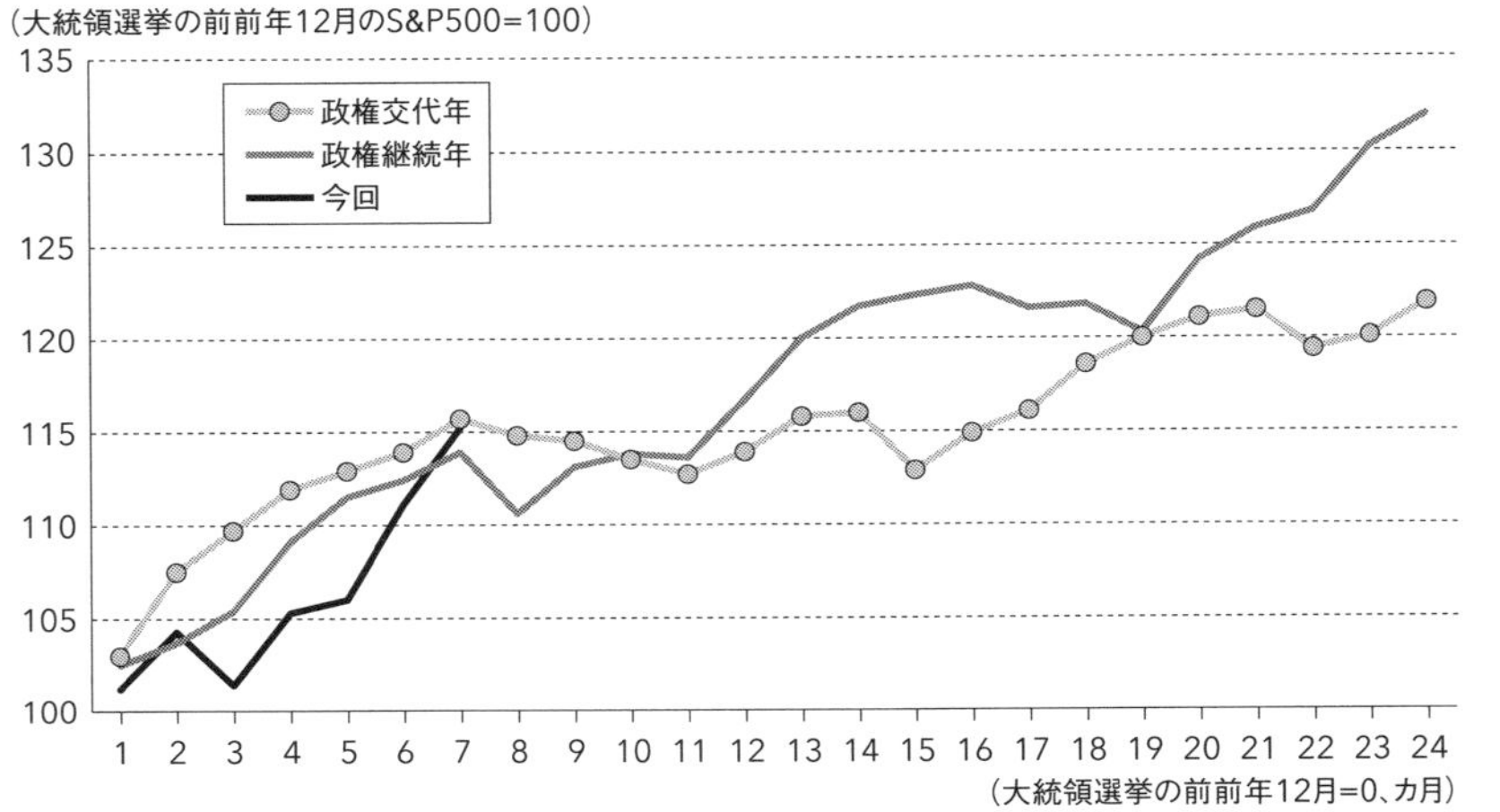

(注)1968年から2020年までの大統領選挙が対象。なお、大統領選挙の実施タイミングは横軸の23カ月目。

(注)S&P、Haver Analyticsより大和総研作成

た年」で比較したものだ。これを見ると、選挙の2年前からの1年は「政権が交代した年」よりも株価パフォーマンスが優れている。しかし、1年前から本選挙にかけては、「政権が継続した年」のほうが「政権が交代した年」よりもパフォーマンスが高い。つまり、このグラフからは、過去の政策実績だけでなく、2024年の経済のパフォーマンスが大統領選挙の行方を大きく左右することが読み取れる。インフレ抑制策のソフトランディングが期待される中で、バイデン大統領の再選可能性は、大幅な景気悪化を経ずにインフレを沈静化できるかがカギとなる。

また、バイデン大統領に対する有権者の最大の懸念は、その年齢だ。2020年に米国史上最高齢の78歳で大統領に就任し、再選されれば、就任時に82歳、2028年の任期終了時には86歳となる。前述のウォール・ストリート・ジャ

ーナルの世論調査によると、有権者の73％が「バイデン大統領が2期目を目指すには年を取りすぎている」と回答しており（77歳のトランプ氏については47％）、民主党支持者も約3分の2が「再出馬するには高齢すぎる」と回答している。

もちろん、上院議員、副大統領、そして大統領としての豊富な経験に期待する向きもあるが、高齢に伴う心身の健康状態に有権者が不安を抱くのも無理はない。年齢に対する有権者の懸念を払拭することも再選の一つのカギとなる。

トランプ氏が戦うのは選挙と裁判

対する共和党は、リアル・クリア・ポリティクスの世論調査（2023年9月）によると筆頭候補はトランプ氏で、支持率は約56％に達する。仮にトランプ氏が共和党候補となり、本選挙でも勝利すれば、1885年と1893年に大統領となったグローバー・クリーブランド以来、連続しないで2期大統領を務めることになる。

前大統領であるトランプ氏の強みは、何といっても知名度と豊富な資金力だ。年齢に関しても、トランプ氏はバイデン氏より3歳年下なだけだが、有権者の懸念はバイデン氏に比べて小さい。

むしろ、トランプ氏に懸念されるのは、4件の事件で起訴されている裁判と、それが選挙にどう影響するかだ。スーパー・チューズデー前日の2024年3月4日に、21年に起こった議事堂襲撃事件の裁判が開かれることになっており、天王山前日のこの裁判が、トランプ氏にとって不利に働くことも予想される。

支持率ではトランプ氏に大きく引き離されているが、二番手で追走しているのは、共和党内の反トランプ勢力に支持されている44歳のロン・デサンティス・フロリダ州知事だ。デサンティス氏は下院議員を3期務めた後、フロリダ州知事に就任し、現在2期目を務めている。新型コロナウイルスの感染が拡大していた時期に、州内の民間雇用者に対するワクチン接種やマスク着用の義務化を禁止する法案に署名するなど、その政策が全米で話題となり、保守派から一定の支持を集めている。

その他の候補としては、政治家としての経験はないものの、製薬会社創業者で資産家のヴィヴェク・ラマスワミ氏（38歳）やサウスカロライナ州知事やトランプ政権で国連大使を務めたニッキー・ヘイリー氏（51歳）が挙げられる。

共和党は2023年8月、候補者による初の討論会を開催した。トランプ氏が欠席したため、有力候補者が全員参加する討論会にはならなかった。このときはラマスワミ氏の発言が目立ち、その後の世論調査で同氏の支持が伸びた。こうした討論会は、複数回予定されている。

新大統領にとって重要な議会構成

新大統領が政策をつつがなく遂行できるかどうかは、2024年の大統領選挙と同時に行われる連邦議会選挙の結果による議会構成に大きく影響される。なぜなら、大統領が政策を実行するには、法案を可決する議会との協力が不可欠であり、特に上院には、閣僚や最高裁判所判事など主要な人事の承認権限があるからだ。国民の関心は、次の大統領選挙に向けられるが、政策の実現可能性を左右するという意味で連邦議会選挙も要注目だ。

２０２４年の連邦議会選挙では、補欠選挙１議席を含む上院34議席（任期６年。２年ごとに全１００議席のうちの３分の１が改選）と下院の全議席４３５（任期２年）が改選される。

２０２２年の中間選挙では、上院は民主党が過半数を維持し、下院は共和党が過半数を奪取したため、現在の２０２３-２０２４年議会はいわゆる「ねじれ」が生じている。ただし、議席数の差は、上院で民主党51（民主党と会派を組む無所属３名を含む）に対して共和党49、下院でも共和党２２２に対して民主党２１３とそれぞれ拮抗している。２０２４年の選挙でも上下院で激戦が予想され、「上下院ともに多数派が民主党」「上下院ともに多数派が共和党」「上院多数派が民主党で下院多数派が共和党」「上院多数派が共和党で下院多数派が民主党」のいずれのパターンもあり得る。

バイデン大統領は自身の再選とともに、少なくとも上院における民主党の過半数維持を強く望んでいるはずだ。ちなみに、２０２４年の上院議員選挙で改選を迎える対象者33人の内訳は、共和党10名、民主党が20人、民主党と会派を組む無所属が３人となっており、民主党のほうが多くの議席を守らなければならない。

２０２４年の連邦議会では、両党とも選挙で上下院の過半数を獲得するために実績づくりに努めるだろう。実績づくりのため、法案成立に向けて両党が協働することが期待されるが、近年の両党の対立の激化を踏まえると、法案成立を邪魔する足の引っ張り合いも考えられる。政治の停滞が景気の思わぬ下振れリスクになったり、インフレの高止まりを助長するおそれもあるだろう。米国経済のソフトランディングに対する期待は高まっているが、２０２４年は、こうした政治の季節の到来が、不安の種になるかもしれない。

注

1 Francois de Soyres, Dylan Moore, and Julio Ortiz, "Accumulated Savings During the Pandemic: An International Comparison with Historical Perspective," FEDS Notes, June 23, 2023.

2 Aditya Aladangady, David Cho, Laura Feiveson, and Eugenio Pinto, " Excess Savings during the COVID-19 Pandemic," FEDS Notes, October 21, 2022.

3 Erin E. Crust, Kevin J. Lansing, and Nicolas Petrosky-Nadeau, "Reducing Inflation along a Nonlinear Phillips Curve," FRBSF Economic Letter 2023-17, July 10,2023.

第3章

欧州経済

インフレ鈍化でも拭えぬ
先行き不透明感

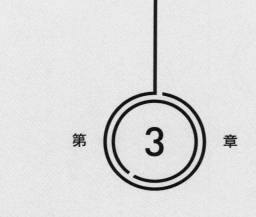

01

欧州経済再加速に向けたシナリオと課題

欧州経済はここ数年、様々な危機に見舞われてきた。新型コロナウイルスの感染拡大に続いて、2022年2月に始まったロシアによるウクライナの侵攻は、エネルギー不安や価格高騰を引き起こし、欧州経済に多大なるダメージを与えた。しかし、ウクライナ侵攻はいまだに終わりが見えない状況が続いているが、経済的な影響は徐々に緩和している。とりわけ欧州にとって朗報といえるのは、これまで最大の悩みだったインフレが徐々に沈静化へと向かっていることだ。

2024年の欧州経済は、インフレが沈静化する中、徐々に通常の成長軌道へと回帰していくことが期待される。ただし、景気回復の起点になると見込まれるインフレの動向については、引き続き上振れリスクが優勢だ。ＥＣＢによる追加利上げの可能性は大きく低下したものの、引き締め的な金融環境は維持される可能性が高い。加えて、財政政策はこれまでの危機対応から、通常モードへと移行するとみられ、財政によるサポートも剥落していく。欧州経済は最悪期を脱する可能性が高いものの、引き続き下振れへの警戒が必要な状況が続くと見込まれる。

２０２３年は想定ほど悪化せず

２０２３年の欧州経済は、長期化するウクライナ問題、それに付随したエネルギー不足への懸念、エネルギーや穀物価格の高騰など、多くの不安材料を抱える中でスタートを切った。しかし、そうした悲観的な見方からすれば、２０２３年は思いのほか底堅く推移したといえる。ＩＭＦによる予測を例に取れば、最も悲観的だった２０２２年10月時点では、ユーロ圏の２０２３年の実質経済成長率の見通しは前年比＋０・５％だった。しかし、その後は徐々に上方修正され、本稿執筆時点における最新の見通し（２０２３年7月時点）では、同＋０・９％となっている。四半期ごとの成長率の推移を見ても、２０２２年10-12月期に一旦はマイナス成長となったが、２０２３年は1-3月期、4-6月期とも低成長率ながらプラス成長となり、テクニカルリセッション（2四半期連続でのマイナス成長）をどうにか回避している。

想定していたほど悪化しなかった最大の要因は、懸念材料であった冬場のエネルギー不足が深刻化しなかったことだ。２０２２年2月のロシアのウクライナ侵攻以降、欧州はロシアに対する制裁として石炭・原油の禁輸措置を実行した。加えて、一連の制裁への報復として、ロシアがパイプラインによる欧州へのガス供給を停止するなど、エネルギーを武器化することで対抗したため、ロシア産の天然ガスへの依存度が高い欧州は、様々な方策でエネルギー不足への対応を急いできた。

図表3・1　ユーロ圏のHICPと消費者信頼感指数

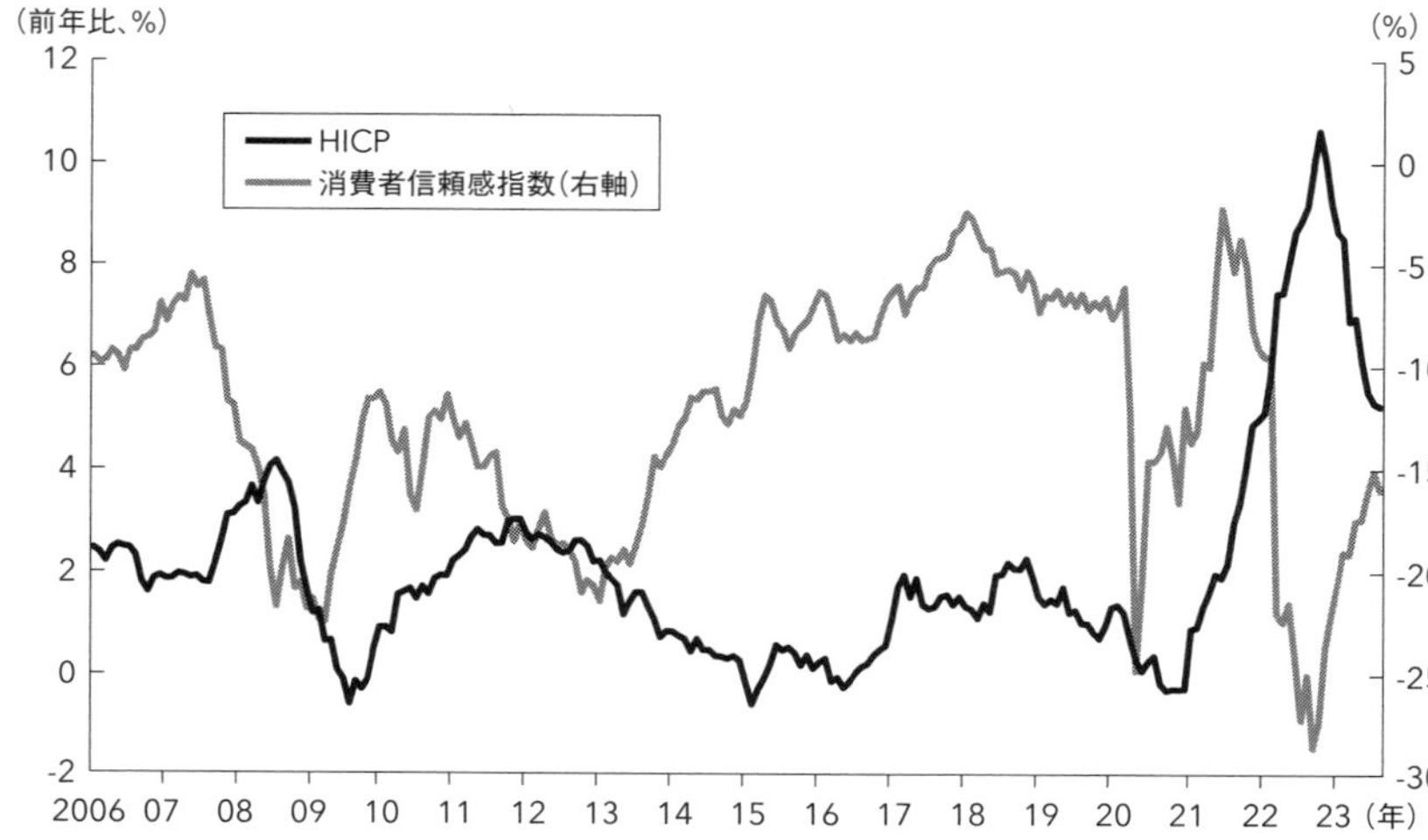

(出所)Eurostat、欧州委員会より大和総研作成

具体的には、EUレベルで2022年7月に天然ガスの使用量を過去5年間の平均ガス消費量比で15%削減することに合意したほか、ガスの貯蔵規制を導入し、各国に一定の備蓄が義務付けられた。個別の国レベルでも、ガス使用削減目標の設定や空調の利用制限など様々な省エネ策が導入された。また、ロシア産天然ガスに代わるエネルギー源として、EUはLNGの確保に積極的に取り組んでおり、米国からの輸入を中心にLNGの輸入量は2022年以降、大幅に増加している。

こうしたEUと各国の努力に加えて、2022年から23年にかけての冬は、ドイツやポーランドで観測史上最高気温を更新するなど記録的な暖冬となり、暖房需要が抑制されたこともエネルギー需要削減の大きな要因となった。欧州のシンクタンク、ブリューゲルの分析によれば、2022年4月から2023年3月の1年間で減少したEUのロシアからのパイプラインによるガス輸入のうち、その7割程度は、省エネなどによるEU域内の需要の減少によって達成されたという。最悪シナリオとして想定されていたエネルギーの配給制や、エネルギー不足を理由とした計画停電などによる強制的な経済活動の抑制は回避された。

そして、エネルギー不足が回避されたことにより、ウクライナ問題以降急騰したエネルギー価格が大きく下落したことも、欧州経済にとってプラスの材料となった。欧州の天然ガス価格の指標となるオランダTTFは、ウクライナ侵攻前の2022年1月時点でおよそ85ユーロ/メガワット時だったが、エネルギー不足への懸念を反映して2022年8月には300ユーロを上回るまで跳ね上がった。しかし、懸念されていたエネルギー不安を乗り切ったことで、2023年は一時30ユーロを切り、ウクライナ侵攻前の価格を下回る水準まで低下した。ユーロ圏のHICP（消費者物価指数）は、2022年10月には前年比+10・6%と歴史的な伸びを経験したものの、エネルギー市況の落ち着きによってピークアウトし、2023年8月時点では同+5・2%と、ピークの半分以下まで上昇ペースが鈍化している。インフレ率の鈍化は、家計の実質所得の持ち直しに寄与し、それまで悪化傾向にあった消費者マインドも2023年は改善基調が続いている。

続く製造業不振、ドイツが「問題児」

もっとも、想定以上に悪化しなかったとはいえ、欧州経済は決して好調といえる状況ではない。

インフレ率は一時期に比べれば伸びが鈍化したもののなお高い状態にあり、家計にとっての懸念材料であり続けている。消費者マインドの水準は依然として低く、実体面での個人消費の伸びは力強さに欠ける。また、企業部門、特に製造業の景況感は悪化が続いており、その結果として、国別では製造業のウエイトが高いドイツの軟調さが際立っている。ユーロ圏全体としてはテクニカルリセッションを回避したものの、ドイツのGDP成長率は、2022年10-12月期から2四半期連続のマイナス成長となり、テクニカルリセッション入りすることとなった。欧州委員会が公表する最新の経済見通し（2023年9月公表）においても、ユーロ圏全体、および他の主要国については2023年のプラス成長が見込まれる中、ドイツは唯一マイナス成長が見込まれている。

製造業の景況感の悪化は2022年以前から続いてきた。しかし、停滞の理由が2023年に入って変化している。欧州委員会が実施するサーベイによる製造業の生産阻害要因を見ると、2021～2022年にかけての最大の懸念材料は「材料・機器不足」だった。だが、この割合は2022年春頃をピークに、低下基調に転じている。これは、コロナ禍とその後のウクライナ侵攻によって深刻化したサプライチェーンの毀損、すなわち供給側の問題が、時間を追うにつれて解消してきたことを表している。一方で、新たな懸念材料として浮上してきたのが「需要不足」だ。2023年7月調査では、コロナ禍による需要減少の影響が続いていた2021年1月調査以来、生産を阻害する要因として「需要不足」を挙げる企業の割合が1位となった。

製造業の需要停滞の一因として挙げられるのは、個人消費が全体として伸び悩む中、とりわけ

図表3・2　ユーロ圏製造業の生産阻害要因

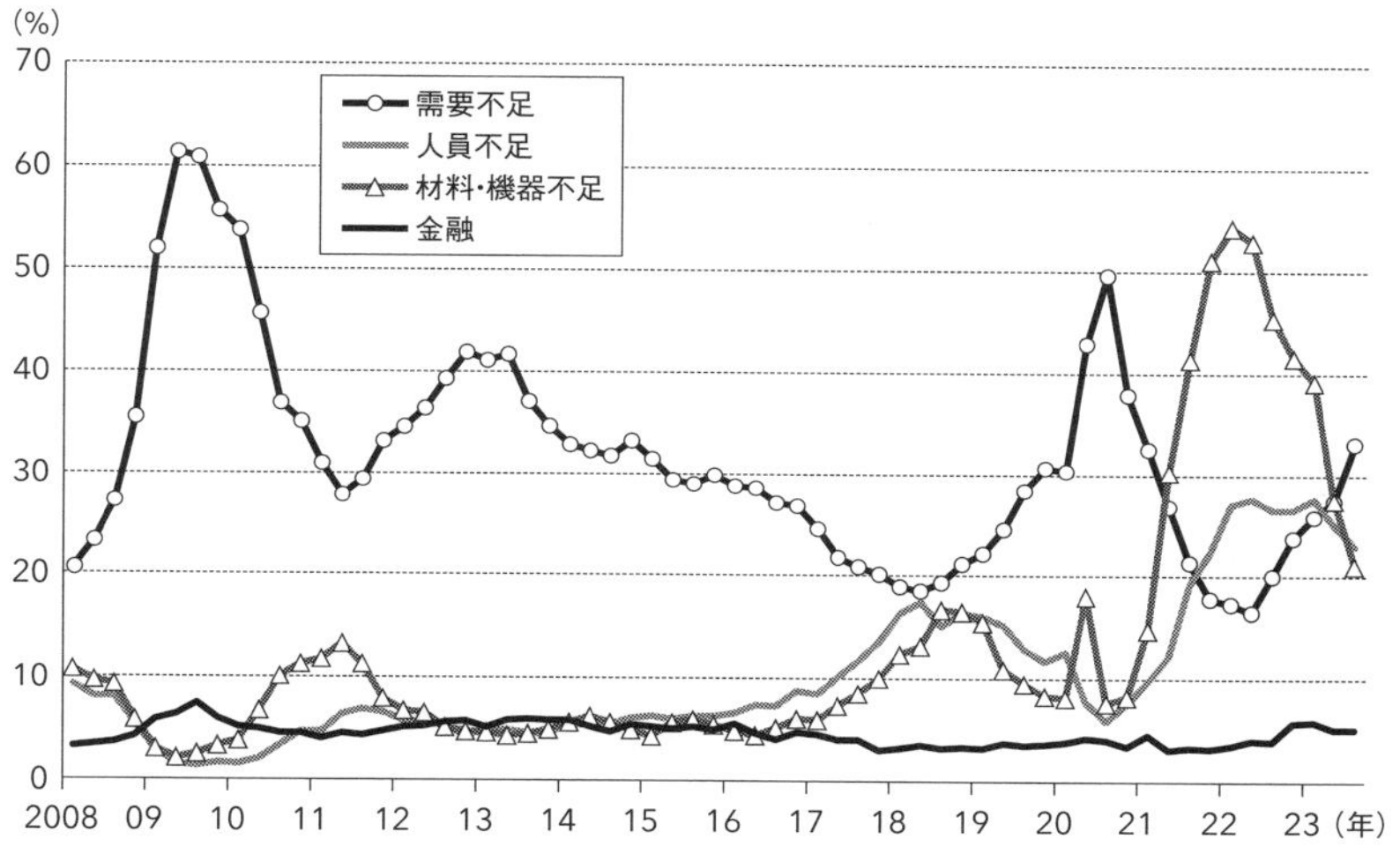

（出所）欧州委員会より大和総研作成

財の消費が振るわなかったことだ。コロナ禍において個人消費は財、サービス問わず急激に落ち込むこととなったが、行動制限によってサービス消費の回復が遅れる中、財消費は早々にコロナ禍前の水準を回復した。一方、コロナ禍による行動制限が段階的に解除され、サービス消費が回復へと向かう過程では財の消費が抑制され、２０２２年以降、減少基調に転じている。

加えて、外需の不振も製造業にとって逆風となった。欧州にとって最大の輸出先である米国では、欧州と同様に高インフレ抑制に向けた金融引き締めが続く中、景気の減速傾向が続いており、米国向け輸出数量は２０２２年後半以降、減少が継続している。また、同様に欧州にとって重要な輸出先である中国についても景気が停滞しており、中国向け輸出についても２０２１年初をピークに減少トレンドにある。

個人消費主導の景気回復が期待されるが、下振れリスクが残る

２０２４年の欧州経済の先行きについては、これまで高インフレ下で抑制されてきた個人消費の回復が本格化するか否かがカギを握る。個人消費の拠り所となる実質所得と消費者マインドに大きな影響を与えるインフレ率の動向が、引き続き最大の焦点となるだろう。

前述の通り、２０２３年のインフレ率の伸び率の縮小は、主にエネルギー価格の低下に起因したものだった。だが、原油やガス市況の下落基調が一服したことで、エネルギー価格の低下によるインフレ率の押し下げは２０２４年には剥落していく。他方、エネルギー以外の物価、いわゆるコアインフレ率は伸び率が縮小していくと見込まれる。

前項で確認した通り、コロナ禍以降続いてきた様々な製品における供給制約は徐々に解消に向かっている。加えて、世界的に需要が減速基調となる中、グローバルに財の需給は緩和しており、川上価格は急速に伸びが鈍化している。ユーロ圏のエネルギーを除く生産者物価は、２０２２年のピーク時には前年比＋15％を上回る伸びとなっていたが、２０２３年半ばには同＋１％台まで伸びが鈍化している。こうした川上価格の動きは、消費者物価へも徐々に波及する可能性が高い。消費者物価の伸びが鈍化することによる実質所得の持ち直しと、それに伴うマインドの改善傾向は２０２４年も継続する公算が大きく、個人消費が先行きの景気拡大のけん引役となることが期待される。

図表3・3　ユーロ圏の財消費とサービス消費

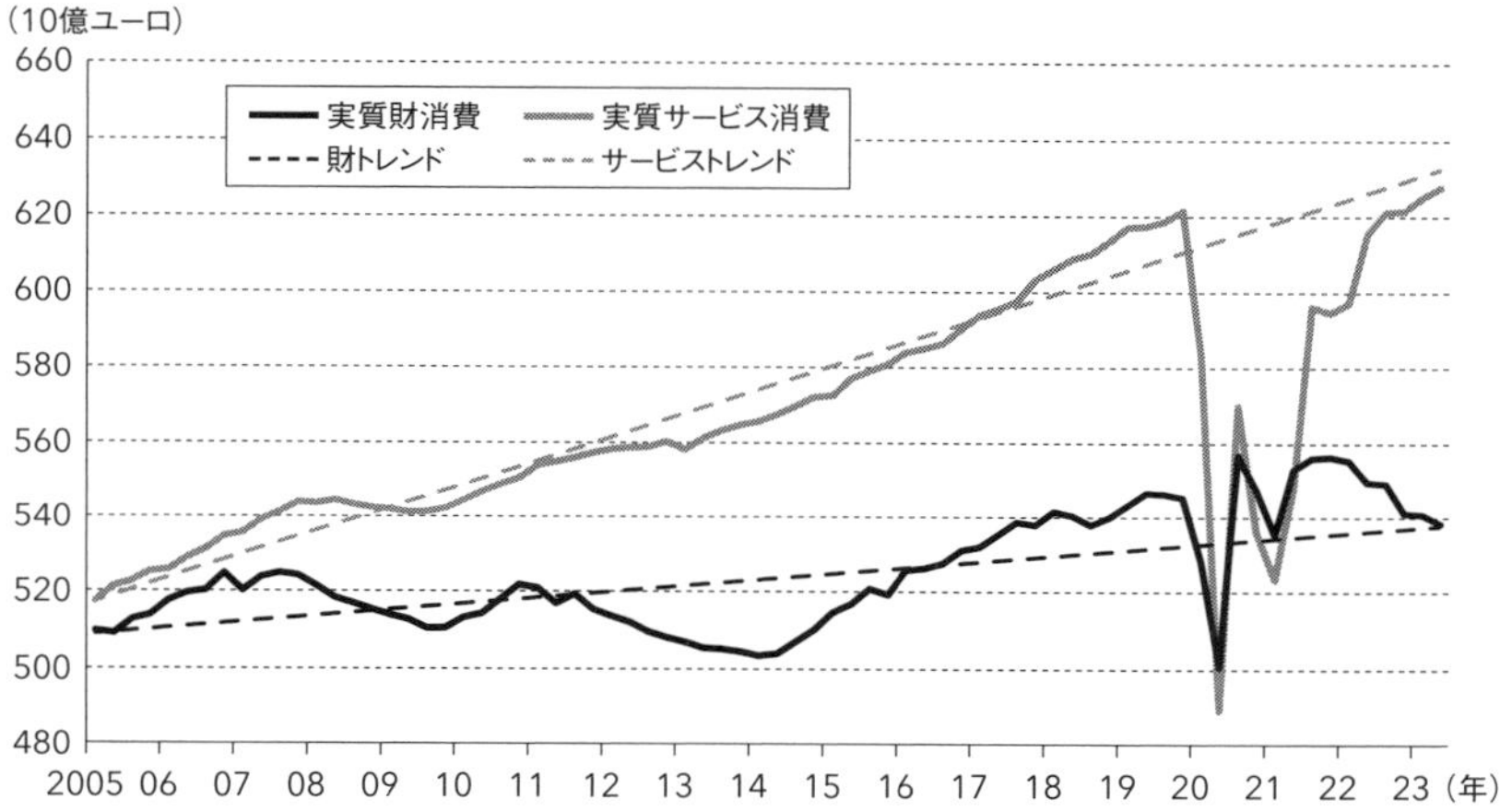

(注)財・サービス別個人消費が公表されている12カ国(ドイツ、エストニア、アイルランド、フランス、イタリア、キプロス、ラトビア、ルクセンブルク、マルタ、オランダ、オーストリア、スロバキア)の合計値。破線は2005〜2019年のトレンド。

(出所)Eurostatより大和総研作成

ただし、仮にインフレ率が想定通りに鈍化しない、ないしは再加速するような事態に陥れば、期待される景気回復シナリオに水を差すことになるだろう。その意味では、引き続きエネルギー供給を巡る問題については警戒を要する。調達先の多様化やガス備蓄の増加、欧州域内での省エネ努力によって、エネルギー不足が深刻化するリスクは低下したとの見方が広がっている。しかし、暖冬が神風となった22〜23年の冬とは反対に、厳冬などの天候要因によって再びエネルギー不足に対する懸念が高まる可能性は依然として残されている。

また、個人消費の持ち直しが続いたとしても、それが悪化傾向の続く製造業の需要回復にどれほどつながるかにも不透明感が残る。過去とのトレンドとの対比で見ると、依然としてサービス消費の水準が低く、財消費に比べて回復余地が大きい。個人消費の回復がサービスに偏ったものとなれば、製造業が経済全体の足を引っ張る構図が今後も継続する可能性がある。製造業への依存度の高さゆえに、軟調さが目立つドイツ経済の回復が遅れることになれば、おのずとユーロ圏全体としても景気拡大のペースも緩慢なものならざるを得ないだろう。欧州経済の先行きについては、回復を基本シナリオとしつつも、引き続き下方リスクに目配りをしていく必要がある。

02 転換点を迎えるECBの金融政策

利上げ停止でもインフレ高止まりへの警戒が続く

消費者物価が記録的な高い伸びとなる中、ECBにとって2022~2023年にかけての最大の課題は高インフレへの対応であり、2022年7月以降、過去にない速いペースで利上げを続けてきた。しかし、インフレ率がピークアウトしたことで、ECBは引き締め姿勢を徐々に緩和しつつある。2023年9月のECB理事会では、10会合連続での利上げが決定されたものの、声明文には「現在の評価を踏まえ、主要政策金利は、十分な期間にわたって据え置かれた場合に、インフレ率の適時目標回帰に多大な寄与をするとみられる水準に到達し」と、利上げの打ち止めを強く示唆する表現が加えられた。

　利上げが打ち止めとなると、次に想定されるのは利下げへの方向転換となる。だが、状況はそう簡単ではない。ユーロ圏のＨＩＣＰは、２０２２年に見られた前年比＋10％を上回るような歴史的な伸びに比べればペースが鈍化しているものの、依然としてＥＣＢが目標とする２％を大きく上回ったままだ。２０２４年もインフレ率の鈍化傾向が続くと見込まれるが、ＥＣＢが２０２３年９月に公表した見通しによれば、目標の２％までインフレ率が低下するのは、２０２５年7-9月期までかかる。利上げの停止が示唆された２０２３年９月の理事会後の記者会見でラガルド総裁が強調したように、政策金利はしばらくの間、「抑制的な水準」、すなわち中立金利を上回る高い水準で維持される可能性が高い。

　また、インフレ率は低下基調が続くと見込まれるものの、引き続き上振れリスクが大きいとみられる。外部要因であるエネルギー価格が再び上昇するリスクに加えて、基調的な物価という観点からは特にサービス価格の高止まりへの不安が残る。

　エネルギー価格による押し上げの剥落を主因によってＨＩＣＰの上昇ペースは鈍化する中、エネルギーと食品を除いたコアＨＩＣＰについては、上昇ペースがなかなか落ちてきていない。コアＨＩＣＰを財とサービスに分けて見ると、財価格については伸びの鈍化が確認できる一方、サービス価格は23年８月時点でも前年比＋５・５％と、過去最高に近い伸びが続いている。同時点でのサービスによるＨＩＣＰの押し上げ寄与は＋２・４％ptと、これだけでＥＣＢの目標となる２％を上回っており、サービス価格のインフレ率が鈍化しない限りは、ＥＣＢのインフレ目標を

図表3・4　ユーロ圏HICPの要因分解とECBによる見通し

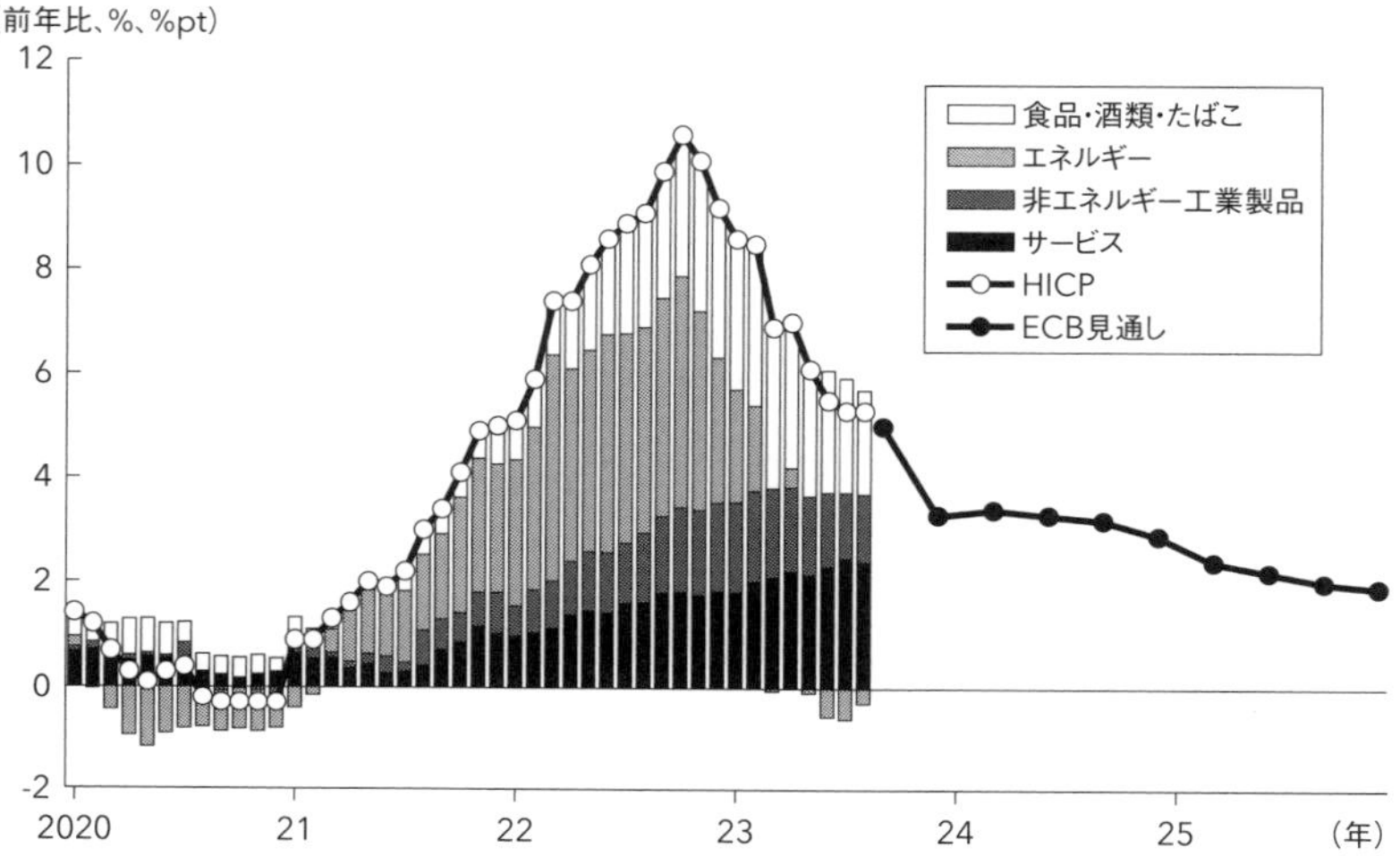

(注) ECB見通しは2023年9月時点。
(出所) Eurostat、ECBより大和総研作成

安定的に達成することは難しい。

サービス価格の低下がなかなか進まない背景にあるのは、高い賃金上昇率が続いていることだ。賃金上昇は企業にとってはコストの増加を意味する。特に労働集約的なサービス業ではコストに占める人件費の割合が大きいことから、販売価格を引き上げる必要性が高い。また、インフレ率が高まれば、労使交渉を通じてそれが賃上げ率に反映されるなど、両者は互いに影響を及ぼし合う。

実際、こうした賃金と物価の相互作用により、スパイラル的なインフレが深刻なのが英国だ。インフレ率が急上昇した２０２２年以降、生活費高騰を背景としたストライキが民間・公的部門を問わず頻発し、その結果として賃金上昇率は前年比＋７％台後半と非常に高い水準まで上昇した。そして、その賃上げコストがさらに販売価格に転嫁されることで、サービス価格が高

図表3・5　GDPデフレーターの要因分解

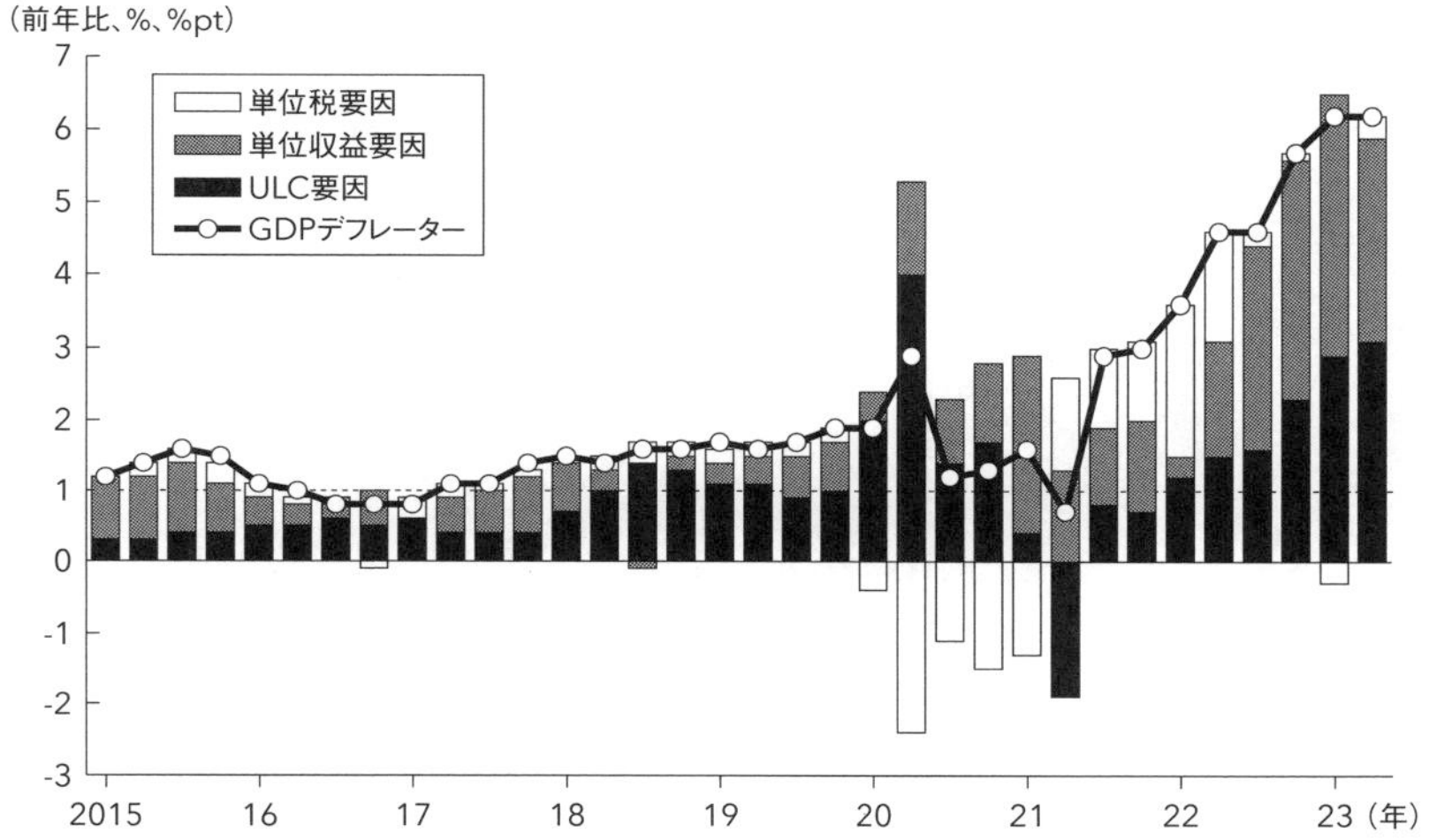

(出所)Eurostatより大和総研作成

止まりし、ユーロ圏以上に高いインフレが続くという悪循環に陥っている。

一方、ユーロ圏はそこまで深刻な悪循環には陥っていない。しかし、賃金と密接な関係がある労働市場の動向を見ると、企業景況感の減速傾向とは裏腹に、労働需給は依然としてひっ迫したままだ。労働集約的な非製造業を中心に企業の人手不足感は根強く、求人件数は高止まりしており、ユーロ圏の失業率は2023年8月時点で6・4%と統計開始以来最低水準にある。労働市場が悪化していないこと自体は、欧州経済にとって決して悪いことではないものの、労働需給のひっ迫による賃金上昇圧力は、インフレ抑制という観点からは必ずしも望ましくない。

しかも、欧州では、企業の強気の価格決定行動が高インフレの一因となってきたという経緯がある。マクロ的なインフレ指標であるGDPデフレーターの変化に関してその内訳を見ると、ユニットレーバーコスト（ＵＬＣ）が押し上げに寄与するのと同時に、企業マージン（単位収益）の拡大が物価の押し上げに寄与している。これは、企業が賃金を引き上げつつ、それによるコストの増加分以上に販売価格を引き上げることで、収益を確保していることを意味する。「グリードフレーション（Greed（貪欲な）とinflationを掛け合わせた造語）」と形容される、企業によるこの強気の価格決定行動は、欧州で特にその傾向が強い。２０２３年に入り、グリードフレーションには緩和の兆しが見られるが、労働需給ひっ迫による賃金上昇が長引けば、企業は再び同様の行動を取るおそれがある。

２０２２年のインフレが急上昇する局面では、ＥＣＢはインフレ率の見通しを幾度となく上方修正してきたが、そうした上方修正はインフレ率が低下する過程においても繰り返される可能性がある。ＥＣＢは２０２３年9月に利上げの停止を示唆しつつも、インフレ率の高さへの警戒心は解いておらず、インフレ率の上振れが続くような状況に陥れば、利上げを再開するシナリオも想定しておく必要があるだろう。

高金利による調整リスクが大きい住宅市場

利上げ停止の機運が高まりつつも、当面、高い水準で金利が据え置かれる可能性が高いことを踏まえると、その影響については引き続き注意していかなければならない。

これまでのＥＣＢによる度重なる利上げを受けてユーロ圏の長短金利が急激に上昇する中、お

図表3・6　ユーロ圏主要国の住宅価格

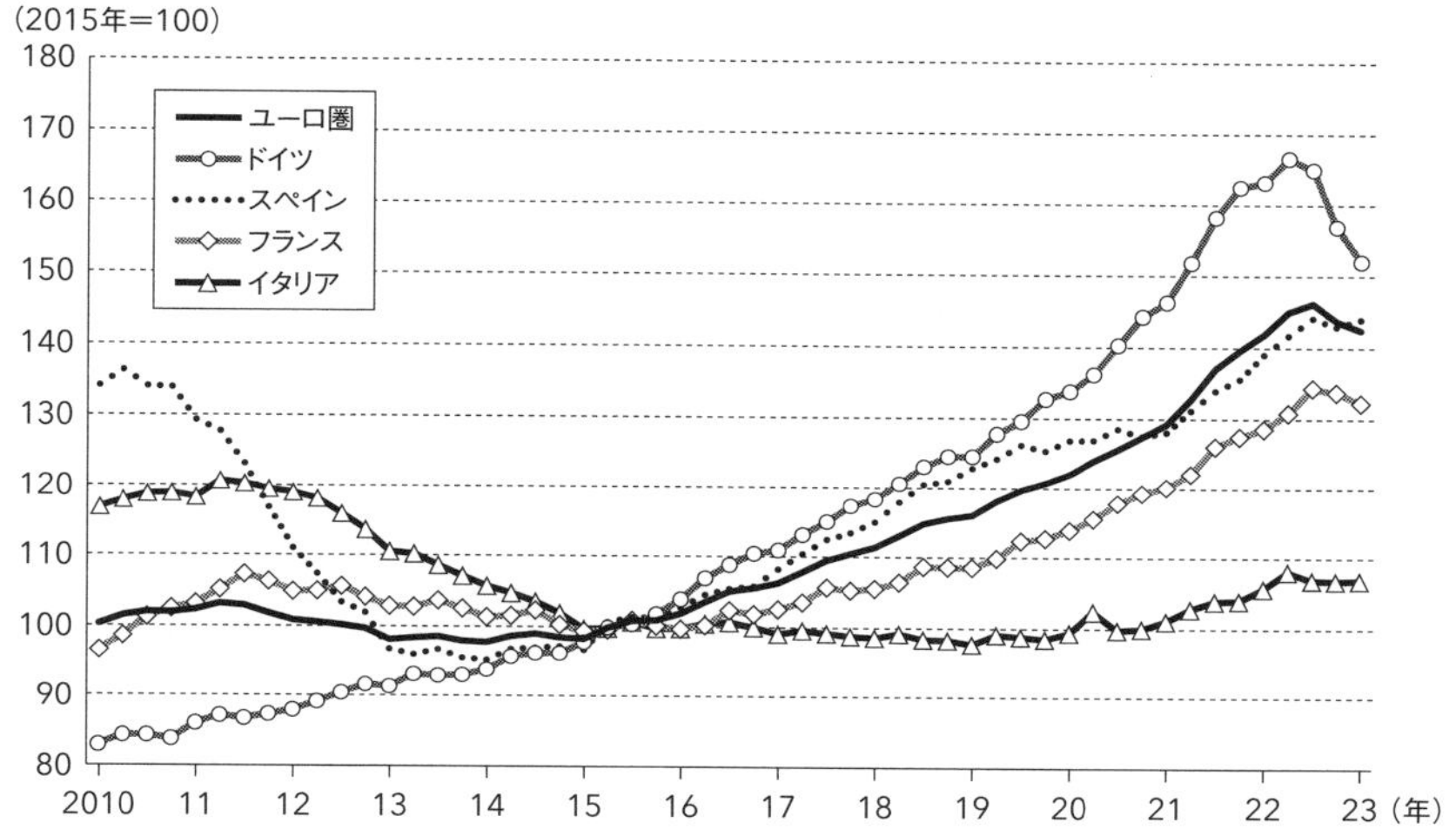

(出所)Eurostatより大和総研作成

のずと企業や家計の借入コストも大幅に上昇し、企業、家計ともに借入需要は急激に減少している。ＥＣＢが実施する銀行貸出調査によれば、住宅ローンの需要は２０２２年10－12月期に、リーマン・ショックやコロナショックという過去の危機時を下回る最低水準まで落ち込み、企業の融資需要もそれにやや遅れる形で２０２３年４－６月期には過去最低を記録した。

　こうした中、特に調整色が強まっているのが住宅市場だ。ユーロ圏の住宅価格は２０２２年10－12月期には２０１５年１－３月期以来の下落に転じ、２０２３年１－３月期も下落が続いた。国ごとの動きにはばらつきがあり、まだ必ずしもすべての国で住宅価格が下落に転じているわけではない。しかし、以前の緩和的な金融環境下での住宅価格の上昇ペースが速かったドイツなどでは、すでに前年比ベースでも住宅価格はマイナスに転じており、足元の下落ペースが速い。今後、金利が高止まりする可能性が高いことに鑑みると、住宅市場の調整はしばらく続くと考えられる。そのため、投資需要の減少の影響に加えて、逆資産効果による個人消費の下押しなど、住宅価格下落の影響も注視していく必要がある。

住宅価格が下落に転じるとなると、2000年代に経験した住宅バブル崩壊と、その後の世界金融危機が連想される。もっとも、ユーロ圏全体で見れば、家計のバランスシートは健全な状態にあり、世界金融危機前のような過度な負債の積み上がりは確認できない。また、銀行サイドにおいても、世界金融危機以降の規制強化などを受けて自己資本を積み増しており、不良債権増加に対する耐久力は増している。さらに、世界金融危機の経験を踏まえて、不良債権の流通市場の整備なども進められており、住宅市場の調整が銀行の経営不安を引き起こす可能性はかつてに比べて低下していると考えられる。住宅市場の調整が長く、深いものとなれば、局所的な影響は免れないものの、金融システム全体を揺るがすような危機に陥る可能性は低いとみられる。

量的引き締め加速による市場分断化リスク

ECBの金融政策に関して、2023年までの最大の注目点だった政策金利の動向については、利上げの停止機運が高まったことで幾分注目度が下がることになるだろう。一方で、ECBによるバランスシート政策、量的引き締めの動向が、再び脚光を浴びる可能性がある。

ECBはこれまでもバランスシートの縮小を順次行ってきた。APP（資産購入プログラム）による資産購入は2022年6月に停止され、2023年3月からは毎月150億ユーロずつ残高を減少させてきた。そして2023年6月末で再投資は完全に停止され、APPによる保有資産の減少ペースはさらに加速している。

他方、コロナ禍を契機に導入されたPEPP（パンデミック緊急購入プログラム）については、2022年3月末に残高の拡大は停止されたが、2024年末まで再投資を続け、残高が維持される方針が示されている。タカ派的なECB関係者は、2024年末を待たずにPEPPによる保有残高を減少させていくべきと主張しており、その動向が今後の注目点となる。PEPPはコロナ禍対応という名目で導入された政策であるゆえ、再投資の停止はあくまで危機対応からの正常化という位置づけになる。だが、ECBが保有する債券を減少させていく以上、市場からは金融引き締めとして捉えられかねない。この点、インフレ率が目標を上回り、金融引き締めが必要な環境下においては、比較的スムーズに実施しやすい。こうした点を踏まえると、PEPPの再投資停止の前倒しがECB内部で検討される可能性は十分考えられる。

PEPPの大きな特徴として、市場分断化抑制のためのメカニズムが組み込まれていることがある。2020年3月の導入時には、市場分断化抑制の役割は明言されていなかったが、柔軟に運用することが合意されており、導入当初から金利上昇圧力が強いイタリア債などが多く購入されてきた。また、残高の拡大が停止された後の2022年6月には、ECBは緊急会合を開催し、市場分断化への対応として償還分の再投資についても柔軟に運用することを決定した。2023年7月時点でPEPPが保有する債券残高の内訳を見ると、ドイツ債が23・9％と最も多く、次

図表3・7　PEPPによる債券保有割合とキャピタルキー

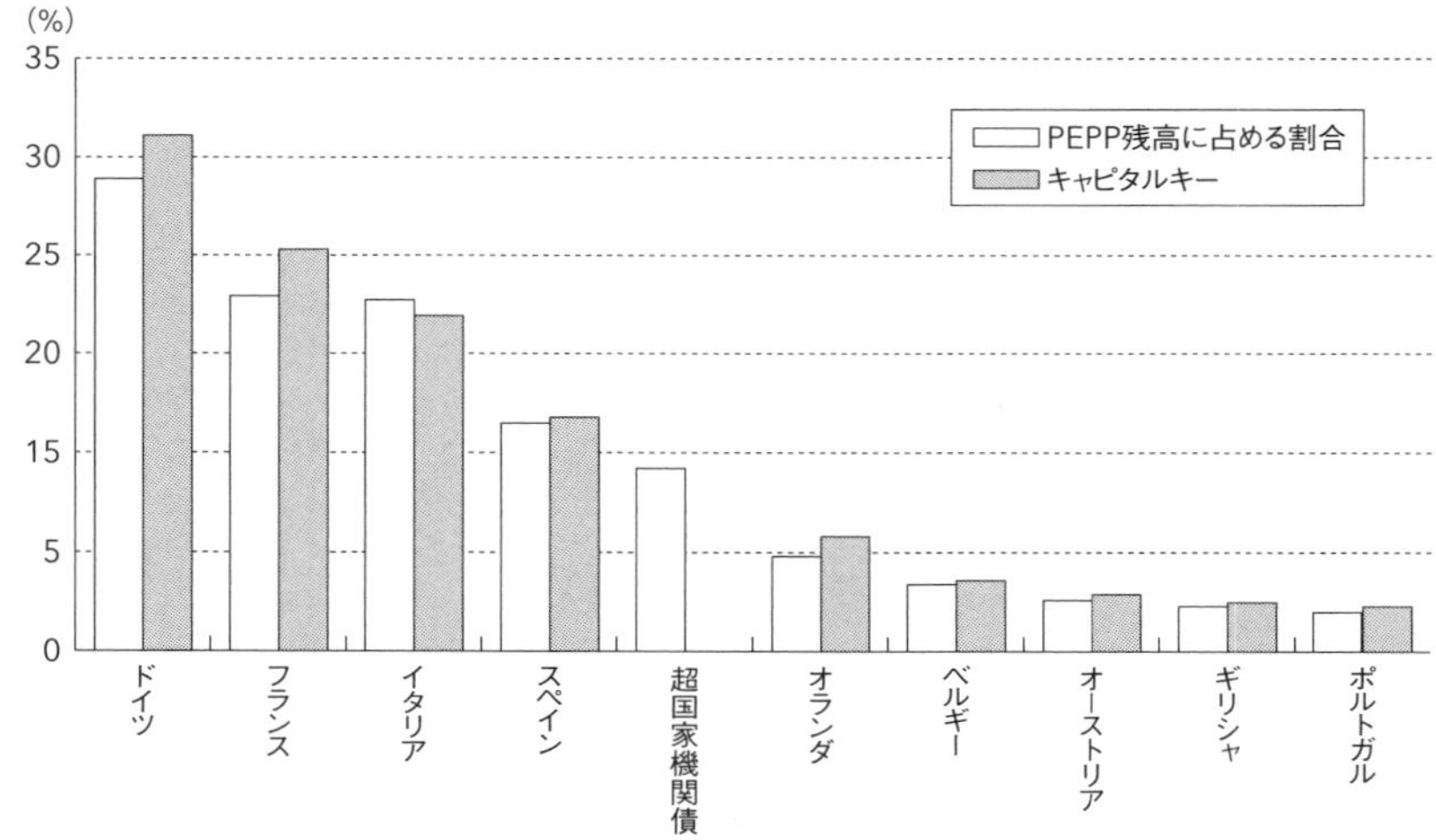

（注）PEPP残高に占める割合は2023年7月時点、キャピタルキーは2023年1月時点。

（出所）ECBより大和総研作成

いで、フランス債（17・9％）、イタリア債（17・7％）、スペイン債（11・5％）と続く。これは各国中央銀行のＥＣＢへの出資比率（キャピタルキー）におおむね沿ったものだが、キャピタルキーとＰＥＰＰによる保有割合を比較すると、ドイツ債やフランス債の保有割合はキャピタルキーを下回る一方、イタリア債はキャピタルキー並みとなっている。ＰＥＰＰによる債券購入には、各国債券だけでなく超国家機関債も含まれていることを踏まえると、イタリア債の購入額は他の国に比べて大きく、金利上昇への配慮がうかがえる。

ＥＣＢは市場分断への対応策として、ＰＥＰＰ以外にも２０１２年に導入したＯＭＴ（Outright Monetary Transaction：国債買い切りプログラム）や、２０２２年７月に新たに導入したＴＰＩ（Transmission Protection Instrument：伝達保護措置）があるが、そもそも金利上昇圧力が強い（＝経済・財政状況が悪い）国が利用するにはいずれもハードルが高い。ＰＥＰＰによる保有債券の再投資縮小が始まる際には、こうした現状を踏まえ、漸進的な対応が検討されることになると考えられるものの、信用リスクが低い国ほど金利に強い上昇圧力がかかりやすい点には注意が必要だろう。

03 危機対応から正常化へと向かう財政政策

EU財政ルールは2024年から再開

前項では金融政策を取り上げたが、これに加えて、財政政策が大きく転換する可能性が高いことも、２０２４年の欧州経済を考える上での大きな論点だ。

ＥＵは単一通貨ユーロの信認を維持することを主な目的に、安定成長協定（ＳＧＰ：Stability and Growth Pact）に基づき、加盟国に対し財政ルールを課している。具体的には、加盟国は各財政年度の一般政府財政赤字をＧＤＰ比３％以内、一般政府債務残高をＧＤＰ比60％以内とすることが義務付けられている。また、世界金融危機とその後の欧州債務危機を契機に財政規律ルールは強

図表3・8　EU加盟国の財政収支対名目GDP比（2023年）

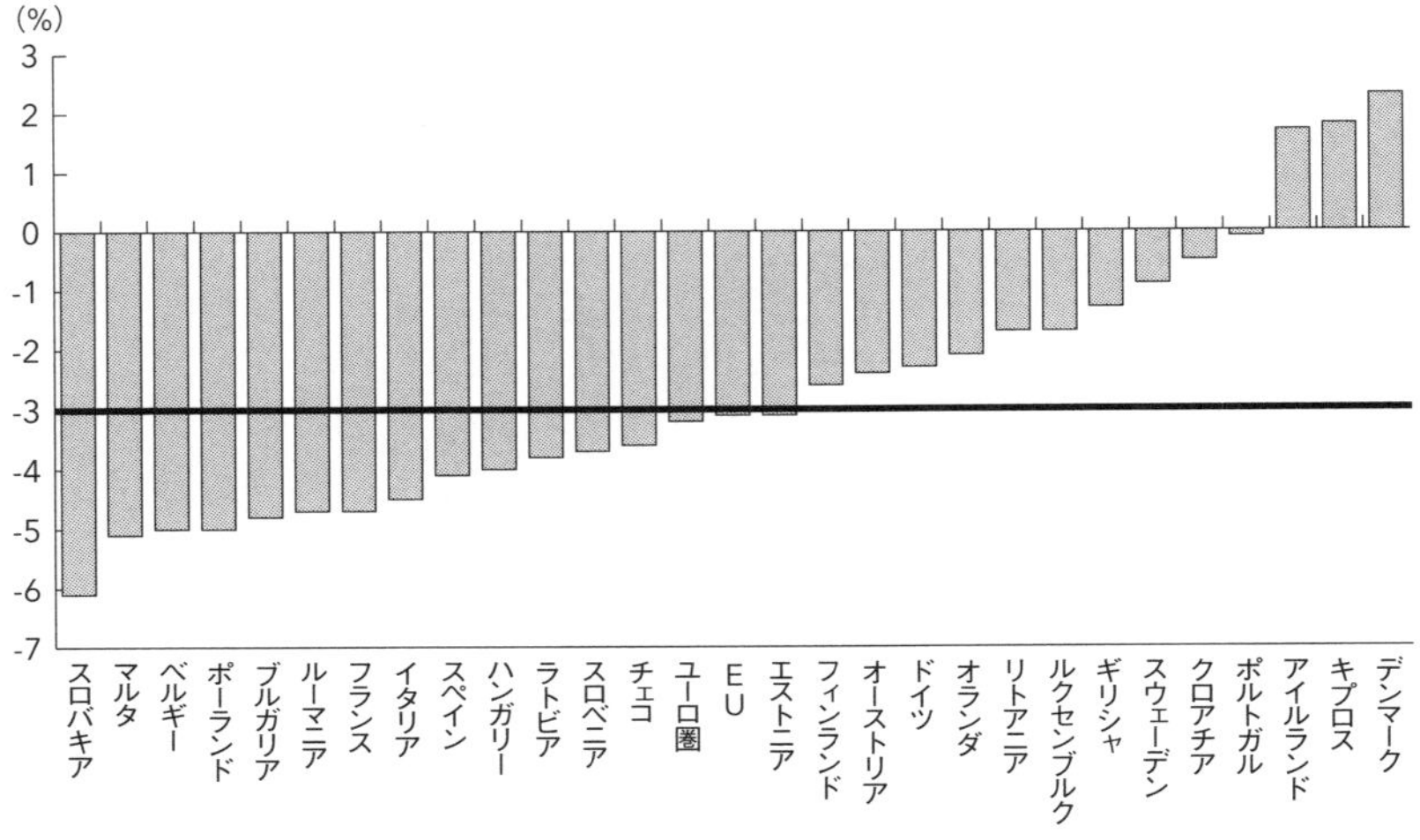

（注）欧州委員会による2023年5月時点の見通し。

（出所）欧州委員会より大和総研作成

化され、債務残高のうち、ＧＤＰ比60％を超える部分については毎年その５％を削減し、20年間でＧＤＰ比60％に戻すことを求める債務残高削減基準が定められている。

しかし、新型コロナウイルスの感染拡大を受け、各国が機動的な財政措置を取れるよう、ＥＵは２０２０年３月に財政ルールの適用を一時停止することを決めた。そこから１年が経過した２０２１年３月時点で、２０２３年のルール適用再開を目指し、経済活動の水準がコロナ禍前に回復するまでルール適用をしないと決めた。だが、その後、２０２２年２月に始まったロシアのウクライナ侵攻と、それに伴うエネルギーや農産物価格の急騰によるインフレによって経済の下方リスクが高まったことを受け、適用再開は２０２３年末まで延長されていた。ウクライナ侵攻はいまだ続いているが、欧州経済の脱ロシアが着実に進む中、悪影響がさらに拡大する可能性は低下し、高インフレも徐々に落ち着きつつあることから、２０２４年から適用が再開される見込みだ。

コロナ禍以降の財政ルールの一時停止は、危機時における欧州経済の底割れを防ぐために大きな役割を果たしてきた。だがその結果、ＥＵ各国の財政状況はコロナ禍前に比べて悪化している。ＥＵ全体の財政赤字対ＧＤＰ比は、２０２１年の６・７％をピークに縮小しているものの、２０２２年時点でも３・４％と、コロナ禍前の２０１９年の０・５％を大きく上回る。個別国の状況を見ると、２０２２年はＥＵ加盟国27カ国のうち11カ国が基準となる３％を上回る財政赤字を計上している。また、欧州委員会が２０２３年5月に公表した見通しによれば、２０２３年のＥＵ全体の財政赤字はＧＤＰ比３・１％と幾分改善が見込まれているものの、加盟国の半数以上（14カ国）が基準の３％を上回る。

２０２４年は、エネルギー高騰対策が剥落することなどで、各国の財政政策の規模は縮小すると見込まれる。これに加えて、財政ルール順守のためにさらなる緊縮が必要となる国も少なくないとみられ、経済にとっての下押し要因として働くことになる。２０２３年時点で財政赤字が基準を上回る国の中には、フランスやイタリア、スペインといった経済規模が大きい国も含まれており、その影響は決して無視できないだろう。

財政ルール見直しで各国の財政への裁量は拡大

財政健全化ルールの再開に当たっては、ルール自体の見直しが検討されていることも注目に値する。

ＥＵの財政ルールは前述の通り、２０１０年代の欧州債務危機の教訓を踏まえて、政府債務残高の削減を重視する形で厳格化されたが、必ずしも各国の政府債務残高の削減にはつながらなかった。そればかりか、景気が良い時に各国の財政規模が大きくなり、景気が悪い時ほど緊縮の必要性が増すことで、景気循環の波が大きくなるという問題が指摘されてきた。また、財政ルールによって財政支出が抑制されれば、成長のために必要な投資が滞り、それが中長期的な潜在成長率や国際競争力の低下につながるといった懸念も出てきていた。とりわけＥＵが成長戦略として掲げる、デジタル化や欧州版グリーンディールの実現には、公的部門による多額の投資が必要であるため、成長戦略と整合する財政ルールの見直しが各方面から求められてきた。

以上の認識を踏まえ、欧州委員会は、財政の健全化と成長投資の維持を両立すべくルール見直しの議論を進め、２０２３年４月に財政規律改革法案を提出した。同法案では、従来同様、各財政年度の一般政府財政赤字対ＧＤＰ比を３％以内に抑えることと、一般政府債務残高対ＧＤＰ比が60％を超えないことを求める一方、金融危機後に導入された債務残高削減基準を廃止し、加盟国ごとの状況に応じた財政健全化を認める点が盛り込まれた。

また、新たに導入されるルールのポイントとなるのは、財政規律要件を満たしていない加盟国に対して、国別中期財政構造計画の策定を求めることだ。財政構造計画においては、①財政赤字をGDP比3％以下に抑えること、②債務残高をそれ相応な水準で削減基調にすること、③計画終了時の債務残高を計画開始時よりも削減すること、④財政赤字がGDP比3％を超える場合には最低でもGDP比0・5％を毎年削減すること、が求められる。国別中期財政構造計画は原則4年間であるものの、一定基準を満たす投資や改革を約束することで、最大で3年間、期間を延長することが可能となる。

新たな財政ルールの内容については、成長投資持続のため、グリーン化関連などの一部投資をルール適用外とすることを主張する過剰債務国（フランスや南欧諸国）と、厳密な財政ルールを求めるドイツやオランダなどの倹約国とで意見が割れており、最終的な案は両者の主張の折衷案が採用された。本稿執筆時点では、まだ具体的な目途は立っていないものの、2023年7月に開催されたユーログループでは、新たな枠組み実現に向けた法的手続きの完了を2023年内に目指すことで合意している。仮に新たなルールが提案通りのものとなれば、従来に比べて、財政ルールは幾分緩和され、ルール再開後の財政健全化による経済へのマイナスのインパクトは軽減されることになるだろう。

だが一方で、各国の裁量を拡大した形での財政ルールは、ルール自体が形骸化するリスクをはらんでいる。財政健全化のための効力が疑われることになれば、EUの枠組みや単一通貨ユーロへの信認が揺らぐ可能性は否定できない。また、これまで度々指摘されてきた、過剰債務国の金利上昇リスクの問題は燻り続けるだろう。最終的なルールはもとより、定められたルールがどのように運用されていくのか、ガバナンスも含めて今後の動向が注目される。

04 経済安全保障に向けた欧州の取り組み

「デカップリング」から「デリスキング」へ

2022年以降のウクライナ問題は、欧州経済・社会に様々な影響を及ぼした。経済的な面では、エネルギー価格の高騰に加えて、調達の問題が顕在化し、これによって一部の国に調達を過度に依存することのリスク、すなわち、経済安全保障に対する認識が急速に高まったことが最大の影響といえよう。エネルギーの調達は引き続き欧州にとって大きな論点の一つだが、これに加えて、欧州にとって最大の財の輸入相手国であり、政治的な摩擦リスクが大きい中国への対応が重要な論点となる。

欧州はこれまでも中国に対し様々な論点において懸念を示してきたが、ここにきてその姿勢に変化が見られる。2023年1月の世界経済フォーラムでの演説で、欧州委員会のフォンデアライエン委員長が用いた「デリスキング」という言葉が、欧州の対中シフトにおけるキーワードとなる。フォンデアライエン委員長は、訪中を控えた2023年3月の対中国政策に関する講演でも「デリスキング」の表現を用いた。また5月に行われたG7広島サミットにおける首脳コミュニケにも「デリスキング」の文言が明記されたが、これは欧州による働きかけによるものと伝えられている。

「デリスキング」とは、以前から用いられてきた「デカップリング」に代わる新たな方針として示されたものだ。デカップリングが中国との関係性を低下させていくことに主眼を置くのに対し、デリスキングは一定の関係性を維持しつつ、外交・貿易に係るリスクを低下させていくという意味合いを持つ。G7コミュニケ（外務省仮訳）によれば、以前からの中国に対する批判、すなわち「公平な競争条件」「非市場的政策及び慣行」「不当な技術移転」については引き続き修正を迫っていく。他方で、デリスキングの文言は「多様化」とセットで用いられており、保護貿易を否定している点が従来のデカップリングと大きく異なる。

こうした欧州の姿勢の変化は、中国との経済的なつながり、特に様々な製品、原材料の調達先としての重要性が改めて認識されたことによる。欧州が中国に供給を依存する品目は、欧州が積極的に推し進める環境政策に不可欠なものが多く含まれる。EUにとって最大の成長戦略である環境政策を推し進めるためには、中国との関係を断つことは難しく、少なくとも経済面においては協力関係を維持せざるを得ないという事情がある。

デリスキングに向けた三つのアプローチ

では中国とのデリスキングに向けて、欧州ではどういった動きが予想されるのか。欧州委員会は2023年6月に、EU初となる経済安全保障戦略を発表しており、その内容を以下で確認していく。なお、経済安全保障戦略においては、直接的に「中国」を名指ししてはいないが、その内容からは中国を念頭に置いていることは明らかだ。

同戦略ではまず、経済安全保障の強化と開放的な経済から得られる利益との間に存在する「緊張関係（tensions）」を踏まえ、講じられる措置はリスクに見合った限定的なものとすべきとしている。その上で、①エネルギー安全保障を含むサプライチェーンの強靭性に対するリスク、②重要インフラの物理的およびサイバー空間における安全性に対するリスク、③技術上の安全や技術流出に関するリスク、④経済的依存関係の武器化や経済的威圧のリスク、の四つを主要リスクとして掲げ、次の三つのアプローチで対処する。

アプローチの一つ目は、経済基盤・競争力・成長の促進（promoting）だ。具体的には、EU単一市場の強化のほか、次世代EU（NextGenerationEU）や結束基金を通じた大規模な改革と投資が含まれる。また、欧州グリーンディールやREPower（リパワー）EUの目標に沿ったエネルギーの転換による、エネルギー安全保障の強化も含まれており、欧州が成長戦略として掲げるグリーン政策が、経済安全保障上も重要な位置づけにあることがうかがえる。このほか、サプライチェーン強靭化のための施策として、ＥＵ域内における重要原材料の抽出、加工や、再利用を促進し海外への過度な依存の解消を目指す重要原材料法（European Critical Raw Material Act）、半導体の安定供給を目指す半導体法（European Chips Act）の活用が言及されている。

二つ目のアプローチは、経済安全保障リスクからの保護（protecting）だ。既存の様々な政策や手段に加えて、想定されるそれらの不備に対処するための新たな方策を検討し、ＥＵの経済安全保障を守るというものである。具体的には、民生、軍事目的で使用可能な二重用途物品に対する輸出管理規則の改善が盛り込まれたほか、対外投資に関しても、軍事転用が可能な技術の流出を避けるべく、安全保障上のリスクを調査し、加盟国内の専門家グループとの協力体制を構築する。また、対内直接投資についても、２０２０年適用開始の対内直接投資審査規則を改訂し、監視を強化する。さらに、単一市場との平等な競争環境を確保するために、外国補助金規制を導入する可能性に言及し、貿易相手国による不当な貿易や投資の規制に対しては、対抗措置を取る可能性があるという。これらの内容を見る限り、欧州委員会は保護主義を否定しつつも、投資や貿易を制限する動きをこれまでよりも強化していると評価できる。

そして、三つ目は、経済安全保障に関する連携（partnering）である。他国との連携については、二国間および複数国間協力と、多国間協力という二つの視点から成る。二国間および複数国間の視点では、貿易技術評議会（ＴＴＣ）を通じた米国やインドとの協力が明記されたほか、日本とのハイレベル経済対話にも言及されている。また、自由貿易協定やパートナーシップは経済安全保障の観点からも重要であり、自由貿易協定についてはさらなる拡大に努めていく。新興国については、サプライチェーン上の重要性が今後さらに増す可能性に言及した上で、財政的、技術的支援を含めて、協力関係を深めていく方針を示した。一方、多国間協力については、国際機関などを通じたルールづくりの必要性を強調した上で、WTOの改革、紛争解決能力の回復を求めている。

デリスキング実現には多くの調整が必要

ここまで見てきた戦略からは、経済安全保障が欧州にとって単なる外交上の問題に留まらず、成長戦略とも密接に関わるものとして捉えられていることが分かる。こうした問題意識のもと、欧州は様々な角度から経済安全保障の強化を目指していくと見込まれるが、実現に向けた課題は多い。

まず、デリスキングを進めるためには自由貿易の推進、すなわち他国との協力が不可欠だが、同盟国同士であったとしても必ずしも足並みが揃うとは限らない。G7コミュニケなどにも象徴されるように、デリスキングという方向性自体は、主要国間でおおむね同意が得られている。しかし、デリスキングのために必要とされる、各国・地域内での投資の促進は、同盟国間であっても利害が衝突する可能性がある。実際、コロナ禍以降、供給不足が顕著となった半導体などでは、経済安全保障の名目のもとで米国、欧州ともその安定確保のために多額の補助金を拠出しており、すでに生産拠点の誘致競争の様相を呈している。また、欧州最大の成長戦略であるグリーン化についても同様だ。米国は2022年8月に成立したインフレ抑制法で、グリーン投資に対する多額の投資を決定し、しかも税額控除や補助金などで米国製を優遇する方針を打ち出したため、欧州にとって大きな懸念材料となった。世界各国で経済安全保障への関心が高まる中、いずれの国・地域においてもサプライチェーンの再構築の過程においては、おのずと近隣諸国や国内回帰に傾かざるを得ない。こうした事情を踏まえると、同盟国間の協力においても多大な調整が必要になると考えられる。

加えて、EU独自の問題点として、加盟国間の調整が必要という事情がある。EUの外交、安全保障については、各国大臣による閣僚理事会が立法権限を持つ。しかし、原則として全会一致の方式を取っているため、各加盟国が実質的に拒否権を持っていることになる。経済安全保障上の最大の脅威とみられる中国との関係を例にとっても、中国に対して強硬姿勢のリトアニアなどが存在する一方、ハンガリーのような親中国もあり、各国の姿勢には濃淡がある。過度な対中依存に対する問題意識は共有できたとしても、依存度をどの程度下げるべきか、またどういった具体策を取るかなどについて、各国の立場を調整するのは容易でないだろう。また、経済安全保障が成長戦略なども含めた内容であることを踏まえると、対外的な政策のみならず、域内での補助金制度や財政運営など、EU域内の政策のあり方についても意見が対立する可能性が高い。経済安全保障の重要性については、加盟国間で十分なコンセンサスが取れているとみられるものの、具体的な施策が実行に移されるまでには長い時間を要する可能性が高い。

第 4 章

中国経済

中国版「失われた20年」の
始まり?

01 異例尽くしだった2023年の全国人民代表大会（全人代）

本章では、「1　異例尽くしだった2023年の全国人民代表大会（全人代）」「2　中国版『失われた20年』への懸念」「3・10周年を迎えた『一帯一路』の功罪」の三つのテーマを取り上げる。メインテーマは、中国版「失われた20年」への懸念に代表される、中国経済が抱える中長期的な課題を分析することだ。

筆者は、中長期的に中国の成長率低下は不可避であり、いずれ長期低迷局面が訪れる可能性が高いとみている。これは、(1)人口減少と少子高齢化の急速な進展、(2)住宅需要の減退など総需要の減少、(3)過剰投資と投資効率の低下、(4)それと表裏一体の過剰債務問題、(5)「国進民退」（政策の恩恵が国有企業に集中し、民営企業が蚊帳の外に置かれる）とイノベーションの停滞、などの構造的な問題が中国の成長力を低下させるためだ。

こうした中、万能薬ではないが、処方箋の一つとして挙げられるのは、「国進民退」からの脱却だ。社会主義的な考え方が強い習近平3期目政権が、それを打ち出すことができるのか。処方箋は明らかなのに実行できなければ、それこそが習近平一強体制の弊害ということになろう。

李克強時代はあっけない幕切れ

2023年3月5日に、第14期全国人民代表大会（全人代）第1回会議が開幕し、10年にわたり首相を務めた李克強氏が最後の政府活動報告を行った。

筆者もリアルタイムで聞いていたが、2023年に関する言及が極端に少なかったことに違和感を覚えた。政府活動報告は、過去の実績の回顧である前半と、その年の政府活動案などの後半に分かれる。今回は前半が8割強の分量だったのに対して、後半は2割弱にとどまった。2023年は5年に1度の国家機構の改選期に当たり、前年および過去5年の回顧が行われた。そのため前半が多くなったと考える向きもあるが、それは違う。温家宝氏と李克強氏の交代期だった2013年の政府活動報告は、前半が半分弱、後半が半分強だった。今回は露骨な李克強外しの思惑があったのだろう。

李克強氏は、習近平国家主席との間にある種の緊張感があり、時にブレーキ役・調整役を果たした。李克強氏には、同氏の政策を象徴するいくつかのキーワードがある。李克強氏が首相就任後初めてとなる2014年と、翌年の2015年の政府活動報告について、ワードクラウドを作成した（図表4・1）。ワードクラウドは、様々なテキストデータをもとに（条件を設定した）単語の出現頻度に合わせて文字の大きさを変えるなどして視覚化したグラフだ。今回は作成に当たり、分析対象を2009～2015年の政府活動報告とした。ワードクラウド上にはその年に新しく

図表4・1　2014年（左）と2015年（右）の政府活動報告のワードクラウド

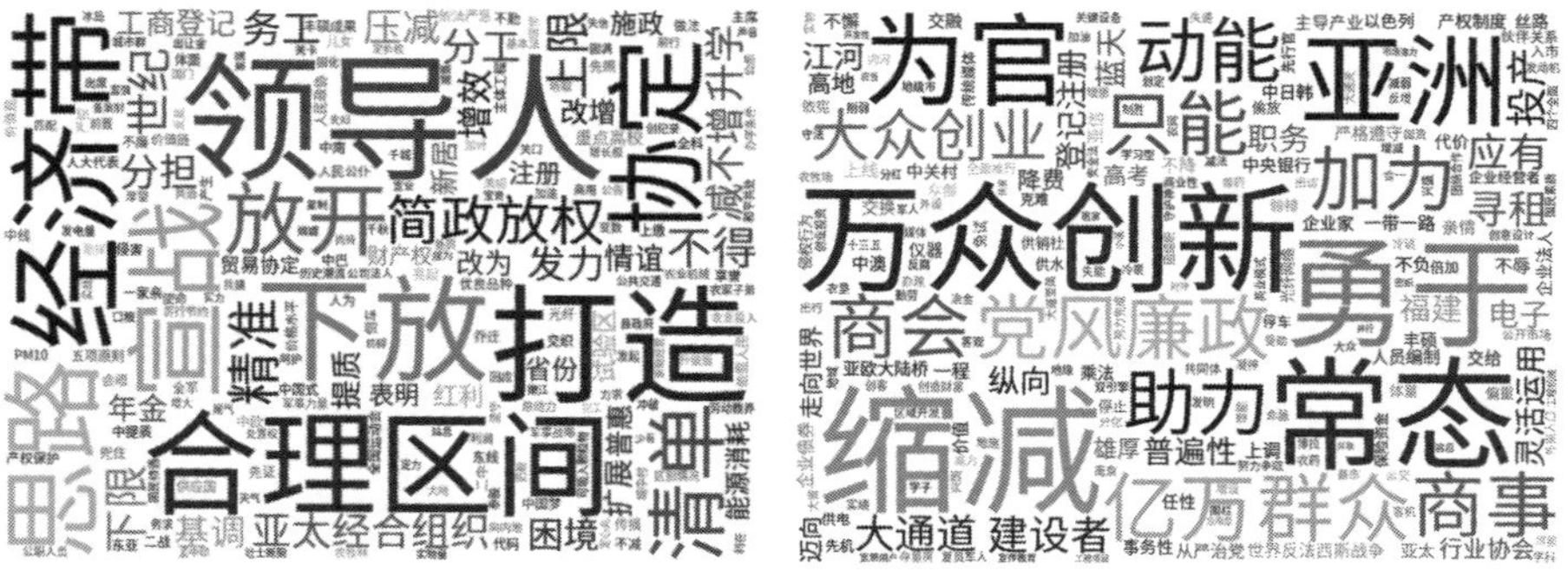

（出所）政府活動報告により大和総研作成

出現した単語が示され、出現回数が多いものほど大きく表示される。なお、重要でない単語を除くため、分析対象を主に名詞、動詞、形容詞に絞った上で、「我」（私）などの中立的かつ多用される単語は除外した。

２０１４年のワードクラウド（左）を見ると、「领导人」（領導人。リーダー、習近平氏を指す）や「经济带」（経済帯。経済ベルト、一帯一路）など、習近平氏にゆかりのあるキーワードに加えて、李克強氏の政策を反映したキーワードも盛り込まれていることが確認できる。具体的には、「合理区间」（合理区間。成長率を合理的な範囲にコントロールする）、「简政放权」（簡政放権。政府の関与・介入の縮小や権限移譲）などだ。２０１５年の政府活動報告のワードクラウド（右）では、「大众创业」（大衆創業）、「万众创新」（万衆創新）がそれに該当する。

特に、習近平氏が公有制経済（国有企業）を重視し、政策の恩恵が国有企業に偏り、民営企業が蚊帳の外に置かれる「国進民退」が深刻化した２０１５年秋から２０１６年にかけて、李克強前首相は「大衆創業」や「万衆創新」を持ち出して、左傾化した政策を中和しようと試みたのだ。

2023年の政府活動報告の後半において、李克強氏の独自色のあるキーワードがどれだけ使用されたのかを見ると、合理区間、簡政放権、大衆創業、万衆創新は1回も使われなかった。李克強氏の影響力が、首相退任とともに即時に排除されたことがうかがえる。

全人代も習近平氏の独壇場に

次に、政府活動報告における2023年の重点活動任務には、①内需拡大に力を入れる、②現代的な産業システムの構築を加速する、③「2つのいささかも揺るがない」(いささかも揺るがずに公有制経済を強固にし、発展させ、いささかも揺るがずに非公有制経済の発展を奨励、支持、誘導すること)を着実に実施する、④さらなる外資誘致・外資利用に力を入れる、⑤重大な経済・金融リスクを効果的に防止・解消する、⑥食糧生産を安定させ、農業振興を推進する、⑦発展パターンのグリーン(エコ)化を推進する、⑧基本的民生を保障し、社会事業を発展させる、の8項目が掲げられた。こちらも異例なことに、上位5項目には、2022年12月の党・政府の中央経済工作会議で示された2023年の経済政策運営上の五つの重点がそっくり再掲されている。党(総書記)と政府(首相)にはそれぞれの役割分担があると思うのだが、両者が完全に一体化したとの印象を受ける。全人代も習近平氏の独壇場となったのだ。

ちなみに、前記①~⑤は習近平2期目政権の政策のうち、景気の下振れ要因となってしまった諸政策の軌道修正といえる。①と②は2022年まで3年にわたり継続された「ゼロコロナ」政策が経済を落ち込ませ、サプライチェーンを寸断してしまったこと、③では民営企業、特に巨大ＩＴ企業・プラットフォーム企業への規制強化と巨額の罰金が、成長力を奪い、企業がリストラを迫られたことの反省に立っているようにみえる。④については、米中対立の継続・激化が、経済安全保障分野のみならずその他分野にまで及ぼうとしていることへの危機感が、⑤では後述する不動産不況への対応が迫られていることが反映されている。

２０２３年の政府成長率目標は５％前後に引き下げ

２０２２年の実質ＧＤＰ成長率は前年比３・０％（以下、断りのない限り、変化率は前年比、前年同期比）にとどまり、政府成長率目標だった５・５％前後は大幅な未達成となった。２０２３年１月初旬まで３年にわたり継続された厳格な「ゼロコロナ」政策によって経済が疲弊したことと、不動産市場・業界が不況に陥ったことが大きい。後者について、中国版総量規制を機に民営デベロッパーが資金調達難に陥り、工事中断問題が発生し、住宅市場が大きく落ち込んだ。

注目された２０２３年の政府成長率目標は５・０％前後と発表された。２０２２年の５・５％前後からは０・５％pt引き下げられた格好だ。２０２２年は５年に１度の党大会の開催年に当たり、やや高めの成長率目標が掲げられたが、２０２３年は巡航速度とされる水準に設定された。ただし、２０２２年の実績が３・０％成長にとどまったことを考えると、翌年はその反動が期待できるはずだ。２年連続の目標未達成は許されず、超過達成を前提にやや低めの政府成長率目標が設定された可能性がある。２０２３年の中国経済は、この低めのハードルをかろうじて越すことが可能であろう。

注目された国家機構人事、ストッパー・調整役の不在

第14期全人代第1回会議は国家主席を選出し、習近平氏が満票で3選を果たした。２０１８年3月に開催された第13期全人代第1回会議では、国家主席・国家副主席の任期廃止などを柱とする憲法改正案が可決され、従来は2期10年を限度としていた任期を無期限とした。もともと、総書記や中央軍事委員会主席（こちらも今回３選）に任期はなく、習近平一強体制の長期化への布石が打たれたとみられていた。２０２２年10月の党大会（総書記３選）と今回の国家主席3選によって、これが現実のものとなった。

このほか、全人代は国家・政府機構の一連の人事を決定し、国務院総理（首相）には党内序列2位の李強氏が就任した。李強首相とはどのような人物なのだろうか。李強氏は浙江省での勤務経歴が長く（１９７６〜２０１６年。最後は浙江省長）、２０１６〜２０１７年は江蘇省書記、２０１７〜２０２２年には上海市書記を務めた。この間、２０１７年10月の第19回党大会後の人事で政治局委員、２０２２年10月の第20回党大会後の人事で政治局常務委員に昇格している。李強氏は２００４〜２０１１年に浙江省党委員会秘書長を務めており、習近平氏の浙江省時代（２００２〜２００７年）を支えた。その後の昇格が習近平氏の引きによるものであるのは明らかで

あり、李強氏は習近平氏の最側近の一人といわれている。

李強氏は民営企業が発展した地方での勤務経歴が長く、世界で活躍する温州商人で有名な浙江省温州市の書記を務めたことがある。よって、李強首相は中国経済にとって民営企業の活性化は死活的に重要であることを十分に理解しているはずだ。問題は、その上に君臨する習近平氏が社会主義的な政策を指向しがちなことであり、その際に、李強氏ではストッパーや調整役が務まりそうにないことだ。前述のように、習近平氏が国有企業を重視し、政策の恩恵が国有企業に偏る「国進民退」が深刻化した際に、李克強前首相は「大衆創業」（大衆による創業・起業）や「万衆創新」（万人によるイノベーション）を打ち出して、その悪影響を和らげようとした。こうした役回りを習近平氏に絶対服従の李強氏に期待することは難しい。

02 中国版「失われた20年」への懸念

2023年夏、中国では、日本の「失われた20年」と中国経済の相違点に関するレポートの発表が相次いだ。大方の結論は「中国と日本は違う」というものだったが、本当にそうなのだろうか。政府が5％前後の実質GDP成長率目標を掲げる中国で、このようなブームが起きたのは、人々が将来の成長に大きな疑問を持ち始めたからにほかならない。

筆者は、中長期的に中国の成長率低下は不可避であり、いずれ長期低迷局面が訪れる可能性が高いとみている。これは、(1)人口減少と少子高齢化の急速な進展、(2)住宅需要の減退など総需要の減少、(3)過剰投資と投資効率の低下、(4)それと表裏一体の過剰債務問題、(5)「国進民退」とイノベーションの停滞、などの構造的な問題が中国の成長力を低下させるためだ。以下では、それぞれについてポイントを解説する。

(1) 人口減少と少子高齢化の急速な進展

一つ目のポイントは人口減少と少子高齢化の急速な進展だ。

中国国家統計局によると、2022年末の人口は14億1175万人となり、前年末比で85万人減少した。中国で人口が減少したのは、毛沢東時代の無謀な鉄鋼・食糧増産計画に象徴される大躍進政策後の飢饉によって、出生率(人口に対する出生人数の比率)が急低下し死亡率(人口に対する死亡人数の比率)が大幅に上昇した1960年代初頭以来のことだ。

2022年の人口減少は、出生率の急速な低下が主因だ。この背景には、「①1979年から2015年まで続いた『一人っ子』政策」の弊害、住宅・教育など高い経済コストの問題、結婚や出産に対する考え方の多様化などの構造的な要因に、「②『ゼロコロナ』政策」という特殊要因が加わったことがある。②の特殊要因の剥落により、短期的にはある程度のリバウンドが期待できるかもしれないが、構造的な要因に変化はなく、いずれ不可逆的な人口減少が続くことになろう。

図表4・2　人口ボーナス値と総貯蓄率

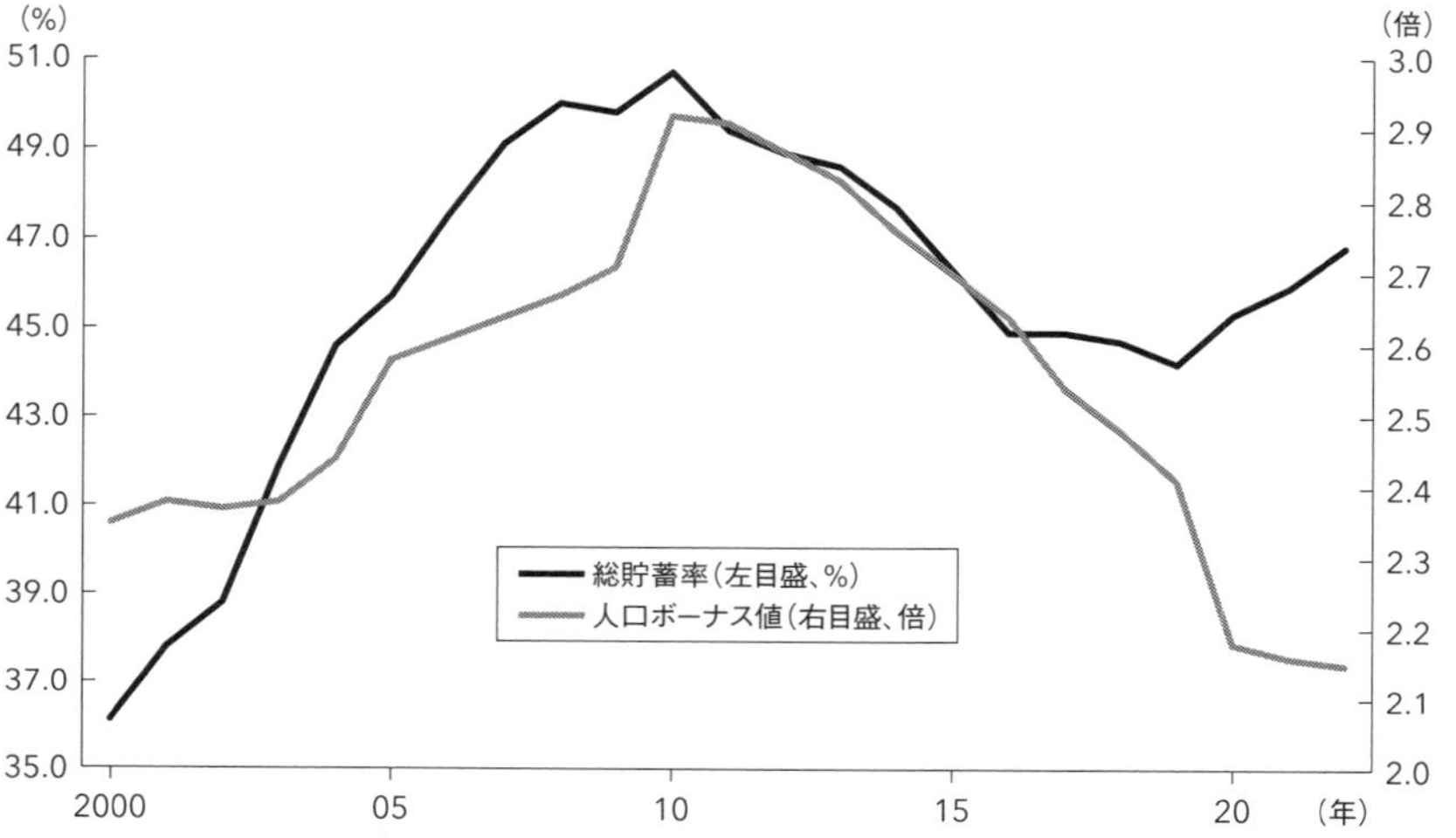

（注）人口ボーナス値は15歳～64歳の労働年齢人口÷従属年齢人口（倍）で、総貯蓄率は（名目GDP－最終消費支出）÷名目GDP（%）で計算。

（出所）中国国家統計局より大和総研作成

人口の高齢化も急速に進んでいる。一般に、65歳以上の高齢者が人口に占める割合が7%を超えた社会を高齢化社会、14%を超えた社会を高齢社会、21%を超えた社会を超高齢社会と呼ぶ。中国が高齢化社会となったのは2001年、高齢社会となったのは2021年だった（2022年は14・9%）。さらに、国連の「世界人口推計（2022年度版）」によると、2034年には超高齢社会に突入する。高齢化社会から高齢社会は20年を要したが、高齢社会から超高齢社会へは13年しかかからない計算だ。

少子高齢化と経済成長率の関係を見るために、人口ボーナスについて取り上げる。人口ボーナス値は、生産年齢人口（15～64歳人口）÷従属人口（14歳以下人口＋65歳以上人口）で計算される。この値が高ければ、働き手が相対的に多い一方で、養育費のかかる子どもと、年金・医療の社会負担の大きい高齢者が相対的に少ない状態だ。人口ボーナス値が上昇すれば、経済には、労働投入量の増加、社会保障負担の相対的な減少や貯蓄率の上昇といったプラス効果がもたらされる。国家統計局によると、中国の人口ボーナス値のピークは2010年だった。その後、少子高齢化の進行でこの歯車は逆回転を始めた。すなわち、労働投入量の減少、高齢者社会保障負担の増加、貯蓄率の低下が、経済成長を押し下げ始めたのだ。

図表4・2は、2000年以降の人口ボーナス値と総貯蓄率の関係を示しており、ともに2010年をピークに低下傾向にあった。ここ数年は連動性が崩れているが、これはコロナ禍による所得・雇用への不安などから消費が抑制され、総貯蓄率が上昇したためだ。人口ボーナス値と実質GDP成長率の連動性も高い。中国の人口ボーナス値は今後も超長期にわたり低下が続くとみられ、中国の経済成長力を一段と押し下げるだろう。

(2) 住宅需要の減退など総需要の減少

二つ目のポイントは住宅需要の減退など総需要の減少だ。

これに関連して、中国経済は2022年から続く不動産不況によって下振れを余儀なくされており、以下で詳しく見ていく。

中国の住宅実需は2021年が直近のピークであり、2022年以降は減少する。国連の世界人口推計(既出)によると、中国最大の実需層を形成する30~34歳人口は過去10年間で29・5%増加し、2021年は1億2280万人となった。中国では1959~1961年の飢饉によって出生率が大幅に低下したが、その反動で1963〜1971年にベビーブームが到来した。その子ども世代が住宅購入層を形成したのだ。しかし、国連の推計によると、この人口層は今後の10年間で34・7％減少し、8021万人に減る。供給調整がうまくいかなければ住宅価格暴落の可能性があるということだ。

住宅は居住目的だけでなく、家計と企業が投資目的で保有することも多く、先行きの不透明感が強まれば負債圧縮を目的に、家計は消費を、企業は投資を抑制する。銀行も不良債権増大により貸出余力が低下することになるだろう。地方政府は主要な歳入である土地使用権売却収入が減少して、財政難が深刻化することで、成長のための投資余力が低下する。これが、今まさに起きていることだ。

2022年以降の中国経済は不動産不況に苦しんでいる。きっかけは、2020年8月の中国版総量規制の導入だ。中国人民銀行と住宅・都市農村建設部は、デベロッパーの負債状況に対して、「三つのレッドライン」を設け、三つとも抵触した高リスク企業は、以後、新たに有利子負債を増やすことができないとする厳格な融資管理を実施した。一方で、三つとも抵触していない低リスクのデベロッパーは、15％増以内であれば有利子負債の増加が認められるとした。

財務の健全性の高いデベロッパーを中心に優勝劣敗が進むと期待されたわけだが、実際はそうではなかった。図表4・3に、中国内外の上場デベロッパー55社の三つのレッドライン抵触状況を示した（2021年決算時点）。債務不履行（デフォルト）や債務返済猶予が報道された企業は斜体で記している。これを見ると、かつて財務の健全性が高かったデベロッパーも相次いでデフォル

図表4・3　上場デベロッパーの負債関連の三つのレッドライン抵触状況と融資規制（2023年10月13日時点。2021年度決算）

レッドライン抵触数	リスク	年間の有利子負債増加率	社名
ゼロ	リスク小	15%以内	中国海外発展（中央企業）、華潤置地（中央企業）、招商蛇口（中央企業）、合生創展集団（民営企業）、中国金茂（中央企業）、濱江集団（民営企業）、仁恒置地集団（民営企業）、雅居楽集団（民営企業）、華発株式（国有企業）、*中駿集団ホールディング（民営企業）*、龍湖集団（民営企業）、建発国際集団（国有企業）、金地集団（国有企業）、*遠洋集団（国有企業）*、*弘陽不動産（民営企業）*、万科企業（国有企業）、華僑城集団（中央企業）、越秀不動産（国有企業）、*禹州不動産（民営企業）*、保利発展（中央企業）、*徳信中国（民営企業）*、*旭輝ホールディング集団（民営企業）*、*新城ホールディング（民営企業）*、金輝集団（民営企業）
1	↕	10%以内	*融信中国（民営企業）*、*金科株式（民営企業）*、*緑城中国（国有企業）*、大悦城不動産（国有企業）、*龍光集団（民営企業）*、*合景泰富集団（民営企業）*、美的置業（民営企業）、*碧桂園（民営企業）*、*時代中国ホールディング（民営企業）*、*中梁ホールディング（民営企業）*、*大唐不動産（民営企業）*、*力高集団（民営企業）*、*建業不動産（民営企業）*
2	↕	5%以内	首開株式（国有企業）、保利置業集団（中央企業）、*宝龍不動産（民営企業）*、*正栄不動産（民営企業）*、*栄盛発展（民営企業）*、*中南建設（民営企業）*、*緑地ホールディング（国有企業）*
3	リスク大	0%以内	*富力不動産（民営企業）*、中交不動産（中央企業）、*陽光城（民営企業）*
期限内に決算が未発表			*融創中国（民営企業）*、*中国恒大（民営企業）*、*世茂集団（民営企業）*、*中国奥園（民営企業）*、*祥生ホールディング集団（民営企業）*、*佳兆業集団（民営企業）*、*新力ホールディング集団（民営企業）*、*花様年ホールディング（民営企業）*

（注1）三つのレッドラインでは、①前受金控除後の総負債比率（総負債÷総資産×100）が70%以上、②純負債資本比率（有利子負債から現預金を控除したもの÷資本×100）が100%以上、③現預金短期負債比率（現預金÷短期負債×100）が100%以下、であることを問題視している。

（注2）斜体は債務不履行（デフォルト）や債務返済猶予が報道されている企業。

（出所）克而瑞不動産研究院（中国民間不動産シンクタンク）より大和総研作成

トやデフォルト寸前に追い込まれているのがわかる。特徴的なのは、デフォルトを起こした33社のうち、民営デベロッパーが実に30社を占めていることだ（2023年10月13日時点）。国有デベロッパーはわずか3社にすぎない。中国版総量規制の目的は、デベロッパーの財務の健全性向上ではなく、民営デベロッパーの淘汰であることがよくわかる。結果として、多くの民営デベロッパーで資金繰りが悪化し、工事中断問題が社会問題化した。

こうした状況下、一部デベロッパーに対し資金サポートが行われ、工事が再開された物件が出始めた結果、2023年に入ると住宅竣工面積が増加するようになった。しかし、これはあくまでも工事再開が目的であり、新規需要を刺激する政策ではないことに注意が必要だ。住宅新規着工面積は前年割れが続いている。2023年1～9月の住宅竣工面積は20・1％増となった一方で、住宅販売面積は6・3％減、住宅新規着工面積は23・9％減となった（図表4・4）。竣工面積の増加・販売面積の減少により住宅在庫は増加し、1～9月は19・7％増（1軒100㎡、専用面積80㎡としておよそ311・9万戸）となった（図表4・5）。

いずれにしても長期的に住宅実需が減少するのなら、それに合わせて供給も圧縮していく必要がある。ただし、「縮小均衡」によって住宅価格のソフトランディングは目指せるかもしれないが、住宅の開発と販売に依存した経済発展パターンは立ち行かなくなる。すでに2022年からこの状況が始まっている可能性が高い。2020年の第1次コロナショック時の中国の実質GDP成長率は2・2％、2021年はその反動もあり8・4％の成長を遂げ、2年間の平均は5・3％だった。一方で、第2次コロナショック時の2022年の実質成長率は3・0％となり、

図表4・4　住宅竣工面積と住宅販売面積（前年同月比）

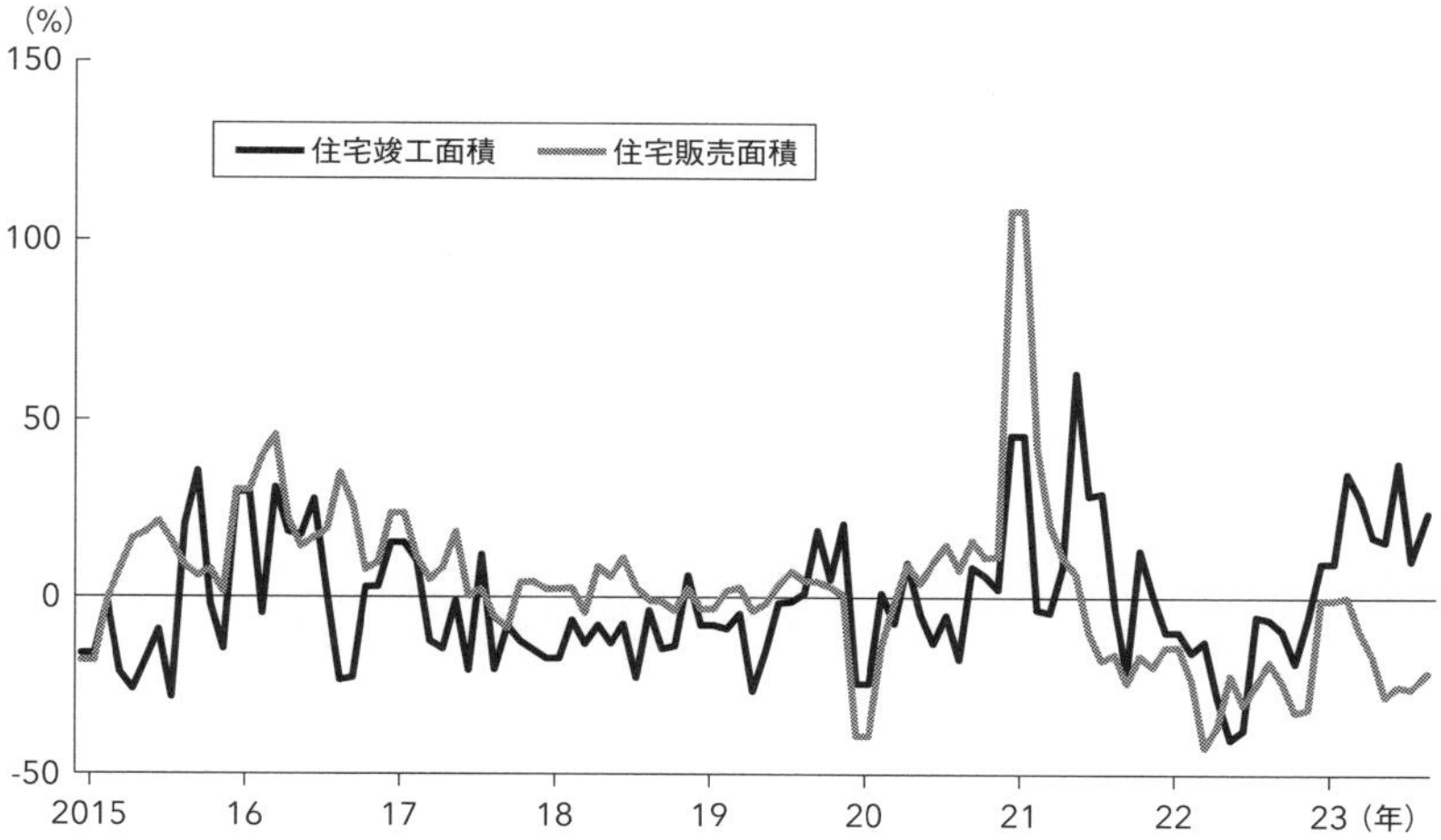

（注）1〜2月は平均。
（出所）中国国家統計局より大和総研作成

図表4・5　住宅在庫面積（前年同月比）

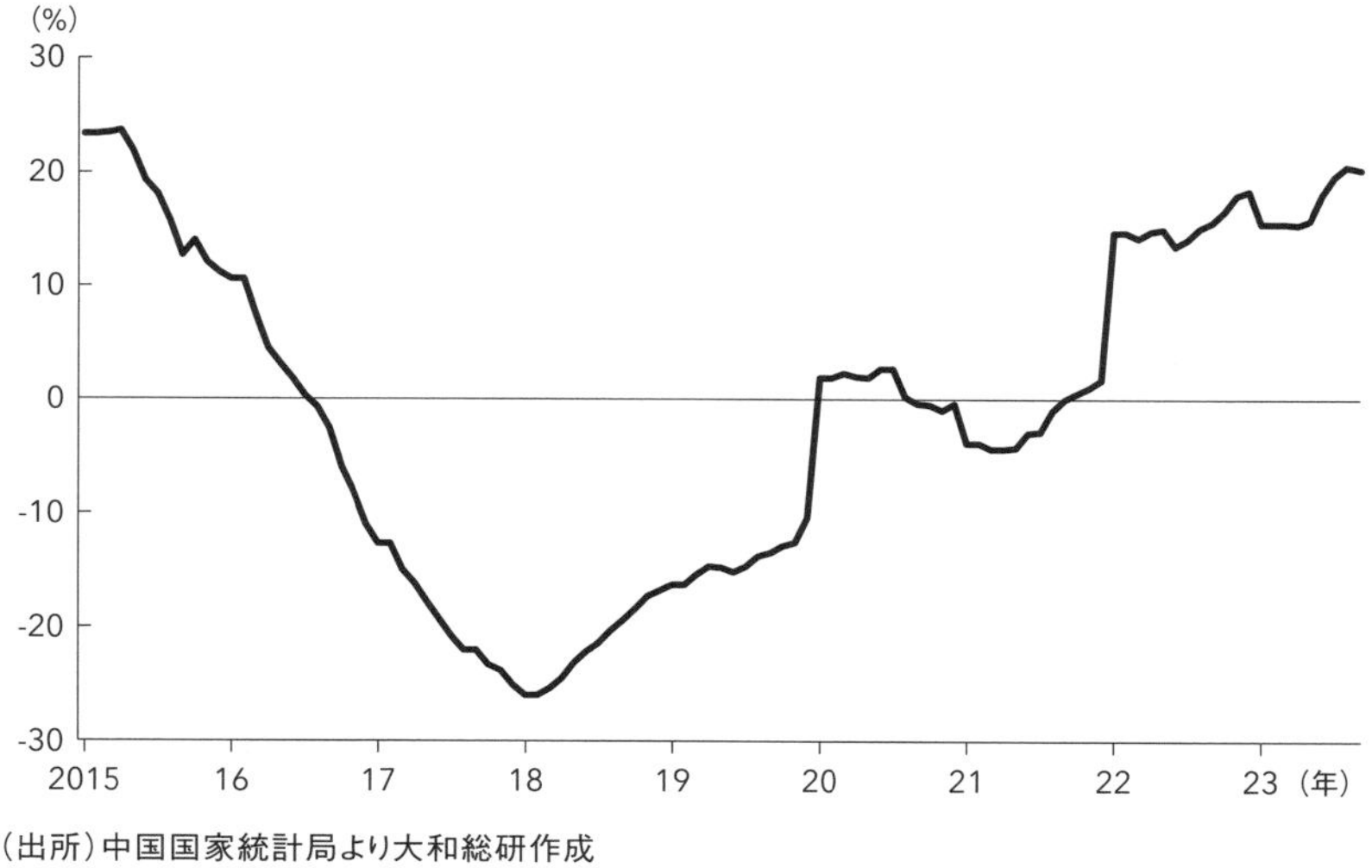

（出所）中国国家統計局より大和総研作成

２０２３年が政府目標通りの５・０％成長となった場合、２年間の平均は４・０％にとどまることになる。両者で１％pt以上の差が生じるが、その多くは不動産不況によって説明することが可能だ。

これまで住宅需要に的を絞って述べてきたが、人口減少は総需要の抑制要因となり、中国の成長力を低下させていくだろう。

（3）過剰投資と投資効率の低下

三つ目のポイントは、過剰投資と投資効率の低下だ。

ＧＤＰに占める固定資本形成の割合（投資比率）と、実質ＧＤＰ成長率の関係を見ると、２００８年以前は連動性が高く、ある程度有効な投資が行われていた可能性が高い（図表４・６）。しかし、２００９年以降、投資比率は大きく上昇しその後高止まりした一方で、ＧＤＰ成長率はおおむね低下が続いている。中国の投資比率は、２０１０〜２０１３年に44％台を記録し、２０２２年でも42・２％と高水準だった。日本の経験では、高度成長期終盤の１９７３年の36・４％がピークだったが、中国では２００９年以降14年にわたり40％以上という、本来なら持続不可能と思われる水準が続いている。成長率と投資比率のギャップ拡大の契機は２００８年11月発動の４兆元（当時のＧＤＰ比は12・５％）の景気対策であり、それ以降、いかに巨額かつ低効率の投資が続いたかを物語っている。

一体どの程度の「過剰な投資」が行われたのだろうか。１９７８年からリーマン・ショックま

図表4・6　実質GDP成長率とGDPに占める固定資本形成の割合

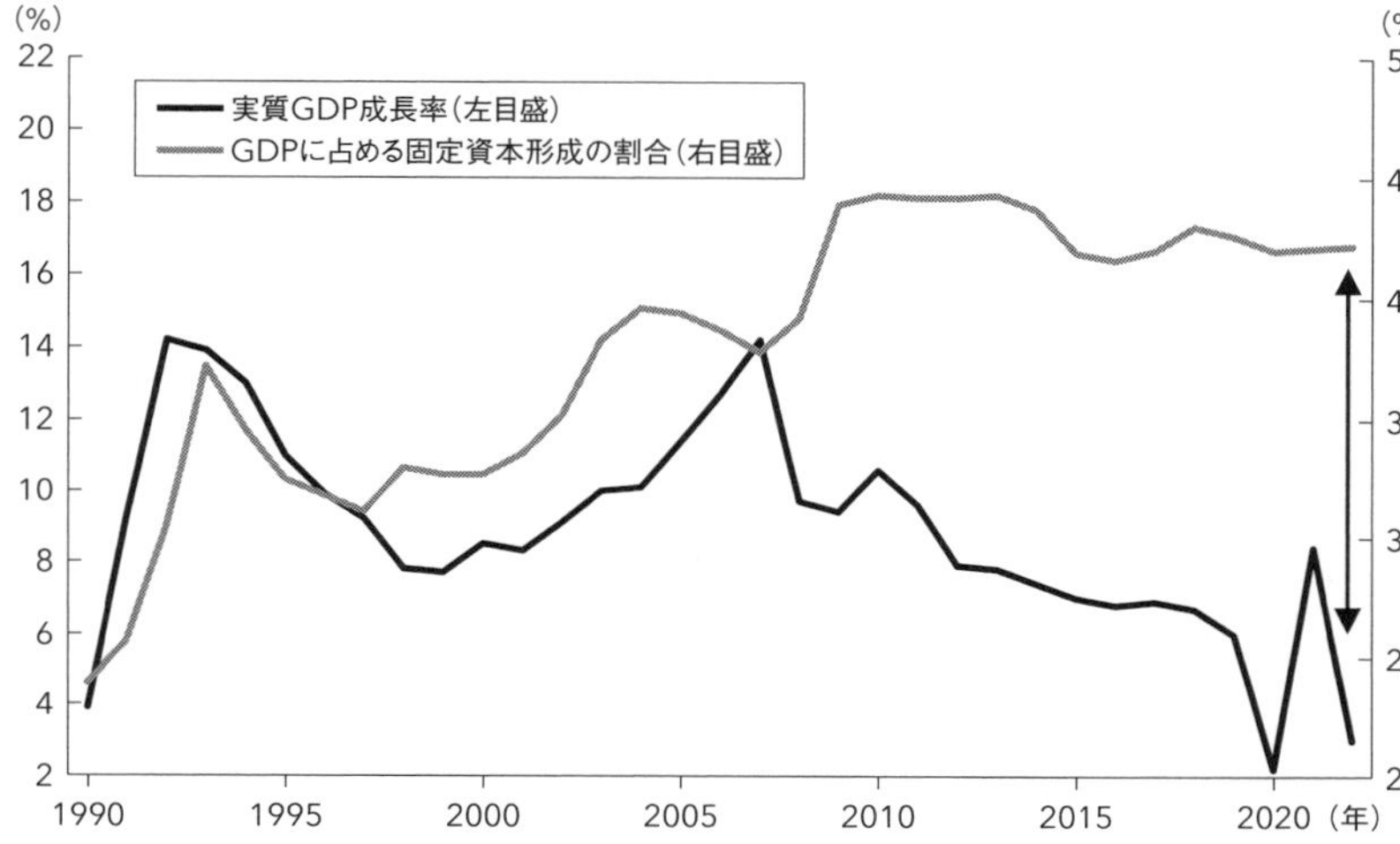

(出所)中国国家統計局「中国統計摘要2023年版」より大和総研作成

での中国の投資比率は平均で32・1%であり、それを上回る部分を過剰投資とみなすと、2009〜2022年の累計では112・4兆元、2022年のGDP比では93・3%、円換算では2248兆円に達する。実に日本のGDPの4年分に相当する金額だ。

中国では「投資主導から消費主導」への経済発展パターンへの転換が叫ばれてから久しいが、経済構造の転換は遅々として進んでいない。過剰投資が続く中、投資効率は著しく低下し、少なくとも従来型産業の投資需要は減退していく可能性が高い。

(4) 過剰債務問題

四つ目のポイントは、過剰投資問題と表裏一体である過剰債務問題だ。

国際決済銀行(BIS)の統計によると、中国の債務残高のGDP比はリーマン・ショック

図表4・7　中国の部門別債務残高のGDP比

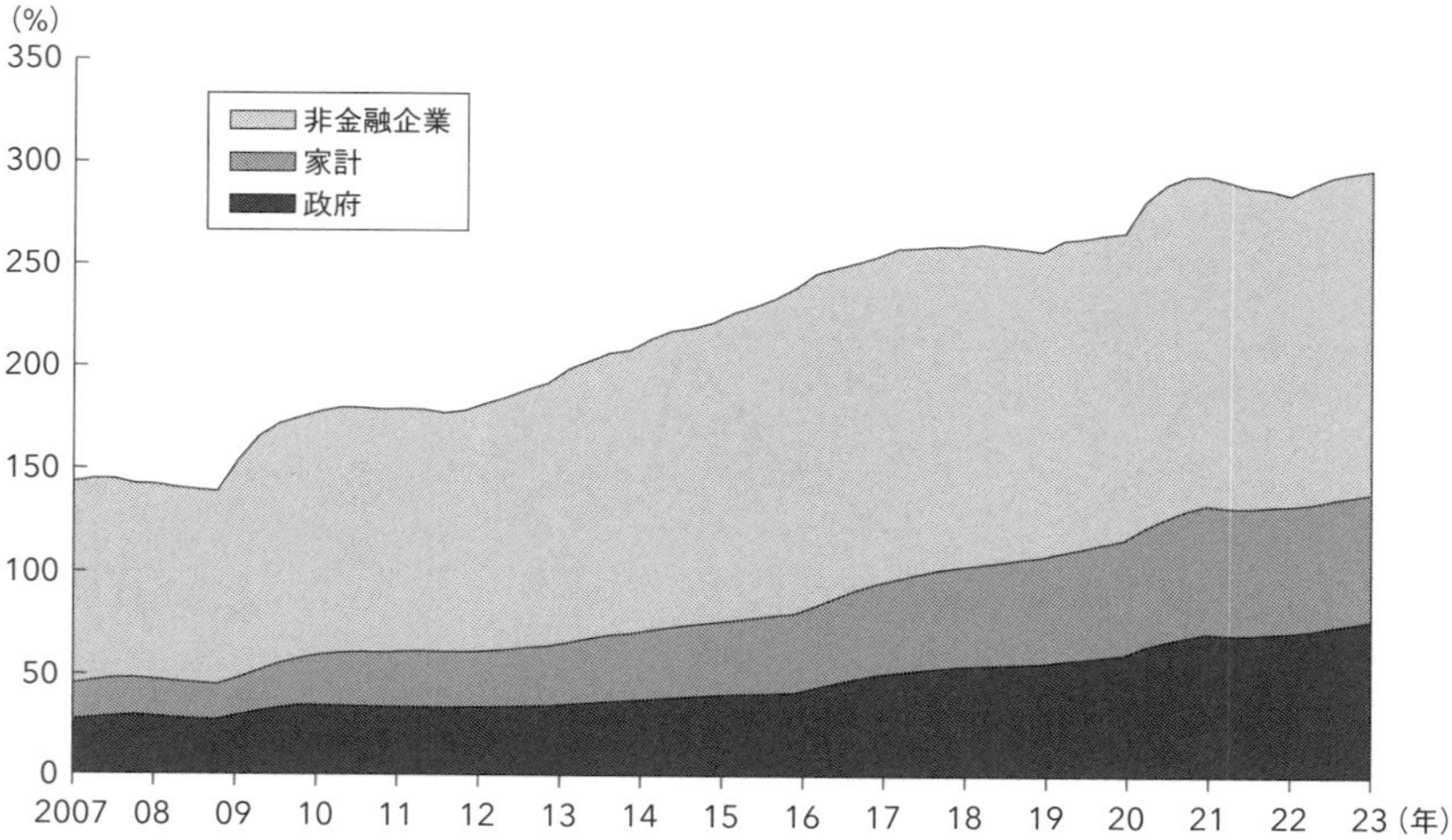

（出所）国際決済銀行（BIS）統計より大和総研作成

後の2008年11月の4兆元の景気対策以降、急拡大した。全体では2008年末の138・9%から直近の2022年末には297・2%に達している。主体別には、政府（中央・地方）は2008年末の27・1%から2022年末には77・7%に、同様に家計は17・9%から61・3%に、非金融企業は93・9%から158・2%となった（図表4・7）。最も大きいのが非金融企業の債務であり、その多くは国有企業によるものだ。

この点で、中国経済は金利上昇に対して脆弱だ。筆者は、中国の債務問題の本丸は国有企業を中心とする企業債務だと考えている。景気失速などにより国有企業の経営が悪化し、銀行の不良債権が急増してその処理のために銀行の自己資本が毀損すれば、銀行は貸出を減らさざるを得ず、国有企業が一段の経営難に陥る、という連鎖が発生する可能性は否定できない。そのトリガーとなり得るものとして、①急速な元安、キャピタルフライト、金利急騰、②住宅価格の暴落、あるいは長期低迷などを想定している。

それでは、①や②はどのような状況で発生し得るのだろうか。中国による台湾武力統一、すなわち「台湾有事」がひとたび発生すれば、西側諸国は中国に対して経済制裁を発動するだろう。西側諸国の中央銀行が中国人民銀行の海外資産を凍結し、為替介入のための外貨準備へのアクセスが制約を受ける場合、中国は人民元防衛のため、金利を大幅に引き上げざるを得なくなるかもしれない。

過剰債務問題では、国有企業改革こそが喫緊の課題であることは明らかだ。しかし、現実に起きていることは、「国進民退」であり、抜本的な国有企業改革は後回しにされている。

(5)「国進民退」とイノベーションの停滞

五つ目のポイントは「国進民退」とイノベーションの停滞だ。

習近平氏は2022年10月に開催された第20回党大会など様々な場面で、「いささかも揺らぐことなく公有制経済を打ち固めて発展させ、いささかも揺らぐことなく非公有制経済の発展を奨励・支援・リードさせる」などとして、国有企業も民営企業も両方とも重要だと主張する。

しかし、民営企業には強烈な逆風が吹いている。2020年秋以降、巨大IT・プラットフォーム企業の収益力は、規制強化や巨額の罰金などで大きく低下した。数年前まで我が世の春を謳歌していたアリババは2022年に2万人程度、テンセントはおよそ4400人のリストラを余

図表4・8　固定資産投資全体、民営・国有別の推移
（1月から累計の前年同期比）

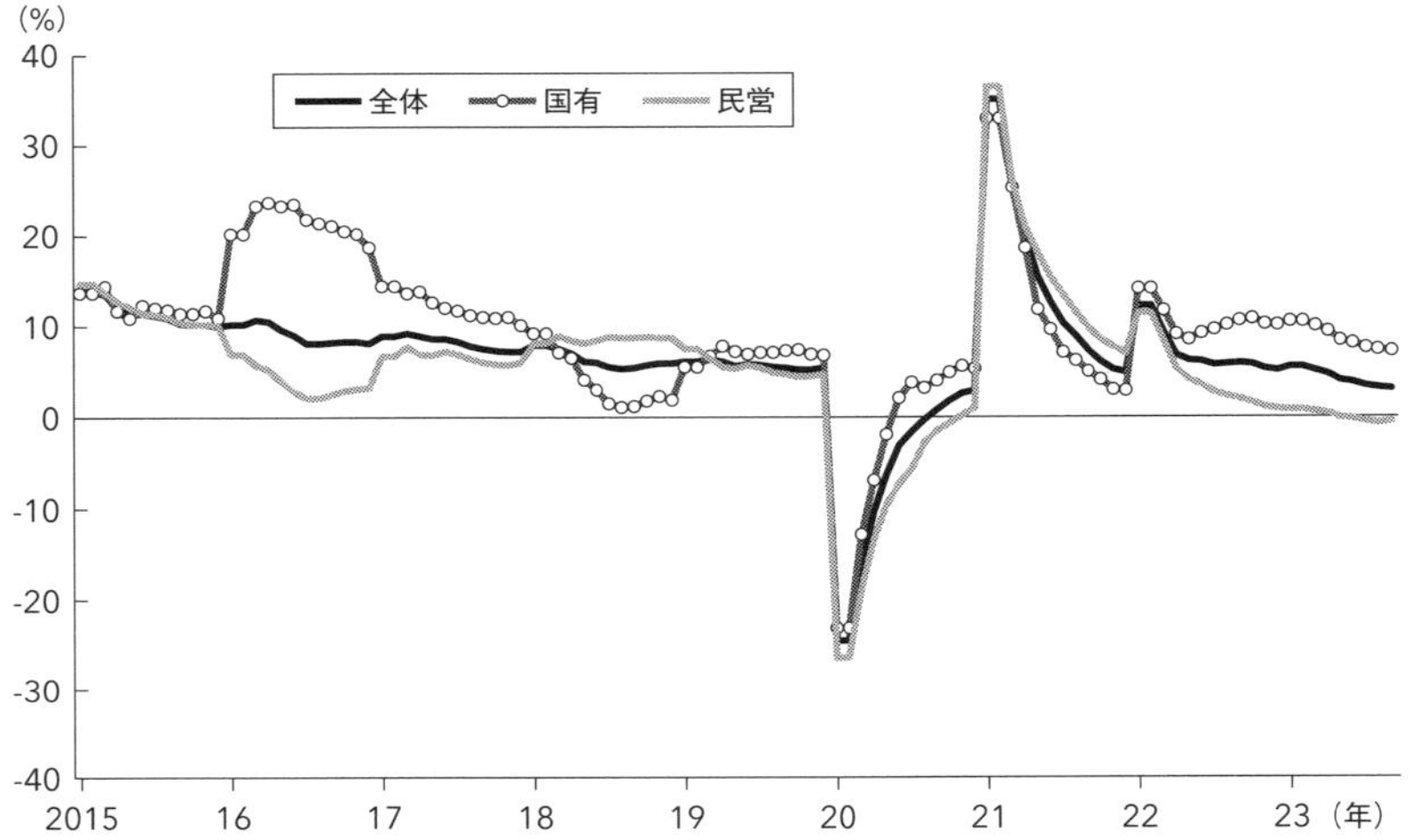

（出所）中国国家統計局より大和総研作成

儀なくされた。

固定資産投資の伸び率を国有部門と民営部門に分けると、２０２３年１～９月は全体が３・１％増となる中、国有部門は７・２％増と堅調だった。一方で、民営部門は０・６％減と明暗を分けた（図表４・８）。まさに「国進民退」が続いているのだ。

こうした中で、中国共産党・政府は民営企業のテコ入れに重い腰を上げつつある。２０２３年７月19日に党中央と国務院は、「民営経済の壮大な発展を促進することに関する意見」を発表した。これを受けて、国家発展改革委員会は7月24日、民営企業の投資を促進するために、投資先として交通、水利、クリーンエネルギーなど、国家が推奨するプロジェクトをリストアップし、それに携わる民営企業のリストを銀行に提供するといった政策を実施するとした。銀行にしてみれば、国家のお墨付きとなった民営

企業への貸出を増やすことが可能になる。このほか、債券や株式の発行、インフラ分野の不動産投資信託（REIT）の推進など、資金調達の多様化により、民営企業の投資需要を支えるとしている。

前述のように、李強首相は民営企業が発展する浙江省での勤務経歴が長く、その重要性を熟知している。しかし、社会主義的な考え方が強い習近平国家主席が、そうした方針を長期にわたり堅持できるのかについては疑問がある。

さらに、「国進民退」という状況で、果たしてイノベーションが巻き起こるのだろうか。しかも、米国が主導する、半導体など経済安全保障分野のデカップリングあるいはデリスキングは、国有・民営の別を問わず、中国（企業）がその対象となっている。習近平氏が主導する「五つの発展理念」の筆頭に掲げられた「イノベーション主導の経済発展」は、画餅に帰す可能性が高まりつつあるのではないか。

「国進民退」からの脱却が不可欠

これまで指摘した諸問題は構造的な問題であり、状況の改善は極めて難しい。こうした中、万能薬ではないが、処方箋の一つとして挙げられるのは、「国進民退」からの脱却だ。

まず、国有企業は保護の対象から競争にさらされる存在に変わらなければならない。「国有企業改革」の推進だ。企業債務の多くを国有企業が占めており、債務の削減・処理に加え、国有企業の収益性や製品の付加価値を高めることに資する政策の推進がなされるべきだ。ただし、拙速に事を運べば、企業倒産・失業者の急増や信用収縮が発生し、経済に大きなダメージを与えかねない。よって、「国有企業改革」は漸進的に実施する必要がある。

すぐに着手できるのが、民営企業への強力なサポートだ。例えば、2020年8月の中国版総量規制の導入時に財務の健全性が高いとされたものの、その後の銀行の貸し渋りや売上減少などで資金繰りが悪化し、デフォルト（もしくは債務返済猶予）を余儀なくされた民営デベロッパーについては、政府主導で金融面でのサポートを実施するべきだろう。それが不動産購入者に浸透すれば、少なくとも「民営デベロッパー＝倒産リスクが高い」という連想が断ち切られると期待される。

金融面でのサポートは、民営デベロッパーに限定されない。李克強前首相時代には、①中小企業向け貸出増加率が全体を大きく上回るようにする、②預金準備率引き下げにより増加した貸出余力について、多くを中小企業貸出に振り向けるように窓口指導をする、といった政策を実施したことがある。中小企業の多くは民営企業だ。習近平国家主席は2018年11月の民営企業座談会において、「民営経済は税収の5割以上、GDPの6割以上、技術革新の7割以上、都市部雇用の8割以上、企業数の9割以上を占める」と発言したことがある。民営企業の圧倒的なプレゼンスを考えると、民営企業にこそ手厚いサポートがなされるべきであろう。こうした政策を社会主義的な考え方が強い習近平3期目政権が打ち出すことができるのか。処方箋は明らかなのに実行できなければ、それこそが習近平一強体制の弊害ということになる。

03
10周年を迎えた一帯一路の功罪

一帯一路構想とは、2013年9月に習近平国家主席がカザフスタン訪問時に発表したシルクロード経済ベルト構想と、同年10月に習主席がインドネシア訪問時に発表した21世紀の海上シルクロード構想の総称だ。鳴り物入りで始まった一帯一路は、提唱から10周年を迎え、2023年10月17日～18日には、北京市で国際フォーラムが開催された。その成果をどう評価すべきなのだろうか。これを論ずる前に、一帯一路に対する米国と日本の姿勢を確認しておこう。

米国が一帯一路を全否定する理由は「ドル覇権」維持のため

一帯一路には、西側諸国を中心に「新植民地主義」「朝貢外交の復活」「債務の罠」「借金漬け外交」「軍事覇権目的」といった批判がある。2018年10月4日にハドソン研究所にて米ペンス副大統領（当時）が行ったスピーチでは「中国は、アジアやアフリカなどのインフラ建設に数千億ドルもの資金を提供している。スリランカは、商業的価値があるかどうか疑問の余地のある港を中国の国有企業が建設するために巨額の負債を負った。支払いの余裕がなくなると、中国政府はスリランカにその新しい港を引き渡すよう圧力をかけた。それは中国海軍の将来的な軍事基地になるかもしれない」などと中国を厳しく批判した。

ここでも明らかなように、米中対立は先端技術、軍事力などを巡る覇権争いだ。加えて米国として譲ることができないのが金融覇権の維持、言い換えれば、基軸通貨としてのドルの地位を死守することだ。これが重要である理由の一つは、米国が恒常的な経常収支赤字国だからだ。赤字は海外からの資本の流入でファイナンスされなければならないが、ドルが基軸通貨である限り、大きなリスクプレミアムなしに誰でもドル資産を受け取ってくれる。しかし、人民元など他の通貨に基軸通貨の地位を取って代わられた場合、赤字のファイナンスに際するコスト（金利）が高くなる可能性があるほか、外部環境の変化などが安定的な資金調達の妨げとなる可能性が高くなる。

米国にとって、ドルが基軸通貨であることのもう一つの重要性は、ロシアや北朝鮮など敵対する国に金融制裁を実施する際の効力が高まるからだ。２０２２年2月のロシアによるウクライナ侵攻を受けて、西側諸国はロシアの主要銀行のＳＷＩＦＴ（国際銀行間通信協会）からの締め出しや、各国中央銀行によるロシア中央銀行の海外資産凍結などの金融制裁を行った。これが当初の期待通りの成果を上げていないのは、人民元決済がドル決済の相当部分を代替したためだろう。これが一帯一路は「人民元経済圏」確立の側面を持つだけに、米国としてはその成功を何としても阻止しなければならない。これが米国の一帯一路に対する基本姿勢であり、米国や同盟国の日本は一帯一路にも、その資金調達で重要な役割を果たすアジアインフラ投資銀行（ＡＩＩＢ）にも参加をしていない。

一帯一路の功罪を巡る三つのポイント

2023年8月24日の国営新華社などによると、「中国はこの10年で152カ国・32の国際機関と200以上の協力文書に調印し、3000以上の協力プロジェクトを立ち上げた。中国と一帯一路参加国との財の貿易額は年平均8・6%増、直接投資（金融を除く）は同5・8%増となり、双方向の直接投資は2700億ドルを超えた。さらに、中国企業が一帯一路参加国に建設した経済貿易協力区は42万1000人の現地雇用を創出した。2030年までに一帯一路によって、参加国の760万人が極度の貧困から、3200万人が中程度の貧困から脱却すると見込まれている」という。

米国を中心とする西側諸国からの評価と、中国の自己評価には大きな差がある。一帯一路については様々な論点があるが、本章では次の3点に的を絞ってその功罪を考える。

(1) 一帯一路の効果はASEANで顕在化も多くの国で期待外れ

第一に、一帯一路参加に伴う経済効果は一部の国で顕在化している一方で、大多数の国では期待外れとなっている。中国通関統計によると、中国の一帯一路参加国向けの輸出が全体に占める割合は2012年の34・8%から2022年は42・7%に、輸入は43・8%から49・0%に拡大した（図表4・9）。ただし、これはASEANとロシアの寄与がほとんどだ。

このうち、中国のロシアとの貿易額が急増した主因は一帯一路ではない。中国は米国との対抗上、ロシアとの関係を深め、ロシアによるウクライナ侵攻によって、西側諸国によるロシアへの経済制裁が発動される中で、原油など資源を中心にロシアからの輸入を急増させた。中国の輸入に占めるロシアの割合は、2012年は2・4%、2021年は2・9%だったが、2022年には4・1%に上昇した。

他方、中国とASEANの関係はここ10年、貿易・投資の面で緊密さを増している。その背景の一つに一帯一路が挙げられる。一帯一路は、中国の海外での資源確保や国内の過剰生産への対策などが誕生のきっかけだったと指摘されている。ASEANとの関係においては、米国を中心に進みつつあったTPP（環太平洋経済連携協定）対策としての側面も大きいといわれている（米国が離脱したのは周知の通り）。中国包囲網と称されたTPPに対抗する形で、中国はASEANへの投資や貿易の増加を通じて、自国を中心とした経済圏の確立を急いだ。実際、中国とASEANの貿易依存度は、中国が一帯一路の一環としてFTA（自由貿易協定）戦略を本格化させた2015年以降、大きく高まっている。一帯一路におけるFTA戦略を通じて、中国からASEANへ資本が流入し貿易を誘発するという好循環が生まれたといってよいだろう。

一方、中国のASEANとロシアを除く一帯一路参加国向けの輸出・輸入シェアは、2012年と2022年でほぼ変わらない（図表4・9）。一帯一路をテコに中国向け輸出（中国にとっての輸入）を増やそうと目論んでいた多くの一帯一路参加国にしてみれば、期待外れというしかない。

また、中国商務部によると、中国から一帯一路参加国への直接投資の上位国は、シンガポール、

図表4・9　中国の一帯一路参加国向け輸出シェア（上）と輸入シェア（下）

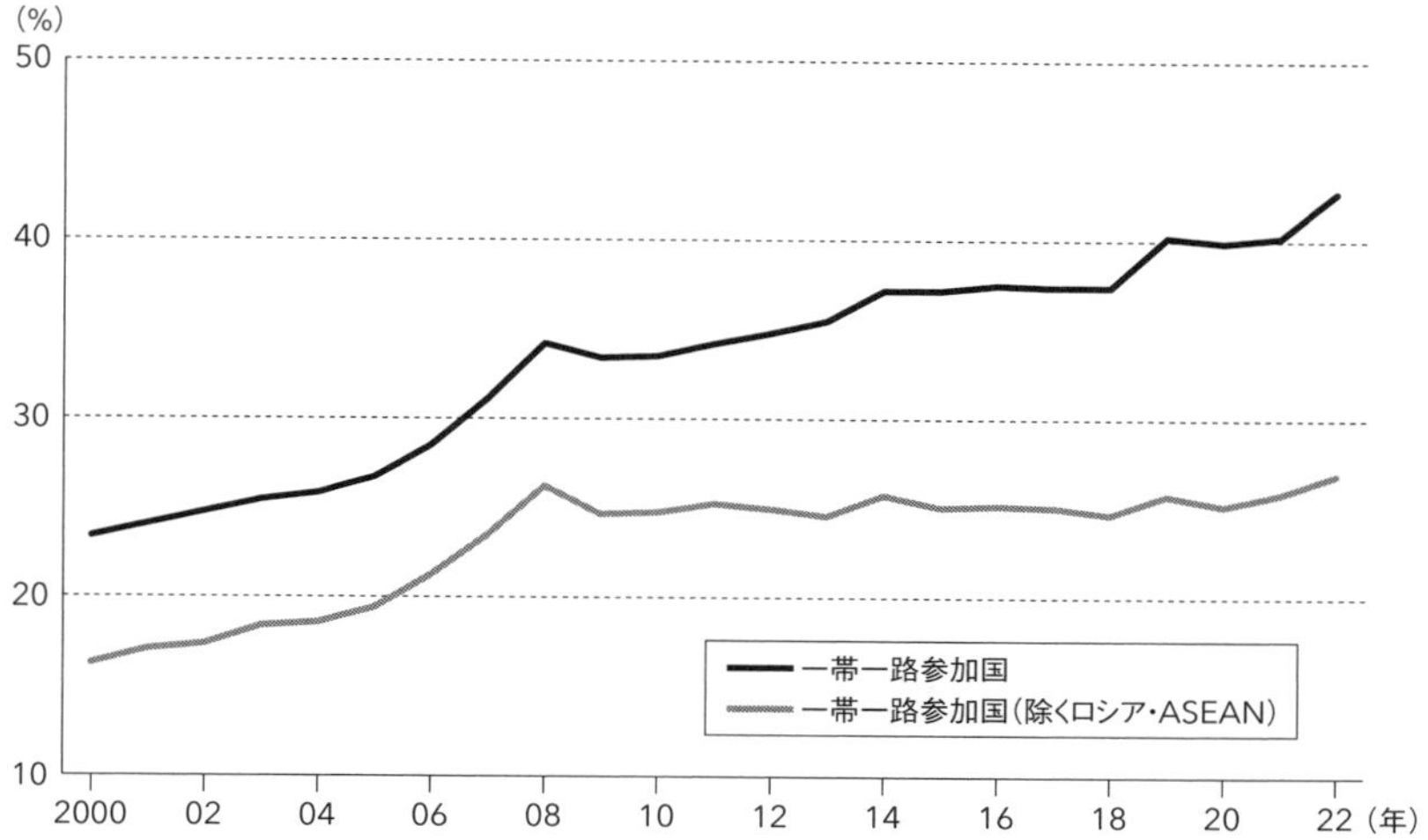

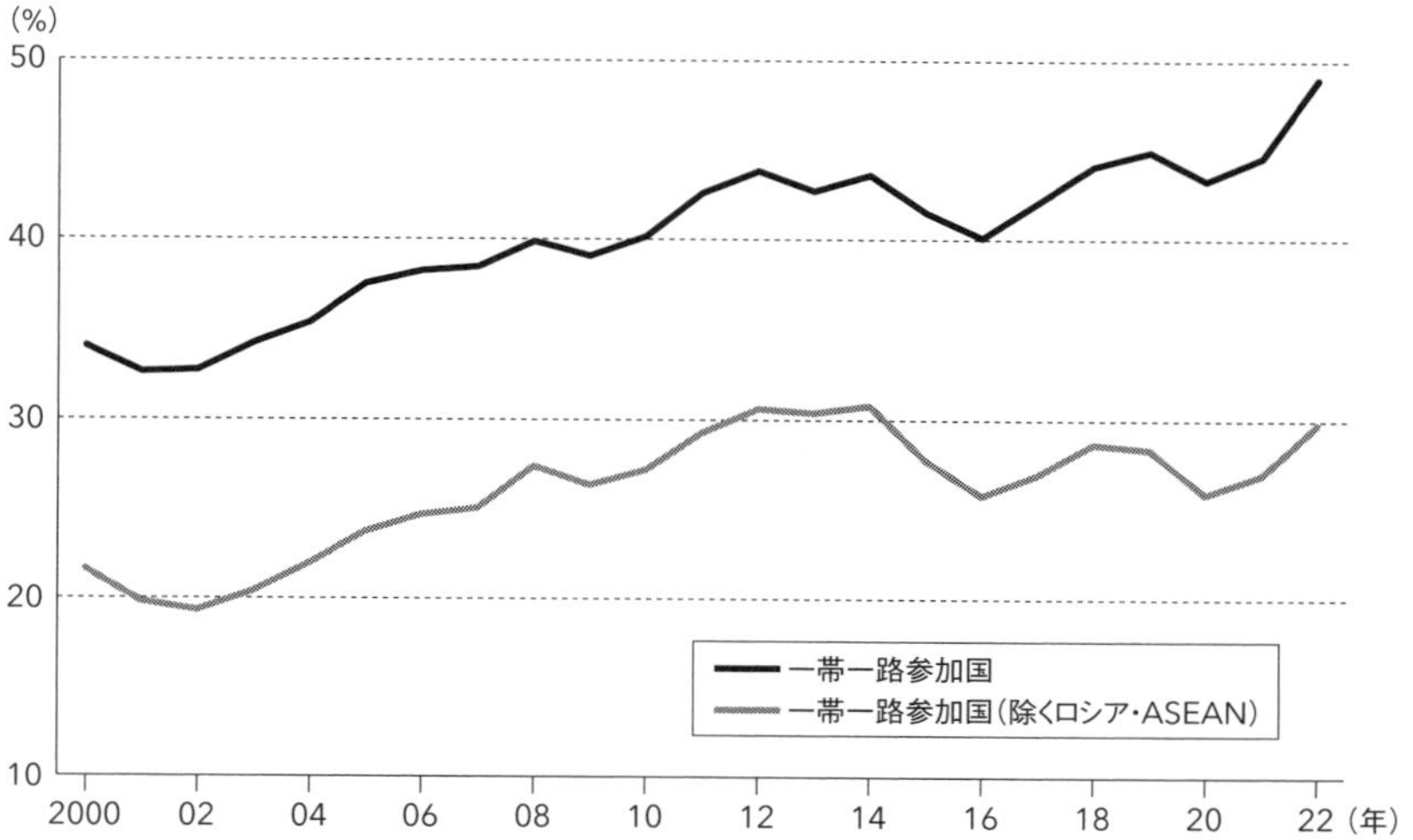

（注）一帯一路参加国は一帯一路ポータルサイトの「中国一帯一路網」に記載ある国のうちクック諸島・ニウエ・パレスチナを除く140カ国。

（出所）Haver Analyticsより大和総研作成

インドネシア、マレーシア、タイ、ベトナム、パキスタン、アラブ首長国連邦、カンボジア、セルビア、バングラデシュなどであり、ASEAN加盟国が多いのが特徴だ。一方で、その他の多くの国で年間の直接投資額は1000万ドルに満たない。中国との二国間融資でも同様のことが生じており、実績がゼロという国も少なくない。

(2) 一帯一路と一部参加国の債務危機問題

第二に、ここ数年は一帯一路参加国の低所得国の一部で債務危機が発生したり、危機の懸念が高まったりしている。その一因は、受入国の債務の持続可能性を考慮しない中国からの融資の増加だ。2017年にスリランカのハンバントタ港は、中国輸出入銀行などからの融資の返済ができずに、中国の国有企業に99年の期限付きで運営権がリースされた。いわゆる「債務の罠」として、各国から批判を浴びた案件だ。ASEANの一員であるラオスでも、一帯一路プロジェクトに係る融資が、同国の債務負担を増加させたことで、「債務の罠」を引き起こしたとして注目されている。

低所得国では債務負担に喘ぐところが急増し、中国はすでにリスクが顕在化した、あるいは潜在的にリスクが高い国・借り手への融資に慎重になった。中国から開発途上国への純資金移転(中央銀行・一般政府・公共団体など公共部門に対する新規融資から元利金払いを引いた金額)は2019年以降、アフリカを中心に純減となっている(図表4・10)。

さらに、2020年の新型コロナウイルス感染症の蔓延による経済の落ち込み、2022年の

図表4・10　中国から低・中所得国の公共部門への資金移転

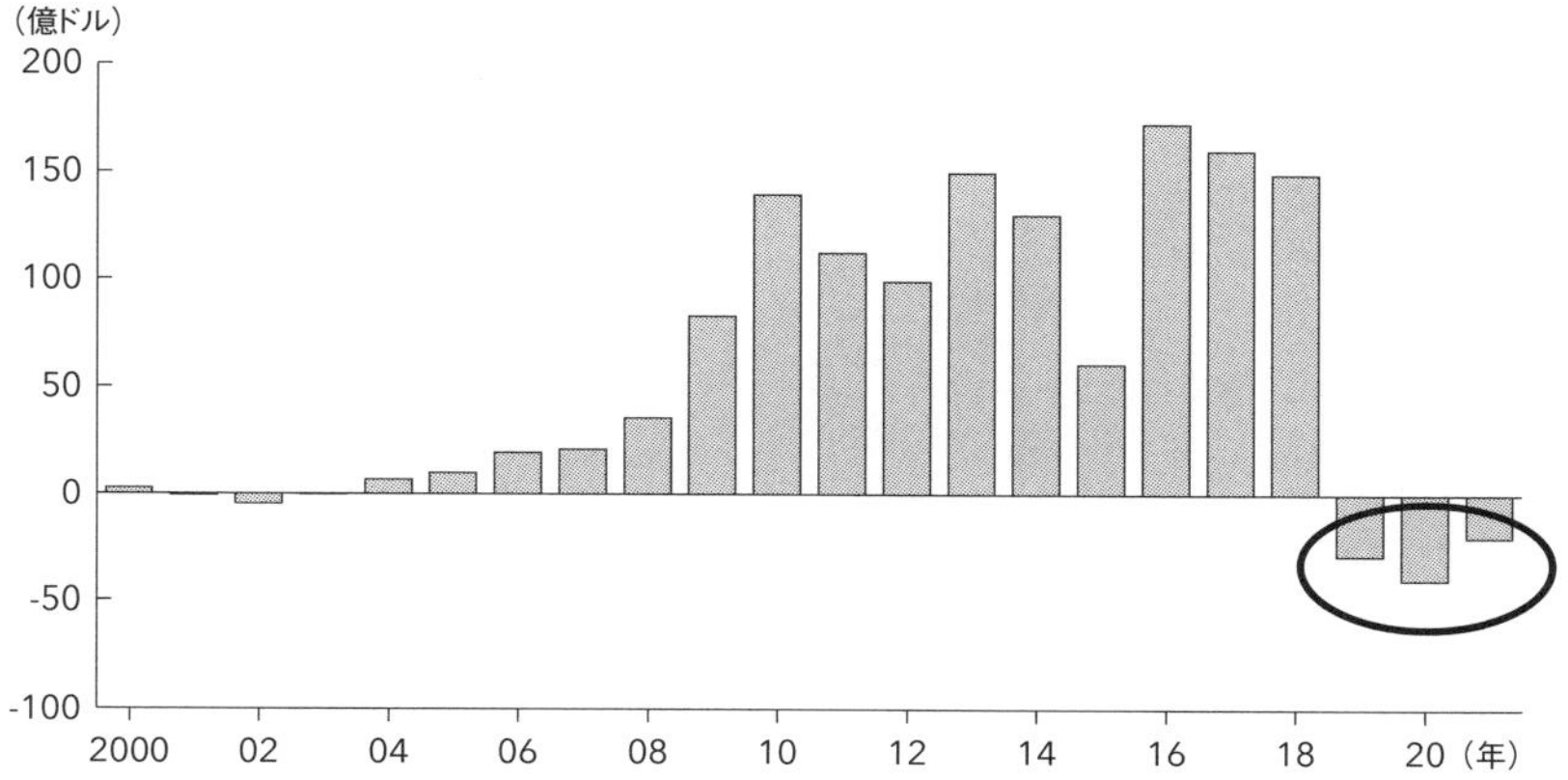

(注)資金移転は中国から低・中所得国の公共部門への支出(融資など)から低・中所得国の公共部門から中国への元利払いを差し引いたもの。

(出所)世界銀行統計、Carmen Reinhart, Christoph Trebesch, Sebastian Horn (2022) "China's overseas lending and the war in Ukraine," VoxEU, 11 April 2022, The Centre for Economic Policy Research (CEPR)より大和総研作成

ロシアのウクライナ侵攻によるエネルギー価格高騰を契機とするインフレ高進などが、低所得国経済を一段と悪化させたことは想像に難くない。ＩＭＦ(国際通貨基金)と世界銀行は、コロナ危機の２０２０年に実施された債務支払猶予イニシアチブ(ＤＳＳＩ)の対象となる73の低所得国のうち半数以上が現在債務危機に陥っているか、ソブリン債のデフォルト危機にあるとしている。

こうした中、中国は借り手の要求に応じて金利の減免など融資条件の見直しや債務の減免・再編に応じることが増えつつある。もちろんこうした動きは中国の銀行などの不良債権を増大させることになる。このほか、中国は中・低所得国向けの人民元スワップ協定を活用して、外貨支払い能力が低下した開発途上国に人民元を融通して、債務返済を支援するなどしている。当然、これには「人民元経済圏」確立の思惑も

働いている。

(3) 一帯一路参加国の中で中国の政治的・外交的プレゼンスが大きく拡大

このように、ASEANを除くと、一帯一路は停滞している印象が強い。ただし、一帯一路参加国、中でも開発途上国の中での中国のプレゼンスは大きくなっている。とりわけ注目されるのは、政治的・外交的プレゼンスの拡大だ。これが第三のポイントだ。2021年6月に、国連人権理事会における、新疆ウイグル自治区、香港特別行政区、チベットの人権状況を懸念する共同声明において、中国を擁護した国は68カ国、うち一帯一路参加国(2023年6月末時点)は67カ国に達し、中国を非難した44カ国(うち一帯一路参加国(同)は20カ国)を大きく上回った。中国は少なくとも「親中派」の拡大に成功しているようにみえる。

一帯一路と世界経済のブロック化

最後に、一帯一路と世界経済のブロック化の懸念について見ていく。

西側諸国を中心に中国脅威論が高まる中、中国との関係において、「デカップリング(分断)」を選択するのではなく、過度な依存を避けてリスクを軽減する「デリスキング」を主張する声が高まっている。ポイントは、「経済安全保障において不可欠な分野」について中国への依存度を下げることを選択した点にある。ウクライナ危機をきっかけに、西側諸国とロシア寄りの国で世界が分断される中、西側諸国が経済安全保障の観点からサプライチェーンを構築し直す動きに出た。新たなサプライチェーンの特徴は、「高効率・低コスト」ではなく、「供給ルートの安定性」にある。同じ価値観を共有できる国でサプライチェーンを再構築する「フレンドショアリング」という概念は、その典型だ。

２０２２年には、米国主導でインド太平洋経済枠組み（ＩＰＥＦ）が発足し、半導体、同製造装置、蓄電池、レアメタル、主要原材料などの重要物資のサプライチェーンの強化が図られている。ＩＰＥＦは米国が主導する事実上の対中包囲網であり、日本、インド、韓国、オーストラリアなど14カ国が参加する。米国は２０２２年10月に、軍事転用の恐れがある中国向け先端品製造装置や技術の輸出管理を強化し、日本は２０２３年7月23日より、先端半導体製造装置23品目の輸出管理を強化した。一方の中国は、こうした動きを批判しつつ、一帯一路参加国のうち開発途上国を中心に自らの陣営を固めようとするだろう。

仮に、デリスキングが経済安全保障の分野にとどまらず、世界経済が分断、ブロック化していったらどうなるだろうか。ＩＭＦが２０２３年4月に発表した世界経済見通しの第4章では、世界がどのようにブロック化するかを四つのシナリオに分けて、ＧＤＰへの影響を推計している。例えば、シナリオ1では、米国ブロック（米国、ＥＵ、英国、スイス、オーストラリア、カナダ、日本）、中国ブロック（中国、インドネシアを除く東南アジア、中央アジア、中東、ロシア、アフリカなどその他）、中立ブロック（インド、インドネシア、ラテンアメリカ）の三つに分類し、米国ブロックと中国ブロックの間の直接投資が50％減少すると仮定して、世界経済への影響を分析した。

結果は、長期的な世界のＧＤＰは、世界がブロック化しなかった場合と比較して２％減少するという。これは、前提にある二つのブロック間の直接投資が半減することで資本形成にマイナスの影響を与えるほか、技術移転の停滞が生産性の向上を妨げるためだ。貿易の阻害要因となることはいうまでもない。特に、ＧＤＰの減少幅が大きくなるのは、東南アジアとアフリカなどの開発途上国が多く含まれる「中国ブロック」であり、中国自身も世界平均以上に落ち込むとしている。

「米国ブロック」のＧＤＰ押し下げは比較的小さく済みそうだが、それでも無傷ではいられない。メンバーに中国経済との結び付きが比較的強い、日本、韓国、ドイツが入っているためだ。

一方で、「中立ブロック」にはプラスとマイナスの影響が並存している。プラスの効果は、「中国ブロック」の国の代替地として、「米国ブロック」からの投資が増加すること（生産性向上にも寄与）、マイナスの効果は、世界経済のブロック化によって、世界的に外需が減少し、輸出が減少することだ。プラスの効果が大きければ、「中立ブロック」のＧＤＰが増加する場合もある。しかし、中立の立場でいることは、米国と中国の両ブロックからの圧力を受け続ける「不確実性のリスク」を伴い、それがＧＤＰの押し下げにつながる可能性があるとしている。

こうしてみると、今後世界が歩むべき道は明らかだ。「デリスキング」を行う分野を半導体など経済安全保障に不可欠な範囲に限定的にした上で、それ以外の大多数の分野については、ＥＰＡ（経済連携協定）やＦＴＡ（自由貿易協定）に基づいた自由な多角的貿易体制を維持することだ。中長期的な世界の経済成長にはブロック化の回避が肝要だ。

第 5 章

新興国経済

「グローバルサウス」の
台頭と葛藤

01 「グローバルサウス」の台頭

２０２３年、ロシアのウクライナ侵攻が2年目に突入したこの年も、先進国のインフレ長期化や中国経済の減速など、新興国を取り巻く環境の変化が目まぐるしかった。そのような中でも、インフレのピークアウトや外貨準備の積み増し、対ドル為替レートの安定といった点で、多くの新興国のファンダメンタルズは改善した。利下げを探り始めた新興国も少なくない。対外的なリスクに対する耐性を高めながら、コロナ禍やウクライナ危機からの回復を着実に進めている印象である。

また、２０２３年は「グローバルサウス」の台頭といった点でも特徴的な年だった。世界が西側諸国とロシア寄りの国々で分断される中、新興国は「グローバルサウス」として国際舞台での発言力を強化し始めた。しかし実際、「グローバルサウス」は一枚岩ではない。インドのように「漁夫の利」を得た国もある一方で、中国との関係で難しい立場に置かれた国も多い。その点で、「グローバルサウス」が世界経済の第3極として機能するには、ハードルが高いことも事実だろう。

「グローバルサウス」を巡る大国の思惑が交錯

2023年は、「グローバルサウス」が存在感を増した年だった。「グルーバルサウス」とは、ウクライナ危機をきっかけに対立関係が深まった、西側諸国（西側陣営）とロシア寄りの国々（ロシア・中国陣営）の両者に対し、中立の立場を取る新興・途上国を指す。「グローバルサウス」という言葉自体は、モディ政権下のインドで以前から使われており、今回世界でこの言葉が普及したのも、インドが2023年のG20議長国として多用したことが一因ともいわれている。(注1) 2023年以降、「グローバルサウス」という言葉が世界で周知されると、それを巡って大国の思惑が交錯している。ここでは、「グローバルサウス」を語る上で欠かせない主要各国を見ていきたい。

まず、「グローバルサウス」を語る上で不可欠なのが、インドの存在だ。インドは近年、どの国とも戦略的なパートナーシップ関係を持つ一方で、特定の国に依存しない「多同盟」を重視してきた。(注2) 近い将来、米国、中国に次ぐ世界第3位の経済大国となる可能性がある中、他のどの大国との関係にも縛られず、すべての関係でいわば「いいとこ取り」をしようとするのが「多同盟」の意味するところだ。西側諸国にもロシア寄りの国々にもつかず、中立を保つ「グローバルサウス」という概念は、まさに特定の国に依存することを嫌うインドの外交路線と合致する。

インドは、「グローバルサウス」の盟主となるため、新興・途上国に共通する問題意識を声高に叫んでいる。具体的には、食料・エネルギー価格の高騰によって新興・途上国が受けた被害の大きさと、中国の「一帯一路」プロジェクトが引き起こした「債務の罠」による弊害だ。これらを根拠に、インドこそが「グローバルサウス」の声のまとめ役にふさわしいとアピールし、新興・途上国の支持を取り付けようとしている。

「グローバルサウス」を巡り、ロシアも積極的な外交を始めた。その相手は、アフリカ諸国だ。2023年1月にラブロフ露外相がアフリカ各国を訪問したほか、7月にはサンクトペテルブルクでロシア・アフリカ首脳会議が開催された。首脳会議では、食料価格の高騰による打撃が大きかったアフリカに対し、ロシアが穀物を無償で供与する準備があることを表明するなど、アフリカとの関係構築に躍起となっている。また、同年8月に南アフリカ（南ア）で開催されたBRICS（ブラジル、ロシア、インド、中国、南ア）首脳会議では、アルゼンチン、エジプト、エチオピア、イラン、サウジアラビア、アラブ首長国連邦の6カ国を新規加盟国として迎えることを決定した。ロシアを除いた形で「グローバルサウス」の発言力が増すことに対する、ロシアのけん制とみることもできるだろう。

新興・途上国との関係では、中国も欠かせない存在だ。中国は近年、米国との間に貿易摩擦を抱えるなど、世界貿易の中で孤立する傾向があった。また、ロシアのウクライナ侵攻後も西側の制裁に同調せず、ロシアとの貿易・投資関係を深めるなど実利を優先させた。これを背景に2023年は、西側諸国で「中国脅威論」が一段と高まり、サプライチェーンから中国を外す動きが強まった。中国も新興国の一つではあるが、西側諸国は中国を「グローバルサウス」とはみなしていない。現に、岸田首相は、2023年1月の施政方針演説に対する参院代表質問の中で、「グローバルサウス」には「中国を含めて考えておりません」と明言している。

新興・途上国との関係において、中国はここ10年、「一帯一路」プロジェクトを通じた貸し付けを進めることで、絶大な影響力を及ぼしてきた。しかし、2022年の食料・エネルギー価格の高騰をきっかけに、外貨繰りが困難となる国が現れると、それらの国々を「債務漬け」にしてきた中国の外交手段に世界から批判が集まるようになった。インドが、「グローバルサウス」の共通課題として「債務の罠」を掲げる中、中国が今後、「グローバルサウス」という概念を全面に使って新興・途上国に関与していく可能性は低いだろう。むしろ、中国はこれまで通り、「一帯一路」のインフラプロジェクトなどの融資を通じ、中国独自の手段で新興・途上国に影響力を及ぼしていく可能性が高いとみられる。

最後に、西側諸国も「グローバルサウス」の取り込みに積極的だ。「中国脅威論」が高まる中、「デリスキング」が進んでいる点が背景にある。「デリスキング」とは、中国との関係において分断（デカップリング）を選択するのではなく、過度な依存を避けてリスクを軽減することを意味する。特に、デジタル化や脱炭素化に必要とされる鉱物資源の確保といった経済安全保障に不可欠な分野において、中国への依存度を下げることがその目的だ。西側諸国は、同じような価値観を共有できる「グローバルサウス」との間で、安定的に資源を調達できる仕組みを再構築しようとしている。2023年5月、広島で開かれたG7（主要7カ国）首脳会議では、脱炭素分野のサプライチェーン強靭化に向け、新興・途上国への支援を強化することで合意した。「グローバルサウス」に資金や技術を提供する代わりに、西側諸国のサプライチェーンに「グローバルサウス」を取り込むことが目的だろう。

このように2023年は、世界の分断と「グローバルサウス」の台頭が特徴的な年となった。そして、それに関わる大国の思惑も交錯した。この環境が、新興・途上国にとってプラスだったかについては、一概に言い難い。「中国外し」が進むことで西側諸国からの資金や技術援助を受けやすくなった資源国や、国際舞台での発言力が高まったインドにとって、この環境はある程度プラスとなったかもしれない。他方で、その他の新興・途上国にとっては、これまで以上に難しい立場に置かれたとも考えられる。

例えば、国際通貨基金（IMF）は、世界経済のブロック化を分析した2023年4月の報告書の中で、新興・途上国が中立を保つことの難しさについて言及している。(注3) 新興・途上国が中立を保つということは、対立するブロックが自身の陣営に中立国を取り込もうとする動きが活発化することを意味し、それが「不確実性」を生むため中立を保つことが難しいという。「不確実性」とは、新興・途上国が現在、中立の立場を表明していても、それが中長期的に変化しないという確証がないため、そのようなリスクを嫌うグローバル企業が直接投資をためらう可能性があることを指す。この点から考えると、多くの新興・途上国にとって、世界の分断がもたらす恩恵はそれほど大きいとはいえないだろう。

02 新興国にとって中国とは

ウクライナ危機後も、中国との分断を選択していない新興国

世界経済の分断化が進む中、新興国が一つの陣営を選択することは困難だ。中でも特に、中国との経済関係を断ち切るというシナリオは現実的でない。これを確認するため、ここでは新興国のウクライナ危機前後における米国、ロシア、中国との貿易関係の変化を詳しく見ていきたい。

図表5・1、5・2、5・3の各グラフは、横軸に新興国の米国、ロシア、中国に対する2019年の輸出入結合度を、縦軸に2022年3月〜2023年5月（ウクライナ危機後）の結合度を取ったものだ。輸出入結合度とは、各国の対米・ロ・中輸出（輸入）シェアが世界の平均的な対ロ・中・米輸出シェアをどれだけ上回る（下回る）のかを表したもので、「1・0」を超えると緊密といわれている。45度線より上にある（下にある）場合、ウクライナ危機をきっかけに米国、ロシア、中国との輸出入結合度が高まった（下がった）ことを意味する。

まず、米国との輸出入関係を表したものが図表5・1だ。ウクライナ危機前に対米輸出結合度が緊密（横軸が「1・0」以上）だったのは、メキシコ、ベトナム、日本、インド、中国、フィリ

図表5・1　新興国の対米国輸出入結合度

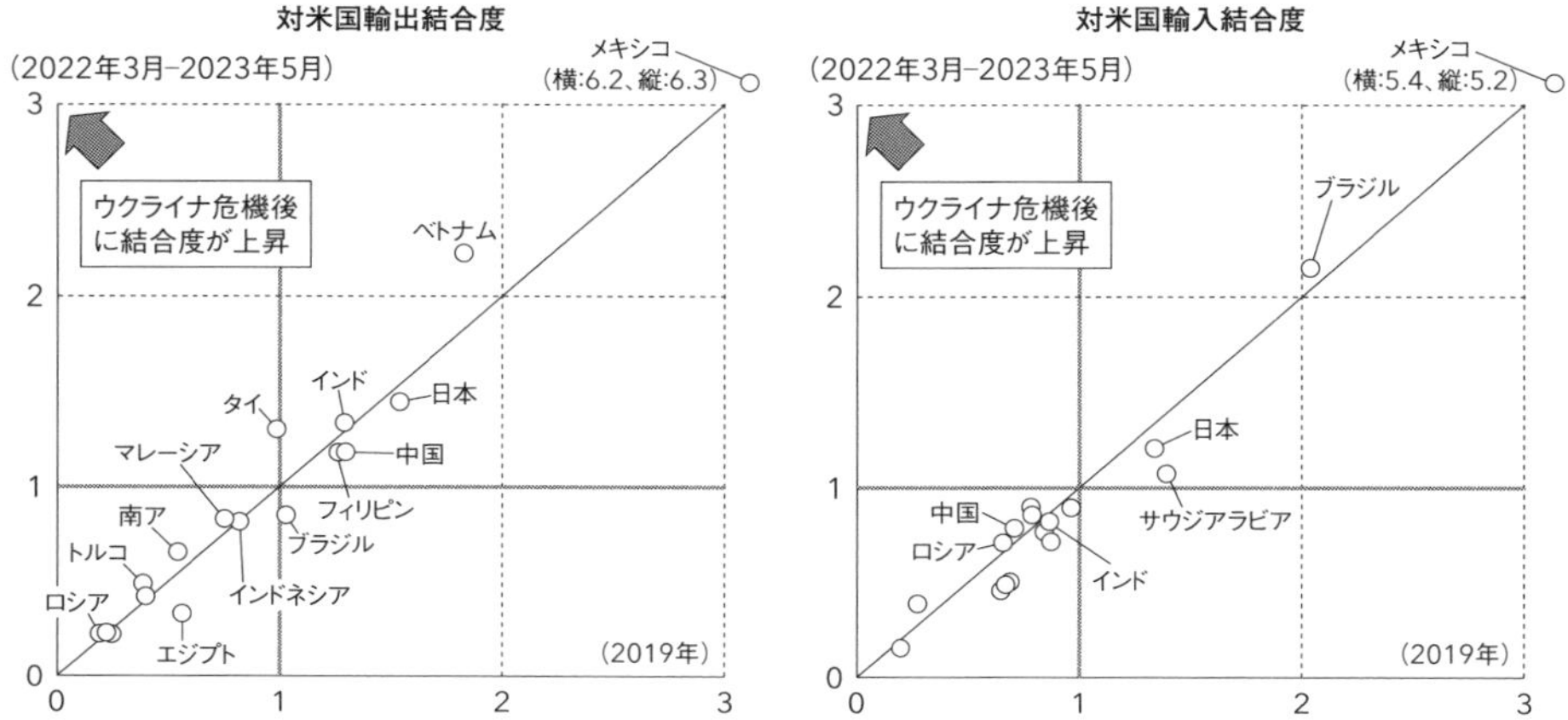

（注）ここでプロットした国は、インドネシア、マレーシア、フィリピン、タイ、ベトナム、ブラジル、ロシア、インド、中国、南ア、トルコ、ハンガリー、ポーランド、サウジアラビア、メキシコ、エジプト、日本（参考）、米国（参考）の18カ国。18カ国は、G20やBRICS加盟国（新規加盟予定国を含む）、ロシアとの関係が深い中東欧諸国、中国との関係が深いASEAN諸国。

（出所）IMFより大和総研作成

ピン、ブラジルだった。特に、米企業の生産拠点が多いメキシコは、米国との輸出関係が緊密だ。これらの国の中で、ウクライナ危機後に対米輸出結合度が大きく上昇した（45度線よりも上になった）のは、ベトナムである。ベトナムは近年、中国に代わる対米輸出拠点として、縫製品や携帯電話・コンピュータ部品などの電子機器を米国向けに輸出してきた。ウクライナ危機をきっかけに、その関係がさらに緊密となったとみられる。次に、対米輸入結合度を見ると、ウクライナ危機前から緊密（横軸が「1・0」以上）だったのは、メキシコ、ブラジル、日本、サウジアラビアの4カ国だ。そのうち、ウクライナ危機後に米国との輸入関係が緊密化した国はブラジルのみだった。新興国にとって、米国との直接的な貿易関係は、一部の国を除いてそれほど強くないことがわかる。それは、ウクライナ危機前後で変わっていない。

図表5・2　新興国の対ロシア輸出入結合度

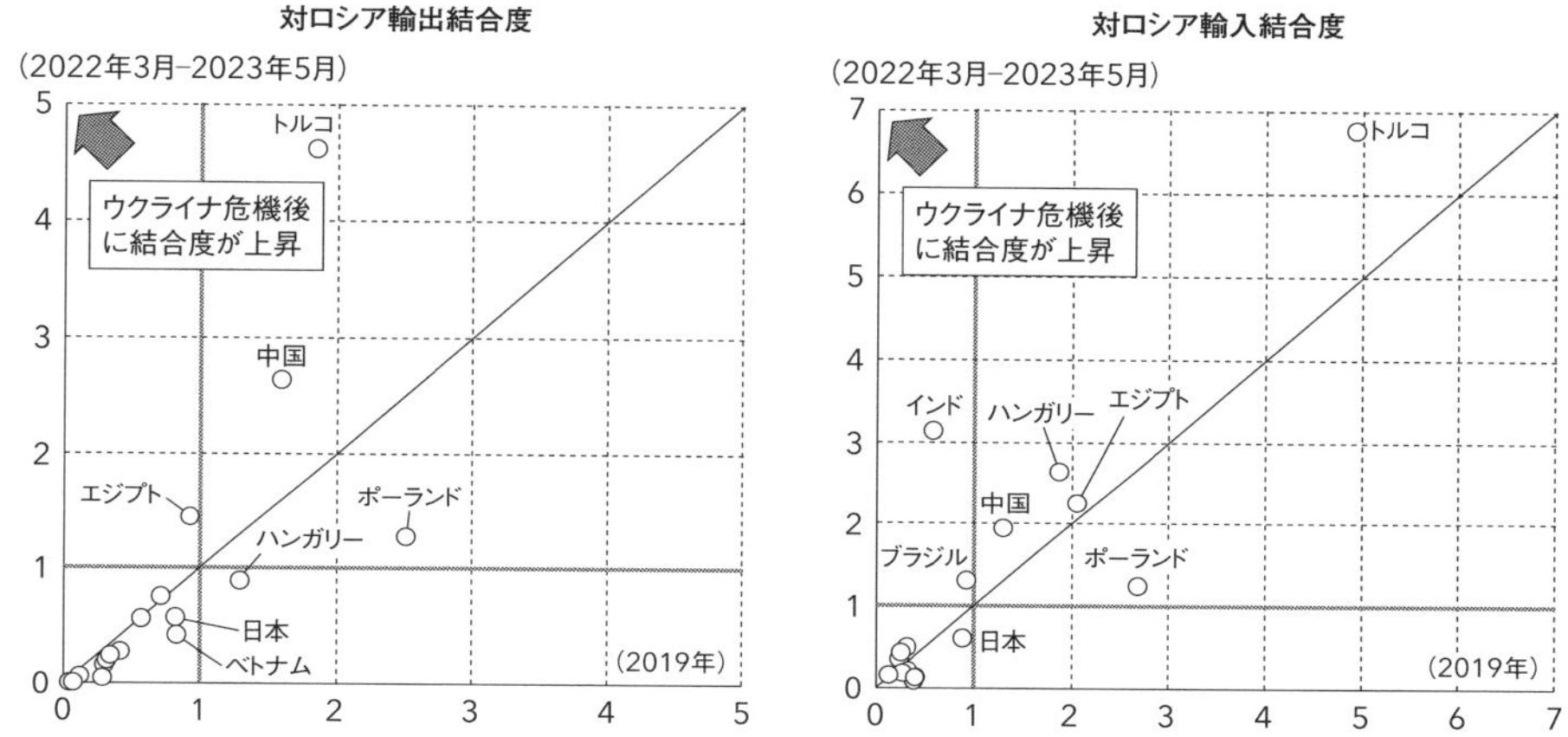

（注）図表5・1同様。

（出所）IMFより大和総研作成

次に、新興国とロシアの貿易関係を見ていきたい。ウクライナ危機前、ロシアとの輸出入関係が緊密（横軸が「1・0」以上）だった国はトルコや中国のほか、ポーランド、ハンガリーといった中東欧諸国、輸入に関してはエジプトだった。そのうち、ウクライナ危機後に輸出関係が緊密となった（45度線よりも上になった）のは、西側諸国に代わる対ロ輸出拠点となったトルコと中国だ。例えば、中国はウクライナ危機以降、日本に代わってロシア向けに自動車輸出を急増させた。その一方で、中東欧諸国の対ロ輸出結合度はウクライナ危機後に低下した。EUの他の国と歩調を合わせ、対ロ輸出を自粛したためだ。

対ロ輸入を見ると、ウクライナ危機後に緊密化したのはトルコやハンガリー、エジプト、中国、インド、ブラジルである。その理由は、これらの国々が割安となったロシア産エネルギー

図表5・3　新興国の対中国輸出入結合度

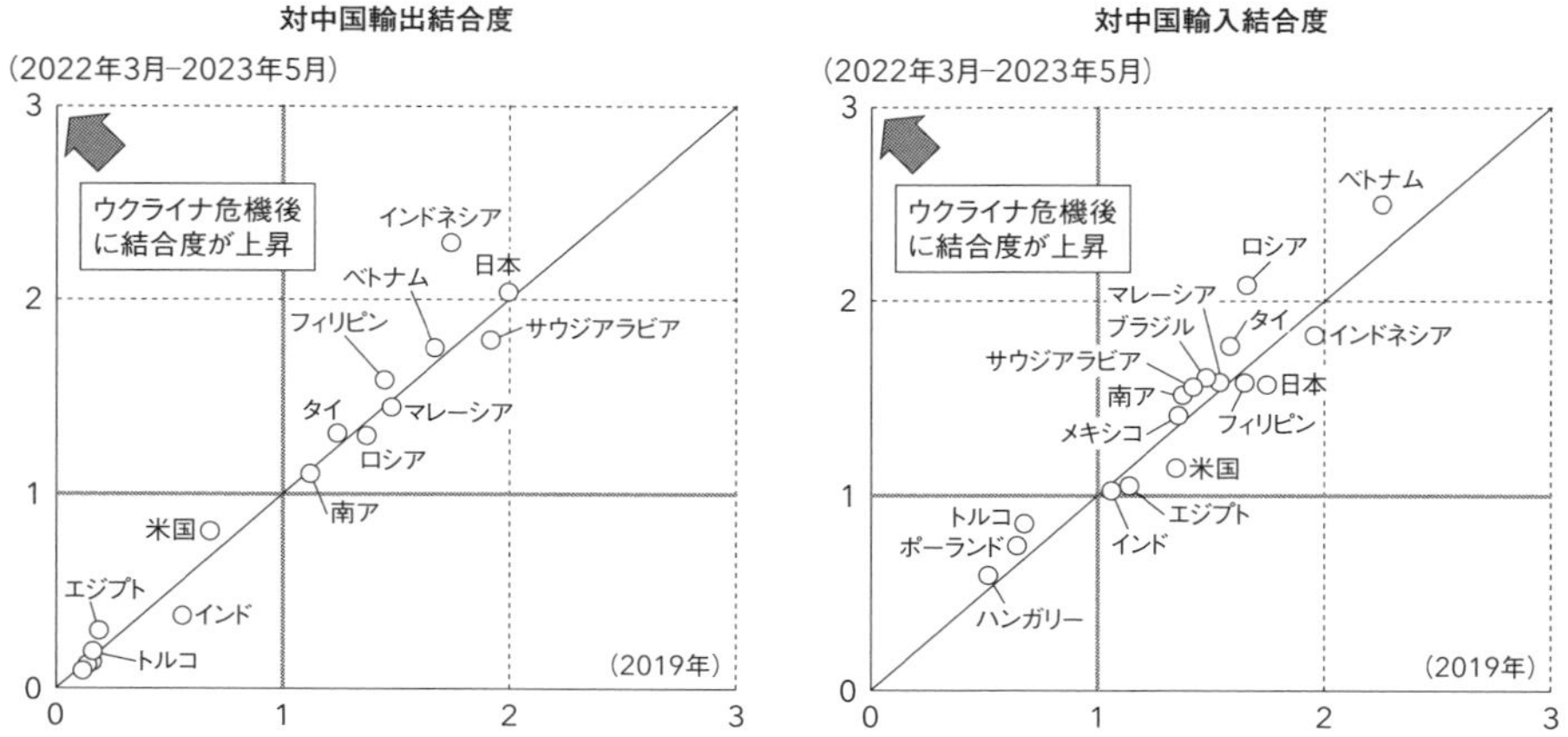

(注)図表5・1と同様。
(出所)IMFより大和総研作成

や食料などの輸入を増加させたためだ。親ロシア政権が続くハンガリーも、EUのエネルギー輸入規制に反対し、ロシアからのエネルギー輸入を続けている経緯がある。

このように、ロシアとの貿易関係で、ウクライナ危機前から緊密な国はトルコ、中国、中東欧諸国と限定的だった。また、ウクライナ危機後にロシアとの貿易関係を緊密化させた国も、トルコ、エジプト、中国、インド、ブラジルと、新興国の中でも規模の大きい国が多かった。

最後に、中国との貿易関係を見ていきたい。ウクライナ危機前に中国との貿易関係が緊密（横軸が「1・0」以上）だったのは、ASEAN、日本、ロシア、南ア、米国、サウジアラビアと多くの国が並ぶ。これは、中国が世界の工場として機能していたことが背景にある。そのうち、ウクライナ危機後に貿易関係が非常に緊密になった国（45度線よりも上になった）は、輸出ではインドネシア、輸入ではベトナムとロシアだった。インドネシアは、鉄鋼や加工ニッケルなどの資源輸出が増加した。ベトナムに関しては、米中貿易摩擦が深刻化したことで多くの中国企業がベトナムに進出し、中国からの原材料や中間財の調達が増加したことが背景にある。対ロシアでは、中国のロシア産資源の輸入が増加した。

逆に、ウクライナ危機後に中国との貿易結合度が大きく低下した（45度線よりも下になった）のは米国だ。「デリスキング」を進める中で、米国が輸入先を中国から別の国に組み替えたことが原因だろう。

このように、多くの新興国は、ウクライナ危機以前から中国との貿易関係が緊密だった。そしてウクライナ危機後も、その関係を維持している国が多い。

以上をまとめると、ウクライナ危機前から、多くの新興国にとって輸出入関係が緊密だったのは米国やロシアよりも、中国であることがわかる。そして、ウクライナ危機後も、中国との輸出入関係の緊密度が大きく低下した新興国はほとんどない。これは、新興国に進出しているグローバル企業がサプライチェーンの積極的な再構築を図っていないことや、そもそも新興国にとって中国経済との分断が難しいという点が理由に挙げられるだろう。

中国との切り離しが難しい新興国経済

中国を含めたグローバル・バリュー・チェーン（ＧＶＣ）は、世界にどの程度の広がりを持っ

図表5・4　各国・地域の輸出に占める中国の付加価値の割合（2010年、2020年）

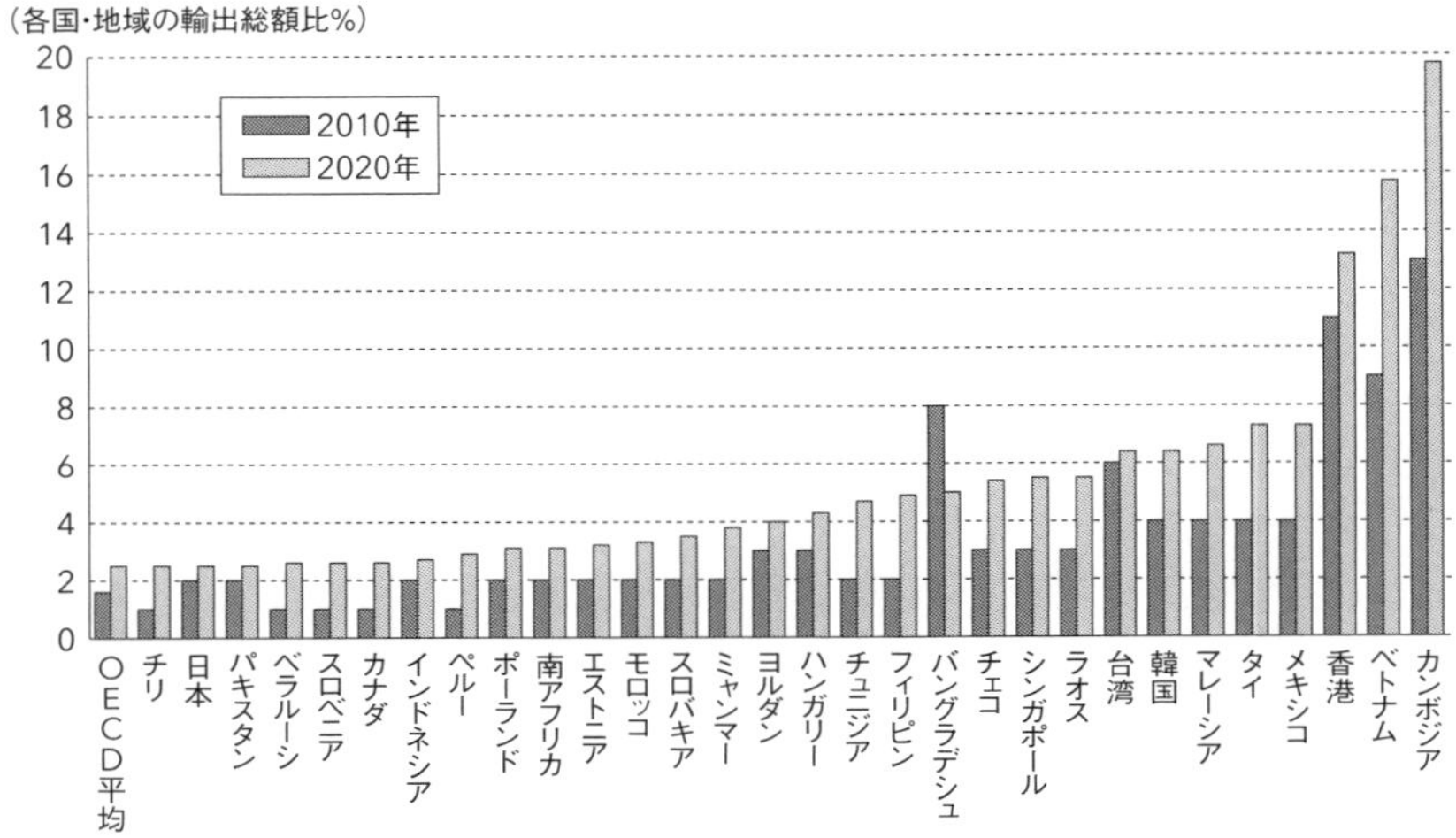

（出所）OECD. Statより大和総研作成

ているのだろうか。図表５・４は、各国・地域の輸出財・サービス生産に投入される中国からの付加価値が、各国・地域の輸出総額に占める割合を２０１０年と２０２０年で比較したものだ。ここでは、その割合がＯＥＣＤ諸国の２０２０年平均（２・５％）を超える国・地域を挙げている。

　これを見ると上位には、電子機器を中心とした、中国とのサプライチェーンに組み込まれているＡＳＥＡＮなど、中国から調達した素材や加工品（部品など）を使って製品を組み立て、第３国に輸出している国・地域が多い。そのほかにも、メキシコやチェコなどといった中南米、中東欧諸国も多く並んでいる。さらに、２０１０年と比較すると、２０２０年は、図表内の多くの国・地域の数値が上昇している。これは、中国がここ10年で、アジアやそれ以外の国のＧＶＣを深化させてきたことを意味する。

図表5・5　製造業における最終消費支出に含まれる、中国の付加価値の割合（2020年）

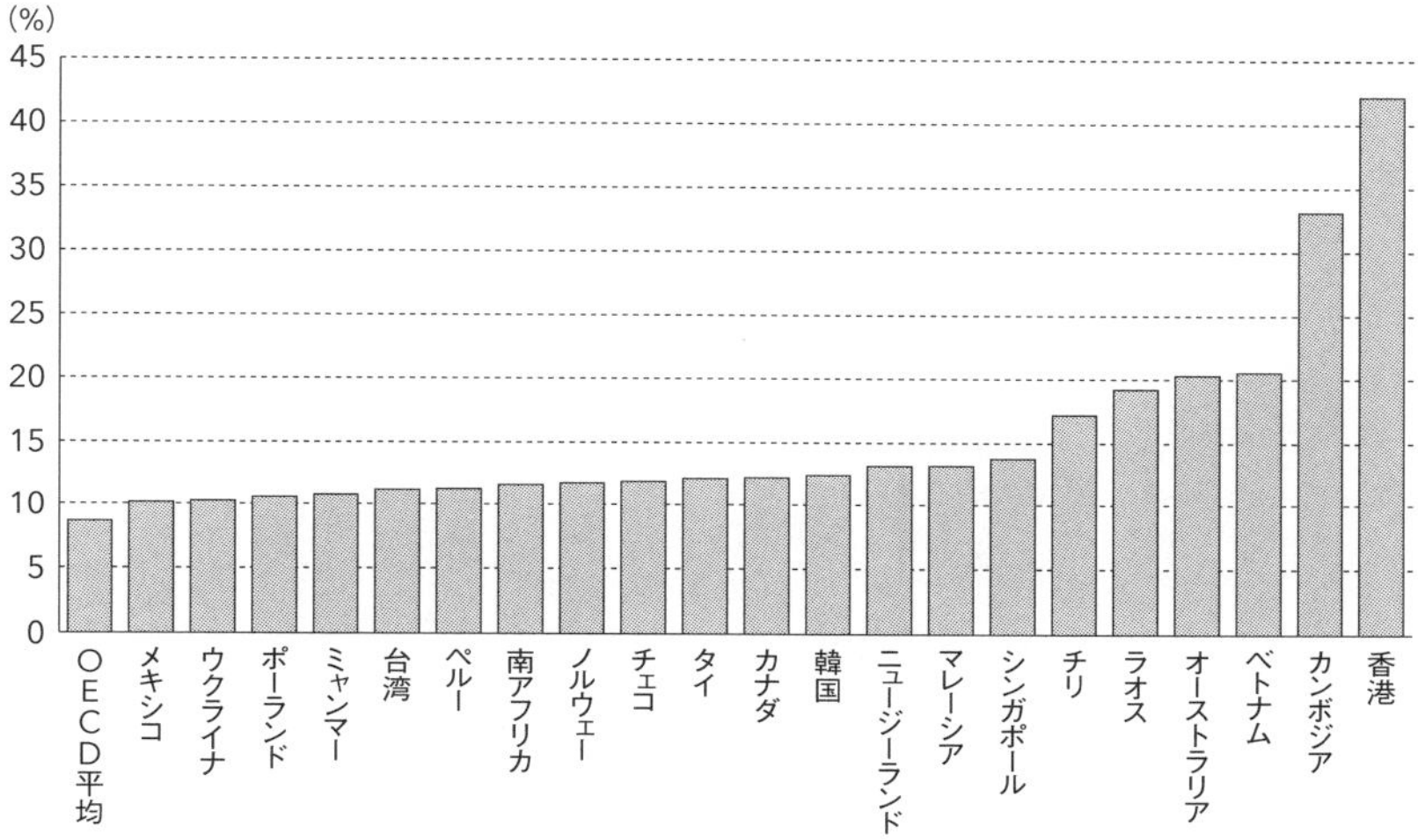

（出所）OECD. Statより大和総研作成

次に図表5・5は、中国が世界貿易に果たす役割の大きさをより広い意味で捉えたものだ。このグラフでは、各国・地域の製造業における最終消費支出（個人・政府）に含まれる、中国の付加価値の割合が10％を超える国・地域を列挙した。つまり、中国の付加価値が高い工業品を多く消費している国・地域である。香港、カンボジア、ベトナムといったアジアの国・地域が圧倒的に多いのは妥当なところだが、中南米（チリ、ペルー、メキシコ）や欧州（チェコ、ノルウェー、ポーランド、ウクライナ）の国々も少なくない。その多くが、安価な製品を選好する新興国だ。

このように、中国を含めたＧＶＣはここ10年で深化し、中国の付加価値が高い製品は、アジア以外の多くの新興国でも消費されるようになった。世界貿易において中国との関係を断つことは、これらのＧＶＣを寸断することにつながり、その影響は新興国を中心に甚大なものとなるだろう。

「デリスキング」が「デカップリング」になることのリスク

今後、新興国にとって痛手となるのは、西側諸国が「デリスキング」と呼ぶ「中国外し」が、中国の反発で不毛な貿易摩擦を引き起こし、西側諸国と中国の間に「デカップリング」が生じることだ。「デカップリング」とは、「デリスキング」よりも両者の分断が大きくなるケースを言う。分断の領域は半導体などの経済安全保障上の領域を超える。

その煽りを受けやすいのは、特に東アジア地域だろう。この地域の国々は2000年代以降、グローバル企業を多く誘致し、高度なサプライチェーンを構築してきた。その呼び水となったのが安価で豊富な労働力と、経済発展レベルの違いを上手に利用した生産工程の分業化だった。近年は電子機器産業の分業が進み、コロナ特需に沸いた電子機器の世界的な供給拠点となってきた。

その中心的な役割を果たしてきた国の一つが中国だ。かつて中国は、日本や韓国から部品を調達して組み立て、輸出する三角貿易の一拠点として機能していたが、近年は、中国からASEANへ一般機械などの資本財や電子機器の中間財を輸出するなど、サプライチェーンの中核的な役割を担っている。ASEANは中国に代わる生産地、つまりチャイナプラスワンとして注目されているが、原材料の調達は中国のほか日本や韓国に依存するなど、ASEANだけでサプライチェーンを完結させることは難しいのが現状だ。東アジアの生産地としての魅力は、中国を含めた地域全体として捉える必要があるだろう。２０２４年、「デカップリング」が「デリスキング」へと変容し、西側諸国と中国との分断が大きくなるとしたら、それは中国だけでなく、中国を軸の一つとしたサプライチェーンを構築してきた東アジア全体に及ぶことになるだろう。

03 利下げのタイミングを探る新興国

多くの新興国のインフレは、２０２３年にピークアウト

２０２３年10月にＩＭＦは世界の経済見通しを修正し、新興国・途上国の２０２３年の実質ＧＤＰ成長率を前年比４・０％（２０２３年４月から＋０・１％pt）、２０２４年を同＋４・０％（同▲０・２％pt）とした。新興国全体で比較的安定した成長を遂げる見通しだ。この背景には、ウクライナ危機を契機としたインフレが、多くの新興国でピークアウトしたことのほか、対外的なリスクへの耐性も改善したことが挙げられるだろう。

図表５・６は、新興国の各種物価指数と為替レートの変化を表したヒートマップだ。物価指数に関しては、「最も濃いグレー」のセルが10％以上の変化率、「薄いグレー」のセルが５％以上10

図表5・6　新興国の各種物価、政策金利、為替レートのヒートマップ

	インフレ目標	CPI		CPI	コアCPI	食品	エネルギー	生産者物価	輸入物価	実質金利	為替レート 対ドル	為替レート 名目実効
	2023年	2015～2019年	2022年	2023年4-7月平均						2023年7月	2023年7月末	
（単位）	前年同期比（%）	年平均上昇率（%）	前年同期比（%）	前年同期比（%）						%	年初来（%、＋が上昇）	
トルコ	5%（±2%）	12.6	72.3	42.4	49.0	55.1	**-14.0**	44.2	**-15.3**	-30.3	**-44.1**	**-30.8**
南アフリカ	3-6%	5.1	7.0	6.0	5.0	11.8	9.6	5.8	7.0	1.7	**-5.0**	**-2.4**
フィリピン	2-4%	2.9	5.8	5.7	4.8	7.1	5.6	4.4	**-0.7**	1.6	1.4	2.9
メキシコ	3%（±1%）	4.3	7.9	5.5	7.1	8.2	**-17.5**	**-0.1**	**-0.9**	6.5	14.1	16.8
インド	4%（±2%）	4.0	6.7	5.3	5.1	5.7	4.4	**-2.5**	N/A	-0.9	0.6	1.8
インドネシア	3%（±1%）	3.4	4.2	3.7	2.6	2.4	2.7	4.1	**-8.1**	2.7	3.1	5.6
ブラジル	3.25%（±1.5%）	4.9	9.3	3.8	6.9	3.3	**-2.4**	**-10.1**	**-13.7**	9.8	10.6	13.2
マレーシア	インフレ目標を採用せず	1.9	3.4	2.6	3.3	5.3	0.0	**-3.7**	**-3.6**	0.2	**-2.8**	**-3.5**
ベトナム	4.5%	3.1	3.2	3.2	2.3	4.4	3.3	**6.1**	**-1.5**	-4.4	**-0.2**	0.3
ロシア	4.0%	4.5	13.7	3.1	2.4	**-0.1**	8.2	**-3.2**	N/A	4.2	**-24.0**	**-27.1**
タイ	1-3%	0.7	6.1	0.9	1.3	3.3	5.3	**-5.1**	**-2.3**	1.6	1.1	**-0.6**

（注1）N／Aはデータを取得できなかった国。

（注2）ベトナムの生産者物価は、2023年4-6月期の前年比。南アフリカ、フィリピン、ブラジル、ベトナムの輸入物価は2023年4-6月期の前年比。

（注3）実質金利は、政策金利からCPI上昇率を引いて計算。

（出所）各国統計、各国中央銀行（中銀）より大和総研作成

%未満の変化率、「無地」が5%未満の変化率を表す。なお、物価指数が下落したセルの数値は濃くした。また、為替レート（対ドル、名目実効）に関しては、5%以上上昇したセルを着色し、下落したセルの数値を濃くした。

これによると、多くの国で物価が高騰した2022年に比べ、各国の各種物価上昇率は2023年に入って落ち着いたことがわかる。例えば、CPI上昇率で5%以上を記録したのは、トルコ、南ア、フィリピン、メキシコ、インドの5カ国のみだ。それ以外の国々は、CPI上昇率が前年比5%を未満で、各国インフレ目標の上限を下回った。その最大の理由は、エネルギー価格が落ち着いた点にある。4-7月期のエネルギー価格は、上昇率が2桁を超えた国はなく、5%未満の伸び、あるいは前年割れとなった国が全体の過半数を占めた。

エネルギーと食品を除いたコアCPI上昇率も、落ち着いた国が多く見られる。資源高や通貨安に歯止めがかかったことで、輸入物価や生産者物価が前年比で下落したことが原因だ。しかし、一部では、コアCPIの上昇率が高止まりしている国（トルコ、南ア、メキシコ、インド、ブラジル）もある。コアCPIに加工食品を含めるため、上昇率が上振れしやすいメキシコや、コアCPI上昇率がインフレ目標の上限を下回った南アやインドを除くと、トルコでは資源価格の上昇が幅広い品目に波及した可能性が考えられる。他方、ブラジルでは、サービス産業における需給ひっ迫を背景としたサービス価格の上昇が、コアCPI上昇率の高さの一因だった。(注4)

次に、為替レート（対ドル、名目実効）を見ると、米国との金利差が大きいブラジルやメキシコで大きく上昇した（2023年7月末、年初来）。逆に、トルコやロシアのようなファンダメンタルズが悪化している国で大きく下落するなど、その差は鮮明となった。また、アジア通貨の為替レートは、対ドルでマイナス（マレーシア、ベトナム）か、小幅の上昇となった（フィリピン、タイ、インド）。アジア新興国は、ブラジルなどと比べて米国との金利差が比較的小さいほか、景気減速が懸念される中国経済との貿易関係が緊密であることが嫌気されたと考えられる。

対外的なリスクに対する耐性も強化

図表5・7は、各国の経常収支と外貨準備高の水準を表したものだ。経常収支は、赤字幅が5％以上のセルを濃いグレー、3％以上5％未満のセルを薄いグレー、それ以外を無地とした。外貨準備に関しては、安全な基準とされる「輸入額3カ月分」を下回ったセルをグレーにした。

2022年は、資源価格高騰で輸入額が増加し、経常収支の赤字幅が平時（2015〜19年平均）を大きく上回った国が多く見られた。しかし、2023年4-6月期になると、エネルギーや食品価格が落ち着いたことから、主要新興国の多くでは、経常収支の赤字幅が縮小あるいは黒字化した。

さらに、いざという時に為替介入をする原資となる外貨準備の水準も、多くの国で積み増しが進んだ。これは、自国通貨を買い支えるために積極的に為替介入しているロシアも例外ではない。2023年6月末の水準を見ると、安全な基準とされる「輸入額3カ月分」を下回ったのはトルコのみだが、そのトルコでさえ外貨準備の水準は回復傾向にある。

図表5・7　主要新興国の経常収支と外貨準備

	経常収支			外貨準備高／輸入額	
	2023年 4-6月期	2022年	2015-19年 平均	2023年 6月末	2022年
	GDP比%			月	月
トルコ	-4.7	-5.4	-2.5	2.4	1.7
フィリピン	-3.4	-4.4	-0.5	8.0	6.7
タイ	-1.5	-3.5	7.8	7.9	7.1
ブラジル	-0.4	-3.0	-2.6	14.9	11.2
インド	-1.1	-1.9	-1.3	9.9	7.5
メキシコ	1.4	-1.3	-1.7	3.5	3.2
南アフリカ	-0.8	-0.5	-3.0	5.9	5.1
ベトナム	7.5	-0.3	1.1	3.4	3.0
インドネシア	-0.6	1.0	-2.2	7.2	5.7
マレーシア	2.1	3.1	2.8	4.7	3.5
ロシア	1.7	10.5	4.0	16.3	14.0

（注）2022年の外貨準備高／輸入額は、2022年のうちで最も低くなった数値を表示した。
（出所）各国統計より大和総研作成

このように、主要新興国の多くで経常赤字幅が縮小したことで、為替レートへの経常取引を通じた下落圧力が緩和した。さらに、順調に外貨準備の積み増しが進み、通貨の防衛力が高まったことで、資本流出に対する危機意識が下がり、金融政策の自由度が増したと考えられる。逆に、トルコでは、経常赤字が為替レートへの下落圧力の一因になったと考えられる。

利下げのタイミングには差

インフレがピークアウトしたことや、対外的なリスクに対する耐性の強化を背景に、多くの新興国が2023年に利上げを停止した。また、主要新興国の中では、ベトナム（2023年3月）とブラジル（2023年8月）が利下げに動いた。ベトナムは、米国への輸出依存度の高さから、米国の景気減速によるベトナムの輸出産業への影響が深刻となる可能性が高まったことが大きい。一方、ブラジルに関しては、長期にわたって実施してきた利上げの効果が見られ始め、インフレ見通しが鈍化したことのほか、実質金利の高さからの対ドル為替レートの上昇率も大きかったことが利下げの根拠といえるだろう。

今後はこれに続く形で、多くの新興国が利下げのタイミングを探るものとみられるが、その多くは2024年以降となり、利下げのタイミングにはばらつきが生じやすいだろう。ブラジルと同様、米国との金利差が大きいのはメキシコ（2023年7月末時点）だ。しかしメキシコでは、CPI上昇率が2023年に入ってから低下傾向にあるものの、依然としてCPI総合・コアCPIともにコロナ禍前の水準を大きく上回っている。メキシコ中銀は、CPI上昇率がインフレ目標（前年比3%±1%の変動幅）の上限付近に戻るのを2024年1-3月期、中央値付近に戻るのを2024年10-12月期としている。(注5) メキシコの利下げは2024年に入ってからになるだろう。

逆に、利下げの見通しが立ちにくい国は、トルコと南アだ。ハイパーインフレに見舞われているトルコについては言わずもがなだが、南アに関してもインフレ懸念が根強い。2023年7月に南アで開催された金融政策決定会合では、据え置きの判断が下されたものの、「3（据え置き）対2（利上げ）」で利上げを要望する声も多かった。決定会合のステートメントの中では、「インフレ見通しには深刻なアップサイドリスクが残っている」としており、今後の政策は今後発表される統計次第とした。コアCPIの上昇圧力が緩和しないなど、インフレ圧力が粘着質であると判断されれば、追加利上げも避けられないだろう。さらに南アに関しては、2022年から発電設備の老朽化による電力不足が頻発している。老朽化したインフラの刷新を進めているが、需要に見合った電力供給が実現するには最低でも2年かかるという指摘もあり、２０２４年も電力不足が生じるリスクがある。このようなファンダメンタルズの弱さが、南アランドの対ドルレートに下落圧力を高める可能性も否定できない。これらを総合すると、南アにおいて、利下げの選択肢が視野に入ってくるのはまだ先のことだろう。

すでに利下げを開始したベトナム以外のアジア各国の中銀は、しばらく金利を据え置いて様子見のスタンスを維持するとみられる。各国のインフレはピークアウトしたが、実質金利の低さや、中国との緊密な関係が嫌気され、資本フローの動向に注意が必要となっていることなどが理由だ。利下げのタイミングは、ＦＲＢの利上げ打ち止めが確実となり、資本流出リスクが非常に低くなってからと考えられる。

対照的に、フィリピンとインドでは、２０２３年8月時点のＣＰＩ上昇率がインフレ目標の上限を上回ったほか、フィリピンでは経常赤字の規模の大きさから資本流出リスクが高いため、追加利上げの可能性も否定できない。また、この両国では、国内で消費される財の多くを輸入に依存している。さらに、家計支出に占める食品の割合が高いことから、後述するように、エルニーニョ現象によって食料価格が上昇するとその影響を受けやすくなる。本稿で挙げたアジア諸国の中では、利下げに最も遠い国といえるだろう。

異常気象や輸出規制
――供給リスクが食料価格に与える影響に注意

近年、新興国の物価動向を見通す上で、注意しなければならないのが食料価格だ。ウクライナ危機を契機に小麦やトウモロコシといった穀物価格が上昇し、新興国の多くでインフレ高進の原因となったことは記憶に新しい。2023年は、前年と比べて食料価格が安定して推移してきたが、7月には、国連・トルコ・ウクライナ・ロシア間で締結された「黒海穀物イニシアティブ」(注6)からロシアが離脱を表明したことで、穀物の供給リスクが再燃するなど、不確実性が完全に払しょくされたわけではない。

これに加え、異常気象が世界の食料需給バランスを崩す局面も続いている。2022年から2023年初頭まで続いたラニーニャ現象の影響で、ソマリアなど東アフリカでは穀物が不作となり、深刻な食料不足が起きた。また、2023年後半からはエルニーニョ現象が発生し、主要な穀物輸出国であるオーストラリアやブラジルで乾燥気候をもたらしている。エルニーニョ現象はそのほかにも、西・南アフリカ地方、インド、東南アジア、中央・南アメリカで降雨量を減少させている。エルニーニョ現象は通常、1年ほど続くと言われているため、2024年もその影響に注意が必要だ。国際連合食糧農業機関(FAO)は、エルニーニョ現象による影響をまとめた報告書の中で、オーストラリアの小麦生産、東南アジアのコメ生産、中央・南アメリカや南アフリカ地方でのトウモロコシ生産に影響が出る可能性が高いと注意を促した。(注7)

そもそも新興国は、先進国よりも食料価格の変動による影響を受けやすい。その理由としてまず、家計支出に占める食品の割合が大きいことが挙げられる。例えば、CPIの構成品目で見ると、フィリピンでは「食品等」が全体の38%（食品と非アルコール）、インドでは46%（食品と飲料）を占める。食品の値上がりは、家計の打撃となりやすい。次に、労働人口における農業への従事者の割合が新興国では大きい点である。異常気象などの影響で農作物の収穫量が大きく減少すると、家計収入も大きく減少する。これは特に、灌漑設備などが未整備で、作物の収穫が天候に左右されやすいアフリカなどで顕著だ。

このように新興国では、食品価格の高騰が家計の不満につながりやすい。そして最悪の場合、食品価格の高騰が政治不安の遠因となることもある。その最たる例が、2011年初頭から本格化した「アラブの春」である。「アラブの春」とは、チュニジアやエジプト、リビアで政権交代につながった民主化運動を指す。反政府デモのきっかけは、経済格差や政治参加の制限といった政権に対する民衆の不満の高まりであり、食品価格の高騰もその遠因として指摘されている。そのため、新興国政府は往々にして、食料不足の兆候が表れると輸出制限を発動し、国内の食料供給を優先させる政策を講じてきた。2023年7月、インドが高級インディカ米であるバスマティ米以外のコメ輸出を禁止したことはその典型例だ。輸出規制はそれ自体が世界の食料の需給バランスを崩すため、価格の上昇につながりやすい。実際に、コメ価格は2023年8月に大きく上昇し、8月のFAOコメ価格指数(注8)（2014～16年＝100）は142・4と、コメ不足が生じた2008年平均（139・4）を超えた。

1970年代以降、世界では4回の食料危機が起きたが、それらはいずれも、干ばつやエネルギー価格の高騰、戦争、サプライチェーンの混乱（輸出規制も含む）などがきっかけだった。2022年の食料危機が深刻化したのは、これらすべての悪影響が重なったためだ。米国農務省（USDA）の予測によると、2023／24年度の穀物需給は、乾燥地域からの輸出減少分をそれ以外の地域が補うことができるため、例年以上にタイト化するわけではないという。そうなれば、2024年にリスクとして捉えておくべきは、戦争やサプライチェーンの混乱だろう。ウクライナ危機で世界が分断される中、食料の輸出規制を外交カードとして使うケースが増加しており、その傾向は2024年も続く見通しだ。生産と消費をつなぐ供給ルートの安定性が失われることで、食料価格の変動が大きくなりやすい点には注意が必要だ。

04 疲弊の色が濃くなるロシア経済

戦争がもたらしたゆがみが鮮明化

2023年2月、ロシアのウクライナ侵攻は2年目に突入したが、「戦争状態」の終結は見通せていない。ＩＭＦは２０２３年10月に発表した予測の中で、ロシアの実質ＧＤＰ成長率が２０２３年に前年比＋２・２％と2年ぶりにプラスとなり、２０２４年も同＋１・１％とプラス成長になるとした。この数字だけを見ると、制裁下でも安定的な成長を遂げているように思える。しかし実際は、西側諸国からの制裁の影響が深刻で、ロシア経済の疲弊の色は濃くなっている。

まず、ロシアの実質ＧＤＰ成長率の内訳を見ると、２０２３年上半期は前年比＋１・６％と1年半ぶりにプラスとなった。直近で内訳が発表されている２０２３年1-3月期のＧＤＰを見ると、成長を牽引したのは政府消費支出で、前年比＋13・５％と２０００年以降で最大の伸び率となった。政府消費支出には医療費や介護費のうちの保険給付分のほか、防衛サービスや警察、消防が含まれる。戦時体制にあるロシアでは、防衛サービスに係る支出が増加するため、この部分が大きくなりやすい。

また、２０２３年1-3月期は家計消費支出も堅調だった。家計消費支出は、ウクライナ侵攻直後の２０２２年4-6月期に大きく減少したが、その後は回復をみせ、２０２３年1-3月期にはウクライナ侵攻前（２０２１年10-12月期）の水準にまでほぼ回復した。政府が最低賃金の引上げや年金支給額を増額するなどして、消費を下支えしたことが背景にある。このようにロシアでは、財政政策の拡大が景気浮揚の主軸となってきたことがわかる。

その一方で、戦争状態がもたらした経済へのゆがみも鮮明になりつつある。その一つがインフレ圧力だ。ロシアのＣＰＩは２０２２年3月以降、前年比＋10％を超える上昇率を示した。２０２３年3月以降は前年の反動で、いったんはインフレ目標（前年比＋４・０％）を下回る一桁に落ち着いていたが、2023年7月のCPIは前年比+4.3%と再び上昇率が拡大し、8月には同+5・1%とインフレ目標を大きく上回った。これに対し、ロシア中銀は、2023年7月に約1年半ぶりとなる利上げ（1・0%pt）を実施し、8月の緊急会合では3・5%pt、9月には1・0%ptの追加利上げを決定した。3カ月の利上げ幅は、5・5%ptと大きかった。

ロシアでインフレが再燃した背景には、対ロシア制裁の効果が本格化した影響が大きい。まずは、国内で深刻なモノ不足が顕在化したことである。ロシアでは、西側諸国からのモノの流入が減少したほか、1000社(注9)を超える外資が撤退あるいは事業を縮小したため、財の調達先を中国やトルコに変更するか、国内で代替生産するかの選択を迫られてきた。そのような状況で、政府による拡張的な財政政策が国内の需要を押し上げたため、それに見合う十分な供給を確保することが難しくなったと考えられる。

制裁による効果の二つ目は、ルーブル安である。2023年に入ると、EUからのロシア産エネルギーの輸入が本格的に禁止され、ロシアのエネルギー輸出は大きく減少したと推測される。(注10)貿易相手国側の統計で見ると、EUの2023年1-6月の対ロ輸入額は前年比約▲78%、米国は同▲75%、日本も同▲48%と大きく減少した。その結果、ロシアの経常収支は2023年1-8月に290億ドルと前年同期の1780億ドルから黒字幅が大きく縮小した（図表5・8）。

経常黒字の縮小は、ルーブル安につながった。ルーブルの動きを振り返ると、ロシアがウクライナに侵攻した直後の2022年3月に対ドルで大きく下落したが、その後は回復し、2022年後半は60ルーブル/ドル付近を推移していた。しかし2023年に入ってからは、ルーブル安

図表5・8　ロシアの経常収支と貿易収支

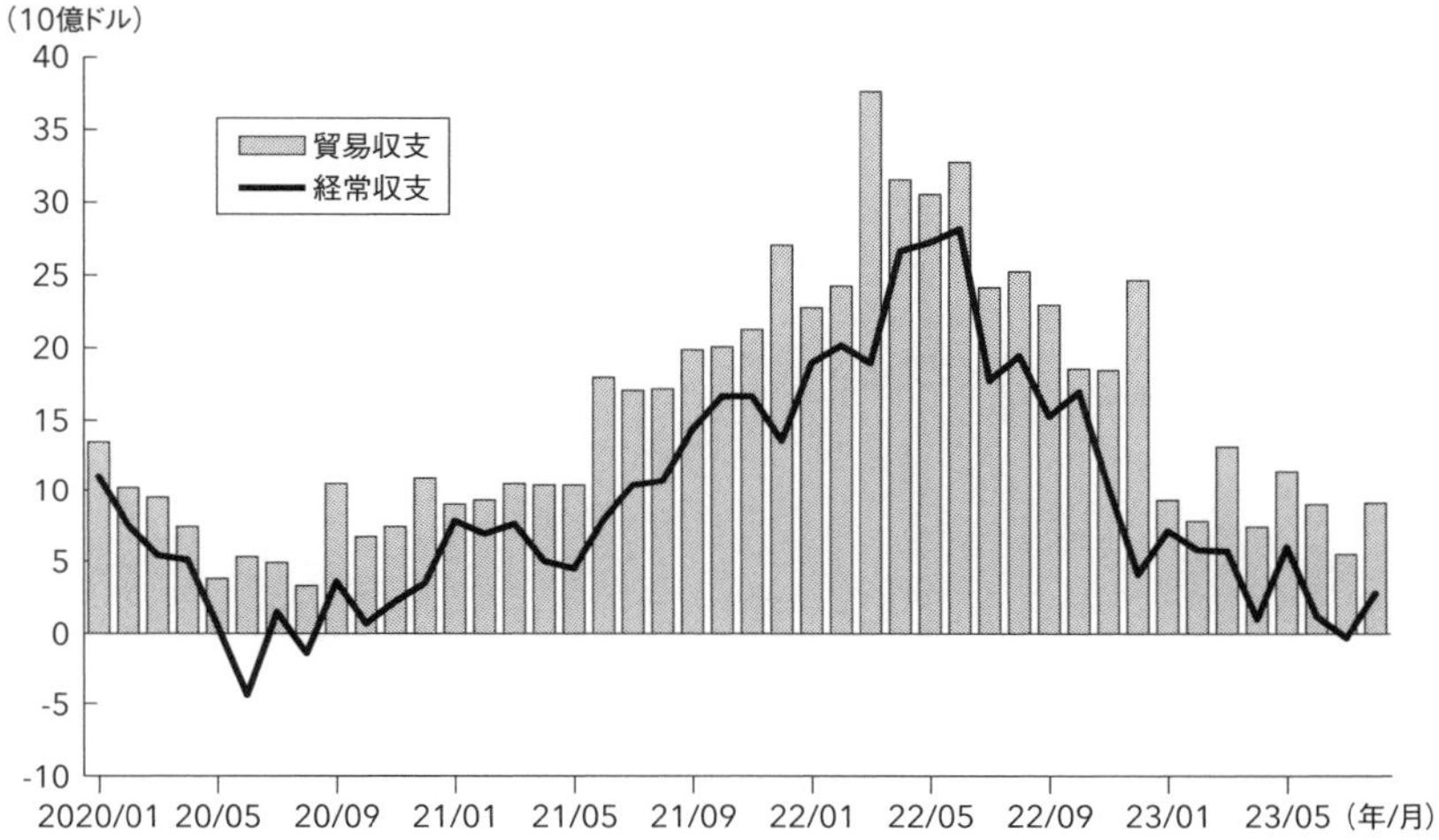

(出所)ロシア中央銀行より大和総研作成

圧力が高まり、2023年8月末時点で年初来▲30％となった。ロシアでは、輸入物価のデータが2022年1‐3月期以降発表されていないが、通貨安とインフレとの関係で見ると、ルーブル安が輸入物価の上昇を通じて、国内の物価を押し上げたと推測できる。

インフレの鎮静化が最大の政策課題に

ロシアにとって、物価の安定は喫緊の課題だ。過去にロシアでは、CPI上昇局面に国民がルーブルを外貨に交換することで、自己の資産を防衛する手段が取られてきた。これは、CPI上昇率と外貨預金比率の動きがほぼ一致していることからもわかる（図表5・9）。しかし、2022年以降は、インフレが急上昇した局面でも外貨預金比率が上昇していない。

その原因として考えられるのは、ロシア国内

図表5・9　ロシアの外貨預金比率とCPI上昇率

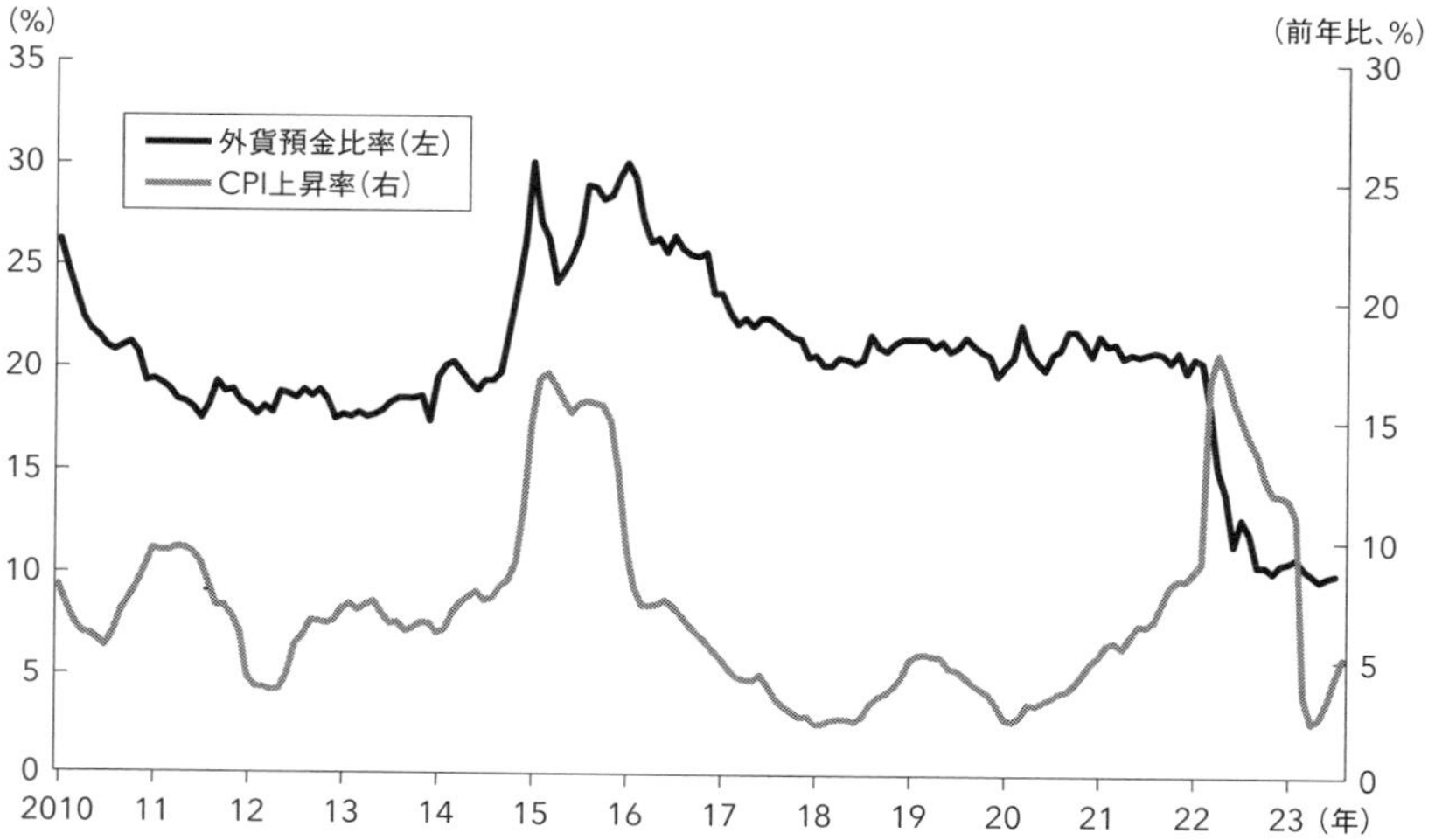

(出所)ロシア中央銀行より大和総研作成

で外貨が不足している点だろう。外貨不足は、西側諸国の制裁によって資源収入が減少したことや、ロシア国内の銀行が外貨にアクセスしにくくなったため生じた。当局は実際これを理由に、2022年3月に導入した個人の外貨預金引き出し制限を2度延長し、2024年3月までとした。一物一価の法則が成立するとすれば、インフレが続く限り、ルーブルには下落圧力がかかる。そうなれば、外貨にアクセスしにくくなったロシア国民の資産価値は目減りすることになる。実際、ロシア国民の中には外国に口座を開設し、そこで外貨を確保する動きも増加している。しかし、それを実行して資産形成を行える人口は一部に限られているだろう。

2024年は、ロシアで大統領選挙が予定されている。再選を目指すプーチン大統領にとって、早期のインフレ抑制は国民の支持を取り付ける上でも重要な課題だ。その点で、2023

年、2024年とプラス成長が予測される中でも、政策運営はますます困難を極めるだろう。

05 2024年に注目すべき政治動向

メキシコとインドネシアでは、トップの交代が確実

図表5・10は、2023年末から2024年にかけて予定されている政治イベントの一覧だ。インドネシア、ロシア、インド、南ア、メキシコといったG20やBRICSを構成する主要新興国・地域でトップを決める選挙が控えている。このうち、大統領の交代が確実であるのがメキシコとインドネシアだ。

メキシコでは大統領の再選が禁止されており、ロペスオブラドール現大統領の再選が認められていない。各種の調査では与党が優勢とされ、与党候補のシェインバウム元メキシコシティ知事が最有力と伝えられている。

シェインバウム氏は、ロペスオブラドール現大統領の側近であり、同氏が当選すれば左派主義的な政策が続く見通しだ。ロペスオブラドール政権は、低所得者への手厚い支援を進める一方で、

図表5・10　新興国・地域における2024年の選挙日程

日程	国・地域	選挙	概要
1月13日	台湾	総統選挙	与党民進党の頼副総統、国民党の侯氏、民衆党の柯氏、無所属の郭氏の戦い。野党票が分散し、民進党に有利との見方。 対中政策に関しては、頼氏が中国の圧力に対抗する蔡総統の路線を継承する一方、侯氏と柯氏は中国との対話を重視する姿勢を示している。
1月	バングラデシュ	総選挙	与党アワミ連盟が勝利し、ハシナ政権が続投するという見方が大勢。 米国は「民主的な選挙」を妨害した個人や、その家族に対してビザの発給を制限する方針を発表。
1月下旬	パキスタン	総選挙	2022年4月の不信任決議で、カーン前首相が失職。カーン氏は、次の総選挙で復職を目指していたが、2023年5月に汚職容疑で逮捕（後に選挙管理委員会は、カーン氏が公職に就くことを5年間禁止すると発表）。これに対し、暴動が生じるなど政情不安に陥った。2023年11月に選挙が予定されていたが、新たな国勢調査に基づいて選挙区の区割りを見直すため、2024年に延期された。
2月14日	インドネシア	正副大統領選挙	憲法で3選を禁じているため、ジョコ・ウィドド現大統領は出馬できない。 有力候補は、ガンジャル・プラノウォ中部ジャワ州知事、プラボウォ・スビアント現国防相、アニス・バスウェダン元ジャカルタ特別州知事の3人。 2023年7−8月に実施された調査では、ガンジャル氏とプラボウォ氏の支持率が拮抗しており、アニス氏がそれを下回る形。
3月17日	ロシア	大統領選挙	プーチン大統領の5期目の当選が有力視されている。
5月まで	インド	総選挙	有力な対立野党が存在しないことから、与党インド人民党（BJP）が有利と伝えられている。
5-8月	南アフリカ	総選挙	与党アフリカ民族会議が勝利すれば、党首であるラマポーザ現大統領が2期目を務めることに。
6月	メキシコ	大統領選挙	大統領の任期は1期のみ。ロペスオブラドール現大統領は再出馬できず。 左派与党は、ロペスオブラドール現大統領の後継者として、シェインバウム前メキシコ市長を候補に指名。最有力候補とみられている。
—	スリランカ	大統領選挙	市民による抗議デモが激しくなった2023年7月、ラジャパクサ前大統領が辞任。議会は、ウィクラマシンハ首相を大統領に選出していた。任期は、2024年11月まで。

（出所）各種報道より大和総研作成

富裕層や外資を冷遇してきた。米国の中国離れが進む中、米企業が生産拠点を中国からメキシコに移す動きは実際に多い。しかし、左派政権の保護主義的な政策が、この流れに水を差しているという。そのため、外資の間では、シェインバウム氏に対して好意的な見方は少ない。

インドネシアでは、大統領の3選が禁止されているため、2期務めたジョコ・ウィドド現大統領は次期大統領選挙に出馬できない。有力候補として、ガンジャル・プラノウォ中部ジャワ州知事、プラボウォ・スビアント現国防相、アニス・バスウェダン元ジャカルタ特別州知事が挙げられているが、2023年7–8月時点の調査では、前者2人が優位とされている。支持率の高いジョコ・ウィドド現大統領が今後、誰を後継者に指名するかが注目されている。どの候補者が当選しても、ジョコ・ウィドド現大統領の経済政策を踏襲するとみられており、選挙後も政策に大きな変化はないだろう。

ロシアではプーチン大統領再選、インドでは与党勝利が有力か

現トップの再選が確実視されているのがロシアだ。プーチン大統領の一強が続く可能性が非常に高いことから、大統領選をきっかけにウクライナとの戦争状態が終結に向かう可能性は限りなく低いだろう。

また、インドでは、対立候補となる有力な野党が存在しないため、モディ現首相率いる与党インド人民党が有利との見方が大勢を占める。インド人民党が勝利した場合、注目されるのはヒン

ドゥーナショナリズムに傾倒した政策の行方だ。インド人民党は、国民の約80％を占めるヒンドゥー教を基盤とした政党であり、外交政策に海外から一定の評価が集まる一方、国内政策ではムスリムに対する人権問題など排他主義的な色が強いと批判されてきた。ヒンドゥーナショナリズム色が強い政策が選挙後も続けば、「グローバルサウス」の盟主としての信頼が傷つく懸念がある。また、「デリスキング」でインドがサプライチェーン再構築の要として期待される中、西側諸国がインドへの投資に二の足を踏むリスクもある。

それ以外の国では、バングラデシュやパキスタン、スリランカ、エジプトといったＩＭＦからの支援を受けている国でも選挙が実施される見通しだ。注目点は、ＩＭＦから要求されている構造改革の進捗にどう影響するのかという点だ。

また、台湾の総統選挙では、対中政策が注目されている。中国との関係において現状路線を維持する見通しである現与党か、対中融和姿勢を全面に出している野党が政権を取るかで、中国と台湾との関係に変化が生じる可能性が高い。

２０２４年は、「グローバルサウス」の軸をなす新興国・地域が選挙の年を迎える。「グローバルサウス」を巡る各国・地域の政策の方向性を見極める上でも、選挙結果とその後の動向に注視が必要となるだろう。

注

1 日本経済研究センター「インドの『グローバルサウス』戦略と日本」2023年6月21日セミナーにて、伊藤融氏の発言。
2 伊藤融『インドの正体「未来の大国」の虚と実』p.154、2023年、中公新書ラクレ。
3 IMF "World Economic Outlook April 2023".
4 2023年6月20－21日金融政策決定会合議事録。
5 2023年8月9日の金融政策決定会合声明。
6 2022年7月に国連・トルコ・ウクライナ・ロシア間で締結された同イニシアティブは、ウクライナのオデッサ港から穀物などを安全に輸出する航路を確保したもの。当事者間で延長が繰り返されていたが、2023年7月17日にロシアが離脱したことで、同協定は終了した。
7 FAO "El Niño to return in 2023 following a three-year La Niña phase" GIEWS Update, April 26th 2023.
8 FAO All Rice Price Index.
9 米国イェール大学経営大学院最高経営リーダーシップ研究所の調査に基づく。"Over 1,000 Companies Have Curtailed Operations in Russia—But Some Remain / Yale School of Management", 9月12日アクセス。
10 ロシアの貿易統計（国別、商品別）は、2022年2月から更新されていない。

第 6 章

日本経済①

経済正常化の一巡で景気は減速するも
インフレは定着へ

日本経済は２０２２年度後半から23年度前半にかけて経済活動の正常化が大きく進んだ。23年の春闘では30年ぶりの高い賃上げ率が実現し、６月には日経平均株価が一時３万３７００円台に乗せ、バブル期以降の高値を更新した。海外を中心に景気の下振れリスクが散見される中、日本経済は今後どのように推移するのだろうか。

１節では日本経済のメインシナリオの概要やリスク要因などについて、２節ではこのところ持続性が高まっているインフレの先行きなどについて述べる。３節では前節の物価見通しをもとに金融政策を展望しつつ、金利が上昇した場合の日本経済への影響について試算する。

01 日本経済のメインシナリオとリスク要因

23年度に２％程度のプラス成長を見込む一方 24年度は大幅に減速へ

日本の実質ＧＤＰは２０２２年10－12月期から23年４－６月期までプラス成長が継続して５５９兆円となり、19年７－９月期に記録した過去最高水準を超えた。欧米に後れを取っていた経済活動の正常化がその間の成長率を大きく底上げした形だ。

図表6・1　日本の実質GDP見通しと海外経済の前提（2023年9月8日時点）

米欧中の実質GDP成長率

米国	2022年:＋2.1% 2023年:＋2.0% 2024年:＋0.8%
ユーロ圏	2022年:＋3.3% 2023年:＋0.6% 2024年:＋1.1%
中国	2022年:＋3.0% 2023年:＋5.4% 2024年:＋4.3%

（注）図中の破線は大和総研による予測値。米欧中の見通しは大和総研の各国担当者の予測に基づく。

（出所）内閣府、各国統計より大和総研作成

今後も景気の回復基調は継続するとみている。メインシナリオにおける日本の実質ＧＤＰ成長率は23年度で前年比＋１・９％に高まる一方、経済活動の正常化が一巡する24年度は同＋０・９％へと大幅に減速すると見込んでいる（９月８日時点の見通し、図表６・１左）。暦年ベースでは、23年で同＋２・０％、24年で同＋１・１％だ。

前提となる海外の経済成長率は、図表６・１右で示した大和総研の各国担当者の見通しに基づく。米欧中の経済見通しの詳細は第２～４章を参照されたい。

主な需要項目の推移については以下のように見込んでいる。まず個人消費は、経済活動の正常化により、サービス消費や自動車を中心に増加が当面続く（23年度：＋１・２％、24年度＋１・１％）。また物価高が続く中でも、賃上げの加速やインフレ率の低下などが実質賃金を押し上げることや、新型コロナウイルス禍（以下、コロナ禍）以降に大幅

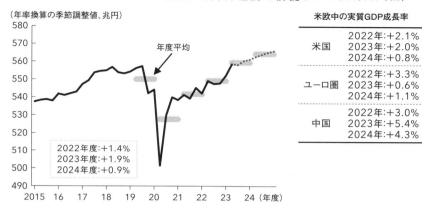

に積み上がった家計貯蓄の取り崩しなどが消費を下支えするだろう。もっとも、24年度は経済活動が正常化し、個人消費の回復は緩やかになるとみている。

設備投資は、国内の経済活動の正常化で非製造業（対面型サービス業など）の更新投資や能力増強投資が持ち直す見込みだ（23年度：＋2・2％、24年度＋2・6％）。製造業を含め、グリーン化やデジタル化への対応のための投資も下支えするだろう。ただし、海外経済の先行き不透明感の強まりから製造業で投資を手控える動きが出る可能性には注意が必要だ。

輸出は緩やかな増加が続くと見込んでいる（23年度：＋2・5％、24年度＋2・4％）。ただし、財とサービス（インバウンドなどを含む）に分けると、それぞれの推移は大きく異なる。財輸出は後述する自動車のペントアップ（繰越）需要の発現が輸出を下支えするものの、その他の財は海外経済の減速の影響が色濃く表れることで停滞するとみている。24年度は海外経済の持ち直しやシリコンサイクル（世界半導体市場で見られる好況と不況の循環）の回復局面入りもあって、緩やかに増加する見通しだ。一方でサービス輸出では、本稿執筆時点で福島第一原子力発電所の処理水放出を巡る日中関係の悪化（以下、処理水問題）の影響が懸念されるものの、団体旅行が解禁された中国人訪日客を中心に、インバウンド消費が23年度に大幅に回復する見込みだ。24年度も増加を見込んでいるが、そのペースは緩やかになるだろう。

23年度の日本経済を下支えする七つの「好材料」

図表6・2　2023年度の日本経済の七つの好材料

	要因	備考
①	供給制約の解消による**自動車の挽回生産**や機械受注残の消化	自動車のペントアップ（繰越）需要は家計向けだけでも**23年8月末で約1.3兆円**（他に輸出、企業向けあり）
②	**インバウンド消費**のさらなる回復	**中国人訪日客を中心に回復**し、23年のインバウンド消費は前年から**3兆円超の増加見込み**
③	**サービス消費の回復余地**	サービス消費の対可処分所得比が19年7-9月期の水準まで上昇すると、23年4-6月期から約**9兆円の増加**
④	賃上げの加速	春闘での賃上げ率は**30年ぶりの高水準**を実現し、最低賃金は全国平均で**1,000円超え**
⑤	**「過剰貯蓄」**の取り崩しが物価高の影響を緩和	感染拡大前のペースを超えて積み上がった家計貯蓄は**23年6月末で約45兆円**（22年の消費額の15％分に相当）
⑥	輸入インフレの一服と**円安効果**	交易損失は**直近3四半期で約9兆円縮小**。経済正常化が進んだ**23年の円安は日本経済にプラス**（「良い円安」）
⑦	**緩和的な財政・金融政策**の継続	日銀は7月会合で長期金利の変動幅の運用柔軟化を決定したことで**長短金利操作（YCC）の早期撤廃の可能性は低下**

（出所）大和総研作成

海外経済の悪化による輸出の下振れリスクには引き続き注意が必要だが、23年度の日本経済は比較的多くの景気下支え要因が存在する。

具体的には、①供給制約の解消による自動車の挽回生産と機械受注残の消化、②インバウンド消費のさらなる回復、③サービス消費の回復余地、④賃上げの加速、⑤「過剰貯蓄」の取り崩しが物価高の影響を緩和、⑥輸入インフレの一服と円安効果、⑦緩和的な財政・金融政策の継続、などが指摘できる（図表6・2）。⑦の金融政策については本章3節で取り上げる。

国内乗用車の新車販売台数について、供給制約がない場合の需要水準を推計すると、新車販売台数の実績値は23年4月頃から推計値を明確に上回っている。ペントアップ需要に対応した挽回生産が本格化したようだ。ペントアップ需要は家計向けだけでも8月末で約49万台（金額では約1・3兆円）に上り、輸出向けや企業向けでも蓄積されているとみられるため、当面は挽回生産が継続するだろう。

処理水問題による中国人訪日客への影響が懸念されるものの、メインシナリオでは11月頃までに影響が落ち着くと想定している。また、足元での円安の進行はインバウンド消費額の見通しの押し上げ要因となるだろう。こうしたことを踏まえ、訪日外客数は23年で２４００万人、24年で３３４０万人と見込んでいる。実質インバウンド消費額は23年で４・０兆円と前年から３兆円超増加し、24年には５・５兆円に達する見通しだ。

ＧＤＰ統計における国内のサービス消費のうち、インバウンド分を控除した消費額の可処分所得比は、新型コロナウイルスの感染症法上の扱いが「5類」に移行した23年4−6月期でも低水準にあった。コロナ禍前で消費増税直前の19年7−9月期の水準を回復すれば、サービス消費は年率換算額で9兆円程度押し上げられることになる。財消費が停滞する可能性もあるため、消費全体の増加額は割り引いてみる必要があるが、賃上げの加速や政府の経済対策などが家計所得を押し上げる形で、サービス消費の回復は続くだろう。

日本労働組合総連合会（連合）が集計した23年春闘の定昇相当込み賃上げ率は加重平均で３・58％と、30年ぶりの高水準となった。物価高や人手不足などを背景に、大企業だけでなく中小企業や非正規労働者にも賃上げが広がった。また第7章で取り上げるように、23年度の最低賃金は１０００円を超えた。実質賃金は下落が続いたが、こうした賃上げの加速を受けて23年度後半には緩やかな増加基調に転じるとみられる。

物価高は家計の購買力の低下を通じて個人消費を下押ししているが、コロナ禍以降にそれまでのペースを上回って積み上がった約45兆円の「過剰貯蓄」（注1）がこの影響を緩和している（23年6月末時点の金額で、22年の個人消費額の15％分に相当）。実質雇用者報酬が大幅に減少する中でも個人消費が増加基調を継続してきたのは、家計貯蓄の一部が取り崩されて消費の原資に充てられたためといえる。

交易条件（輸出価格と輸入価格の比率）が改善したことで、海外への所得流出額（ＧＤＰ統計上の「交易損失」で年率換算額）は22年10－12月期から23年4－6月期までの3四半期で約9兆円縮小した。輸入インフレによる所得環境への悪影響が一段と和らいだことは、家計や企業の経済活動を直接、間接的に下支えしている。

日本銀行（日銀）が22年1月に公表した展望レポートや、内閣府の短期マクロモデルの試算結果などで示されているように、通常の経済状況で発生する円安の効果は、日本経済全体で見ればネットでプラスとみられる。ただし22年は経済活動の正常化の遅れなど（自動車などの供給制約や厳格な水際対策など）によってプラスの効果が発現しにくくなり、輸入コストの上昇というマイナスの影響のほうが大きくなった。すなわち、22年の円安は、いわゆる「悪い円安」だったが、23年は経済活動の正常化が十分に進み、通常の経済状況をおおむね回復したことで「良い円安」に転じたとみられる。大和総研のマクロモデルを用いた試算では、実質ＧＤＰは10％の円安ドル高で0・1％前後押し上げられる。

24年度は好材料に乏しく金融政策の早期正常化や円高のリスクが燻る

以上のように、23年度の日本経済は景気押し上げ要因の多さから内需を中心に回復基調が継続し、2%程度のプラス成長になるとみている。だが、24年度は息切れする可能性が高い。前掲図表6・2で挙げた七つの「好材料」のうち、自動車の挽回生産やインバウンド、サービス消費など経済活動の正常化に関連する項目については、景気の押し上げ要因として期待しにくいか、効果が限定的となるだろう。交易損失の縮小も23年度中に落ち着くとみられる。海外に目を向けると、メインシナリオにおける欧米経済見通しでは、インフレ圧力の弱まりなどを受けて24年中に利下げが実施されるとみている。また、このところ底入れの兆しが見られるシリコンサイクルが回復局面に入れば、24年度の半導体関連輸出や生産の増加を後押しする可能性がある。

ドル円レートは、24年にかけて円安から円高にシフトする可能性がある。22年春以降、円安が進行している一因として、日米の金融政策の方向性の違いが挙げられる。前述のように、米連邦準備制度理事会（FRB）はメインシナリオにおいて24年中に利下げを実施する見込みである一方、日銀は早ければ24年度前半にも金融緩和策の枠組みを見直す可能性がある（本章3節を参照）。

米国の利上げが終了に近づくと、ドル円レートに対する日米金利差の影響度や感応度は小さくなる傾向が過去には見られた。今回も、市場参加者の関心が金利差以外の経済の基礎的諸条件

図表6・3　米国経済のリスクシナリオが発現した場合の各国・地域の実質GDP成長率への影響

成長率の変化幅(%pt)

実質GDP成長率への影響	世界経済	日本	米国	中国	ユーロ圏	新興国（除く中国）
リスクシナリオ① →米銀行の貸出態度が現水準で長期化	▲1.5	▲1.1	▲1.8	▲0.9	▲1.3	▲1.7
リスクシナリオ② →米銀行の貸出態度がリーマン・ショック時並みに厳格化	▲4.0	▲3.0	▲5.0	▲2.3	▲3.6	▲4.5

（注）当社マクロモデルによる試算。

（出所）IMF、Haver Analyticsより大和総研作成

（ファンダメンタルズ）に移ると、例えば購買力平価（ＰＰＰ）への注目度が高まる可能性がある。

ＰＰＰは算出方法などによって結果が変わるため、１９７３年基準の相対的ＰＰＰ（消費者物価、企業物価、単位労働コストそれぞれで試算）や経済開発協力機構（ＯＥＣＤ）の絶対的ＰＰＰを集計すると、１ドル90～１２０円程度にある。ＰＰＰは総じて市場為替レートを大幅に上回る円高水準にあるとみられることから、市場関係者の関心がＰＰＰに移ることで生じる円高ドル安圧力には注意が必要だ。

グローバルリスク要因では米国の深刻な景気後退入りなどに警戒

日本経済にとってのリスク要因は主に海外にある。具体的には、米国の深刻な景気後退入り（米銀の貸出態度の厳格化による景気の大幅悪化）やウクライナ情勢の一段の緊迫化による欧州を中心とした景気の悪化や資源価格の高騰、中国の不動産市場の大幅な調整、米中対立の激化（経済安全保障リスクの発現など）などが挙げられる。

中でも、賃金上昇率やインフレ率が高止まりしている米国の景

気動向には注意が必要だ。ここでは金融引き締めの長期化などによって米国で強い信用収縮や深刻な銀行危機が起きるシナリオを想定し、大和総研のマクロモデルによって各国・地域の実質GDP成長率への影響度を試算した結果が図表6・3だ。

米銀行の貸出態度が現水準で長期化する「リスクシナリオ①」が発現すると、米国の実質GDP成長率は1・8%pt低下する。24年の成長率見通しに当てはめると、メインシナリオの前年比+0・8%は同▲1・0%まで落ち込む。日本への影響も▲1・1%ptと大きく、実質GDP成長率は同+1・1%から同ゼロ%へと低下する。さらに、米銀行の貸出態度がリーマン・ショック時並みに厳格化する「リスクシナリオ②」が発現すると、日米欧の実質GDP成長率はいずれも大幅なマイナス成長に陥る。

日本は欧米主要国に比べて景気の回復基調が継続しやすい環境にあるものの、米国を中心とする海外経済の大幅な悪化には引き続き注意が必要だ。

02 歴史的な高インフレの特徴と先行き

デフレ脱却の好機を迎えた日本経済

日本経済は歴史的な高インフレに直面している。低インフレを抜け出せずにいたコロナ禍前には想像できなかった状況だ。まずは、大きく変化する物価情勢の現状を整理しよう。

家計の平均的な生計費の指数である消費者物価指数（ＣＰＩ）は、２０２３年１月に約40年ぶりの水準まで高まり、８月でも前年比＋３・２％と高止まりしている。政府が１月から実施している「電気・ガス価格激変緩和対策事業」（電気代とガス代の引き下げ）などの直接的な影響を除けば、８月は同＋４・４％だ。

企業のインフレ期待も高まっているようだ。日銀短観の5年先の物価見通し（全規模・全産業）は22年9月に前年比＋２・０％へと上昇した（23年９月で同＋２・１％）。調査を開始した14年3月以降で２％に達したのは初めてのことだ。

企業のインフレ予想と密接に関係する、価格改定頻度の低い品目（「粘着価格」品目）の価格は、22年半ばから急上昇している。米アトランタ連銀の分析を参考に日本の粘着価格品目の価格上昇率を推計すると、23年6月に約30年ぶりの水準まで高まり、その後も高い上昇率を維持している。価格改定頻度の低い財やサービスを提供する企業は、次の価格改定までの間に見込まれる物価変動を考慮して最適な価格を設定すると考えられる。インフレ期待が上昇したことで、企業は値上げに対して積極的になっている。

幅広い品目で値上げが行われていることも、今回のインフレの特徴だ。例えば、CPIを構成する約600品目の価格上昇率分布の形状は、インフレが加速する前から大きく変化した。直近の23年8月と22年1月の分布を比較すると、最頻値はほぼ同じだがその頻度が低下しており、前年比でプラスとなった品目数が増加している。価格上昇率分布がプラス圏に広まっており、資源価格など特定の物価のみが大幅に上昇していた状況から変化している。

物価動向に大きな影響を与える名目賃金の動向も重要だ。前節で紹介したように、連合が集計した23年春闘の定昇相当込み賃上げ率は加重平均で3・58%と、30年ぶりの高水準となった。物価高や人手不足などを背景に、大企業だけでなく中小企業や非正規労働者にも賃上げが広がった。

企業の価格・賃金設定行動が変化した背景

なぜ国内で歴史的な高インフレが発生し、企業の価格・賃金設定行動は大きく変化したのだろうか。

今回の高インフレは2021年頃から発生した大幅なコスト増が契機となった。資源高や円安が急速に進む中、輸入物価の急激な上昇が企業物価を押し上げた。典型的な「コストプッシュ・インフレ」であり、通常、インフレの持続性は低い。だが今回は、コストの上昇度合いがあまりにも大きかったことで、企業に価格設定行動の変化を強く促した。

デフレ期において自社だけが値上げをすると、他社との相対価格が上昇することで自社の販売数量が大幅に減少する傾向にあった。そのためコストの増加が小幅であれば企業努力で対応し、販売価格は据え置かれていた。しかし21年以降、多くの企業はコスト増を企業努力だけでは吸収しきれなくなり、値上げに踏み切った。結果として値上げによる販売数量への影響は限定的となり、価格転嫁をしやすい環境に変わったとみられる。

こうした背景のもとで生じた物価の急騰は、人手不足と相まって、企業の賃金設定行動も大きく変化させた。企業における雇用人員の過不足を示す日銀短観の雇用人員判断ＤＩ（全規模・全産業）は23年9月で▲33％pt（ＤＩが低いほど、企業の雇用が不足していることを示す）と、00年以降の平均値（▲6・2％pt）を大きく下回っており、人手不足感は強い。前述のように値上げが浸透しやすくなったことで、企業は原材料費だけでなく人件費の増加分も販売価格に転嫁する傾向が強まった。このことは、労働力を確保するための賃上げを後押しした。

人手不足の強まりは、このところ転職市場において顕著に表れている。パーソルキャリアが公表している転職求人倍率は21年頃まで1倍台前半で推移していたが、22年に急上昇して2倍を超えた。転職によって賃金が上昇しやすい状況になれば、内部労働市場が発達している日本でも、企業は従業員の離職を防ぐため賃上げに対して積極的にならざるを得なくなる。

日銀の2％インフレ目標の達成には春闘で3％台後半の賃上げ率の継続が必要

前述のように2023年春闘での賃上げ率は30年ぶりの高水準となったが、24年以降もこの水

図表6・4　春闘での賃上げ率の想定と整合的なコアCPI上昇率

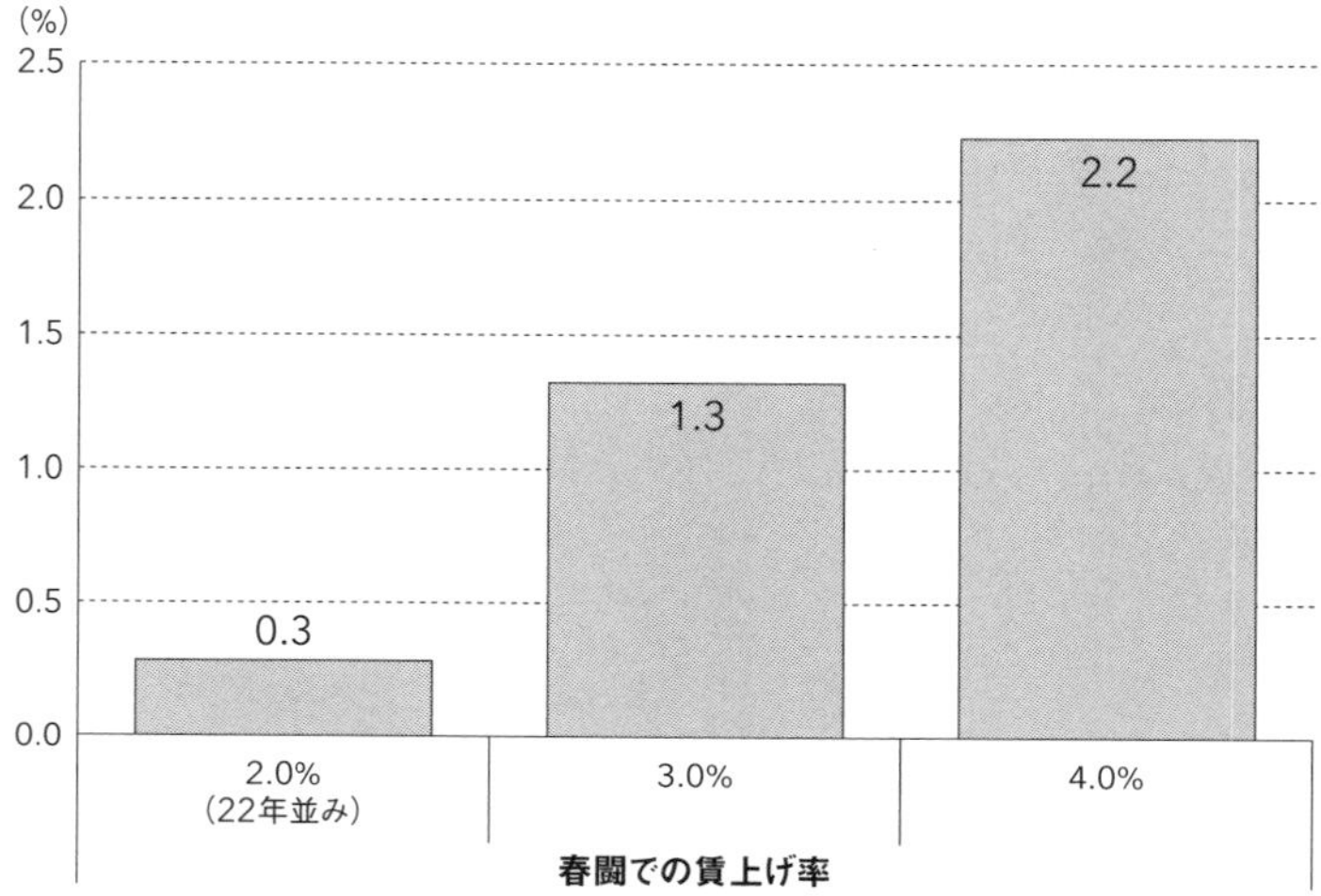

（出所）厚生労働省、総務省、日本銀行より大和総研作成

準を継続すれば、日銀の目指す2％の物価安定目標の達成が視野に入るとみられる。

図表6・4は春闘での賃上げ率について三つのケースを想定し、これと整合的なインフレ率（生鮮食品を除く総合ベースのCPI、以下コアCPI）を試算した結果だ。春闘での賃上げ率が22年並みの「2・0％」で、価格設定行動が変化する前（図表6・4の左端の棒グラフ）のケースでは、整合的なインフレ率は0・3％程度と推計される。世界経済の腰折れなど大きな負のショックによって国内の賃上げ機運が急速にしぼみ、00〜10年代に見られた価格設定行動に戻れば、インフレ率は再びゼロ近傍で推移する恐れがある。ただし、これはテールリスクといえる。

賃上げ率が「3・0％」で価格設定行動の変容が継続すると、これと整合的なインフレ率は1・3％程度と推計される（図表6・4の中央の棒グラフ）。23年春闘で実現した賃上げ率よりやや低下しても、デフレからの脱却を見込める。物価安定目標を達成するのは、春闘での賃上げ率が「4・0％」のケースだ（図表6・4の右端の棒グラフ、整合的なインフレ率は2・2％程度と推計）。24年以降も春闘で少なくとも3％台後半の賃上げ率を継続する経済状況を実現できるかどうかが、物価安定目標の達成の目安となるだろう。

この点、春闘での賃上げ率に影響を及ぼす企業業績や労働需給、CPI上昇率、交易条件（いずれも前年の値）などを説明変数として推計すると、24年春闘における賃上げ率は3・2％（連合ベース）との結果が得られた。23年は交易条件が改善し、CPI上昇率や需要不足失業率は前年並みで推移する一方、売上高の増加率が縮小すると見込んでいるためである。

23年春闘での賃上げ率の推計値は3・1％であり、実際には3・58％で着地した。両者が乖離した理由として、前述した転職市場の活性化が十分に推計結果に反映されていないことなどがある。今後、外需の腰折れで製造業を中心に労働需要が減少し、賃上げ機運がしぼむ可能性はあるものの、景気の回復基調が継続して外部労働市場も一段と活発化すれば、24年春闘での賃上げ率は前年並みの高水準となる可能性は低くないだろう。

25年度中にも2％の物価安定の目標が達成される可能性

前節で示した経済見通しや企業の賃金・価格設定行動の変化、政府による物価高対策などの影響を踏まえると、コアCPIは2023年度で前年比＋2・9％、24年度で同＋2・0％で推移

図表6・5　CPIの見通し

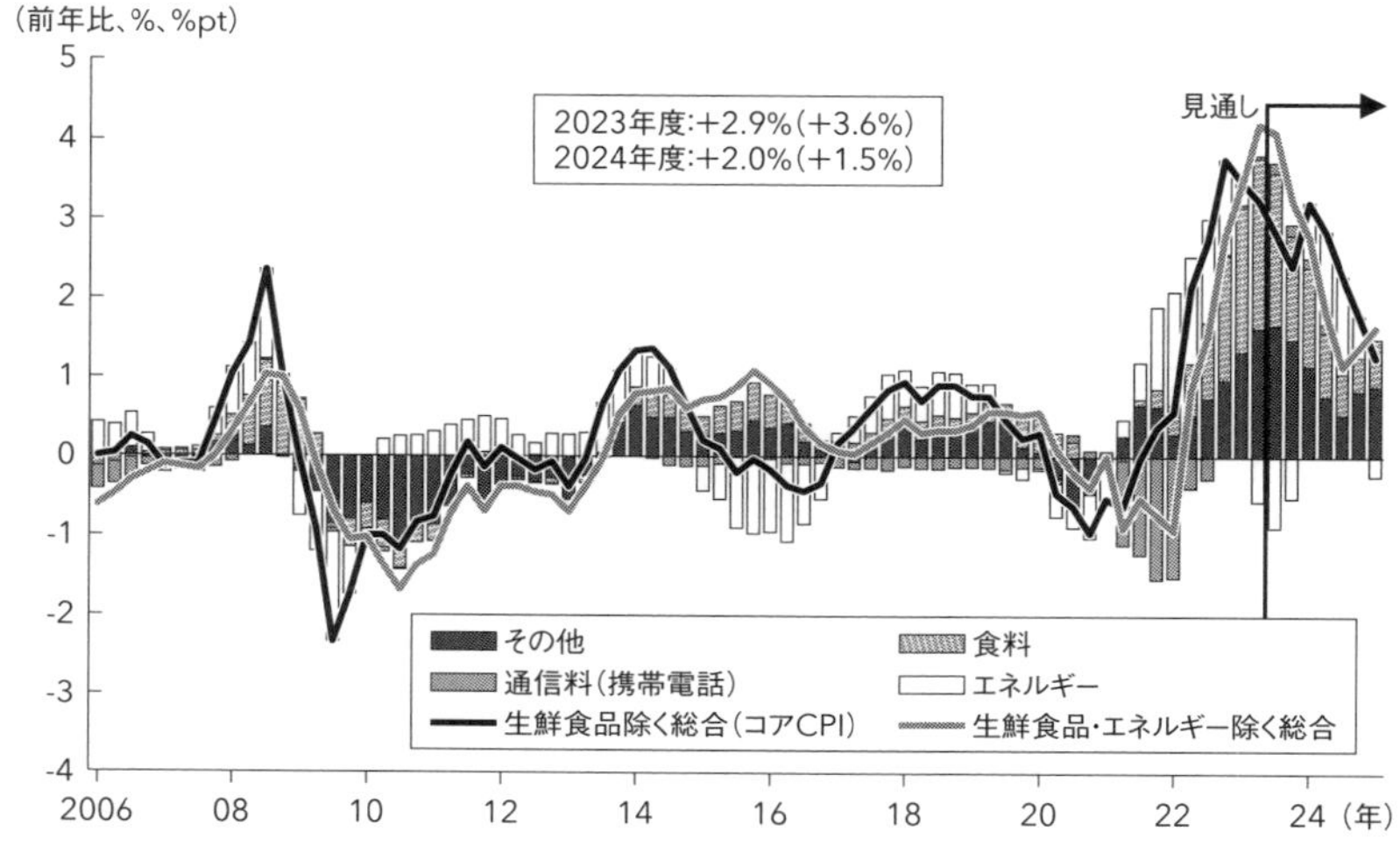

(注)各年度の数字は生鮮食品除く、括弧内は生鮮食品・エネルギー除く。
(出所)総務省統計より大和総研作成

する見込みだ(23年9月8日時点、図表6・5)。00年から19年までのコアCPIの平均的な上昇率が+0・1%であったことを踏まえると、非常に高い上昇率が継続する。なお、生鮮食品とエネルギーを除く総合ベースのCPIは、25年1-3月期で前年比+1・6%と見込んでいる。

コアCPIの主な上昇要因である食料は高い伸びとなっている。原材料高を主因とした値上げは落ち着きつつある一方、物流費や人件費などの上昇は続いている。23年秋以降も断続的に値上げが行われる可能性には留意が必要だ。

もう一つの物価の主な押し上げ要因であるエネルギーでは、23年9月にはガソリン価格(全国平均、レギュラー)が186・5円と、過去最高値を更新した。一方、23年9月末での終了が予定されていた燃料油価格激変緩和補助金は、23年末までの延長が決定している。加えて、「電気・ガス価格激変緩和対策事業」も同年末まで延長される。

コアCPI上昇率は、24年度後半以降2%を割る予想となっている（図表6・5）。だが、基調的なインフレ率の緩やかな上昇基調が継続すれば、25年度中には2%に達する可能性があるとみている。

03 日銀の金融政策の展望と金利上昇が経済にもたらす影響

金融緩和策の枠組みは、早ければ24年度前半に見直しも

日銀は2%の物価安定目標の達成を目指して、「長短金利操作付き量的・質的金融緩和」と呼ばれる金融緩和政策を実施している。その政策枠組みでとりわけ重要なのが、イールドカーブ・コントロール（YCC）である。短期金利と長期金利（10年国債金利）の双方を操作目標とするということだ。本稿執筆時点では、短期金利の誘導目標として日銀が保有する当座預金残高の一部に▲0・1%のマイナス金利を適用し、長期金利をゼロ%程度に誘導している。

YCCの円滑な実施を図るため、日銀は「指値オペ」と呼ばれるオペレーション（日銀と民間金

融機関の取引）を実施している。指値オペは日銀が指定した利回りで長期国債を無制限に買い入れることにより、長期国債の価格（利回り）形成に日銀が直接的に関与する手法である。

最近の金融政策を振り返ると、長期金利の誘導に関していくつか修正が行われた。２０２２年12月の金融政策決定会合では、それまで「±０・25％程度」であった長期金利の許容変動幅を「±０・５％程度」へと拡大させた。23年7月にはYCCの運用を柔軟化し、長期金利の許容変動幅の位置づけを「目途」へと変更した。加えて、従来は０・５％であった指値オペを実施する長期金利の水準（買入利回り）を１・０％に引き上げた。

インフレ率が高まると、長期金利に上昇圧力がかかる。それでも長期金利をYCCの誘導目標に沿って低位で安定させるには、指値オペを通じて日銀が長期国債を大量に購入する必要がある。しかしこの場合、債券市場などへの悪影響は大きくなる。運用の柔軟化の背景には、こうした副作用が強まることを防ぎつつ、YCCの持続性を高めることがある。

大和総研の物価見通し（前掲図表６・５）を前提にすると、基調的なインフレ率は24年度中には2％に届かない。そのためメインシナリオでは、同年度中は現在の金融緩和策の枠組みが維持されると想定している（2％に達するとみられる25年度に日銀は金融政策の正常化に着手）。

ただし、賃金の上昇圧力が一段と強まれば、基調的なインフレ率の上昇ペースはメインシナリオを上回る可能性がある。この場合、日銀は早ければ24年度前半の金融政策決定会合で「多角的レビュー」の公表と指値オペを含むYCCの撤廃などに踏み切り、その後は経済・物価情勢を見極めつつ、マイナス金利を解除するだろう。

金融政策運営における当面のリスクとしては、インフレの上振れだけでなく、長期金利の上昇も挙げられる。後者を考える上で重要となるのが指値オペの性質だ。

指値オペの特徴は、日銀が特定の利回りで国債を無制限に買い入れることにコミット（約束）することにある。将来もこの約束が果たされると市場が信じれば、日銀は国債利回りを目標とする水準以下に誘導することができる。日銀が特定の値段（利回り）で国債を必ず買うのなら、国債を持つ市場参加者はその値段よりも安く（その利回りよりも高く）国債を市場に売却する動機はないからだ。結果として国債利回りは、指値オペでの買入利回りの水準よりも低くなる。

前述の通り、日銀が指値オペの買入利回りを引き上げたのは、この1年（22年10月〜23年9月）では22年12月に続き2回目である。長期金利が現在の上限値である1％に近づけば、再び予防的に指値オペの買入利回りが引き上げられるとの観測は強まりやすくなった。仮に、債券市場でこうした観測が支配的となれば、日銀が指値オペでの買入利回りを引き上げる前に（日銀が高値で国債を購入する間に）、国債を売ろうとする動きが加速するだろう。市場の需給バランスが急激に緩和し、幅広い年限の金利が上昇するリスクには注意が必要だ。

金利上昇が各経済主体の純利息収入に与える影響

金融政策の正常化などによって金利が上昇すると、保有する資産から得る利息収入が増加する一方、負債への利払い負担も増加する。両者の差額である純利息収入が増加するか否かは、各経済主体のバランスシートの構成や上昇する金利の種類によって決まる。

日銀が金融政策の正常化に着手する場合、まずはYCCを撤廃するとみている。この場合、短期金利は▲0・1％に維持される一方、長期金利のみが上昇することが想定される。そこで、長期金利のみが1％pt上昇する場合（以下、「長期金利のみ上昇」ケース）の利息収入と利払い負担の変化額を試算したものが図表6・6だ。ここでは「家計」「企業」「政府」「日銀」の純利息収入の合計額が海外部門を含む「金融機関等」の純利息収入（逆符号）と一致するように試算している（後掲図表6・7も同様）。家計や日銀、金融機関などでは利息収入が利払い負担を上回り、純利息収入が増加する一方、企業や政府の純利息収入は減少する。

家計の利息収入は、金融資産のうち新規定期預金に適用される金利が上昇することで増加する。一方、負債面では新規の自動車ローンや住宅ローンなどに適用される金利が上昇し、利払い負担が増加する。結果として、家計の純利息収入は0・3兆円程度増加する。

企業についても同様に、金融資産のうち新規定期預金への適用金利の上昇が利息収入を押し上げる一方、負債面では新規借入金の利払い負担が増加する。企業の借入額は預金額を上回るため、長期金利の上昇は利息収入よりも利払い負担を押し上げやすい。企業における純利息収入は0・1兆円程度減少する。

長期金利の上昇による悪影響を最も受けるのは政府であり、新規に発行する国債の利払い費が増加することで純利息収入は0・7兆円程度減少する。一方、日銀のそれは新規国債の購入により0・3兆円程度増加する。

図表6・6　長期金利のみ1%pt上昇する場合の純利息収入への影響

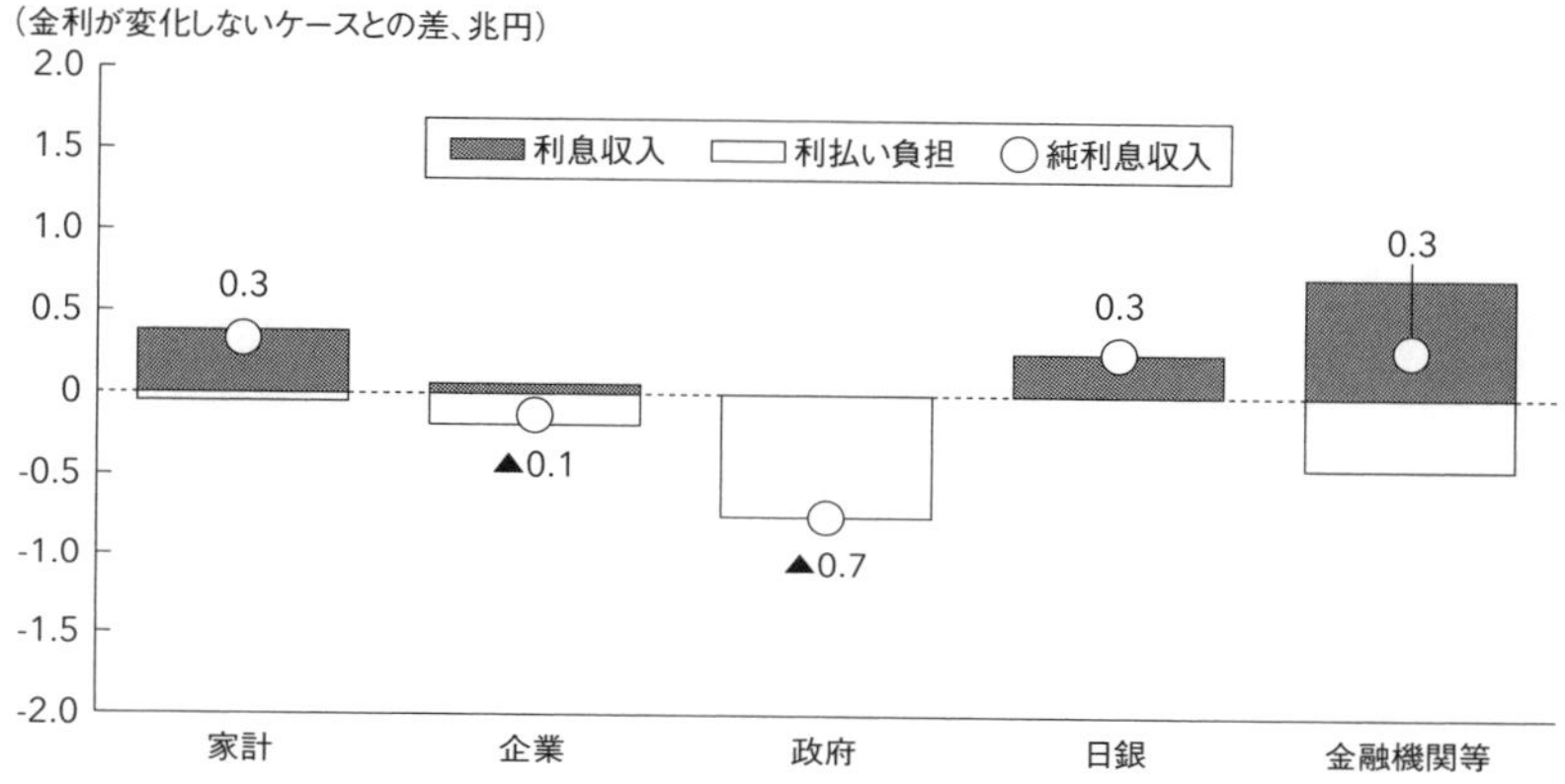

（注1）「金融機関等」には海外部門を含む。

（注2）各経済主体の資産・負債それぞれについて長期金利の影響を受ける項目を抽出し、適応される金利を短期金利と長期金利で回帰することで得た係数を用いて、長期金利が1%pt上昇した場合の利息収入・利払い負担額を算出。

（出所）日本銀行統計、住宅金融支援機構、一般社団法人全国銀行協会より大和総研作成

金融機関等の純利息収入は0・3兆円程度増加する。家計や企業の利息収入の増加は金融機関にとって利払い負担の増加となる一方、新発国債の購入や企業を中心とした新規借入金からの利息収入が増加する。

次に、長期金利だけでなく短期金利も1%pt上昇すると（以下、「長短金利の双方が上昇」ケース）、利息収入と利払い負担のいずれも「長期金利のみ上昇」ケースから増加し、純利息収入は特に企業、日銀、金融機関等で変化するとの試算結果が得られた（図表6・7）。

家計では定期預金金利に加え、短期金利の影響を強く受ける普通預金金利も上昇することで、利息収入は2・0兆円程度増加する。変動金利型の住宅ローンなど既存の負債の利払い負担も増加するものの、利息収入の増加額のほうが大きく、純利息収入は1・0兆円程度増加する。「長期金利のみ上昇」ケースで0・1兆円程度

図表6・7　短期金利と長期金利がそれぞれ1%pt上昇する場合の純利息収入への影響

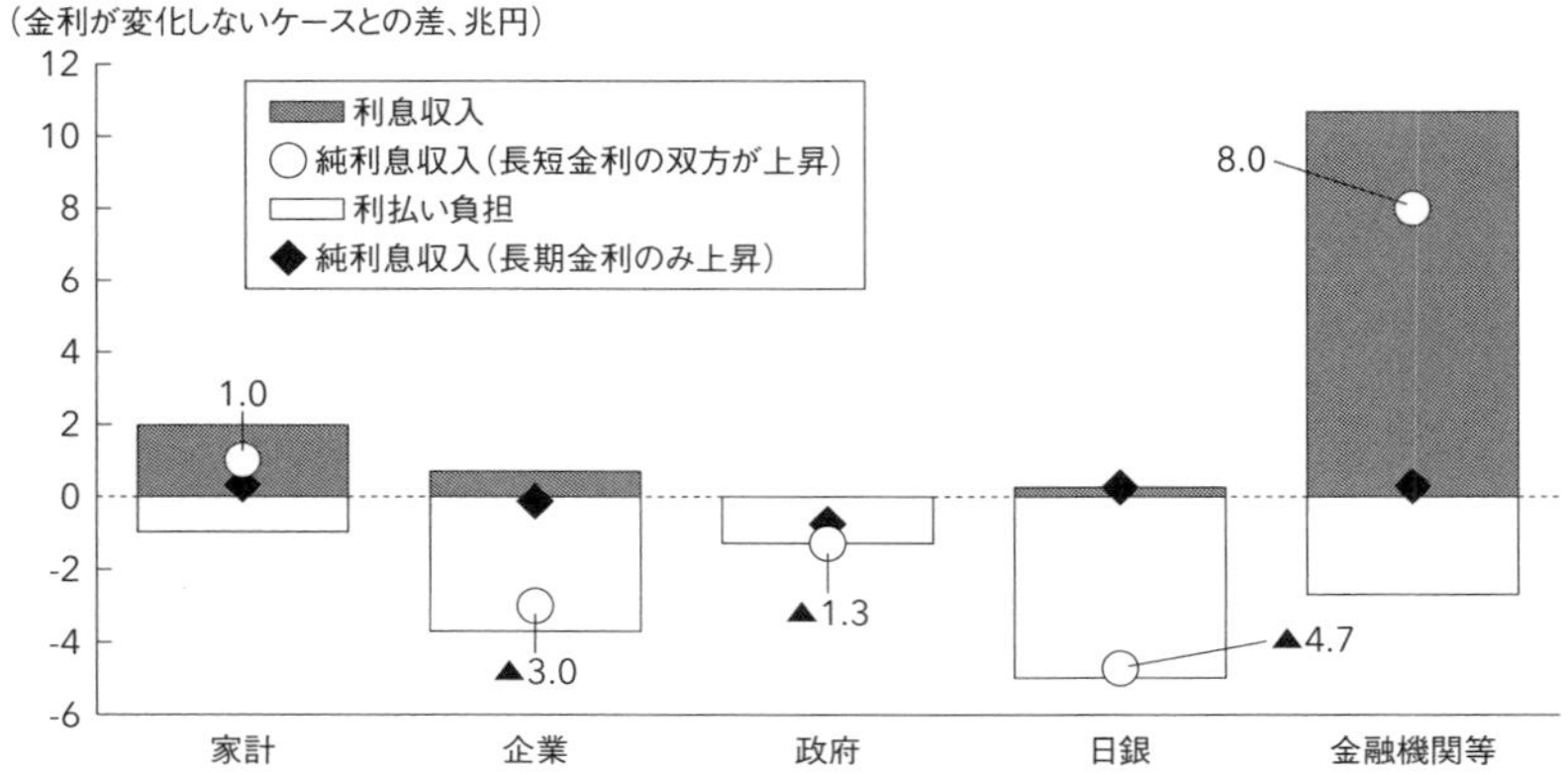

（注1）金融機関等には海外部門を含む。
（注2）各経済主体の資産・負債それぞれについて長期金利の影響を受ける項目を抽出し、適応される金利を短期金利と長期金利で回帰することで得た係数を用いて、短期金利と長期金利が1%pt上昇した場合の利息収入・利払い負担額を算出。
（出所）日本銀行統計、住宅金融支援機構、一般社団法人全国銀行協会より大和総研作成

と試算していた企業の純利息収入の減少幅は3・0兆円程度に拡大する。利息収入と利払い負担のいずれも増加するが、とりわけ利払い負担の増加額が大きい。

日銀の純利息収入は「長期金利のみ上昇」ケースでプラスだったが、短期金利も上昇するとマイナスに転じる。さらに減少額は4・7兆円程度と、企業や政府のそれを上回る。短期金利の上昇は当座預金への付利の引き上げを通じて行われるが、これによって日銀から金融機関への利払い費が増加するためだ。

金融機関等の純利息収入は8・0兆円程度増加する。企業などへの貸付や当座預金からの利息収入の増加により、0・3兆円程度だった「長期金利のみ上昇」ケースから大幅に増加する。

家計は二つのケースのいずれにおいても純利息収入が増加するとの試算結果が得られたが、

金利上昇の恩恵を受ける世帯と負担を被る世帯が存在する点には注意が必要だ。

「長短金利の双方が上昇」ケースにおける家計の純利息収入への影響（＋1・0兆円程度）を、総務省「2019年全国家計構造調査」を用いて世帯属性別に分けた結果が図表6・8だ（上図：就業状態・年収階級別、下図：年齢階級別）。純利息収入の変化額は折れ線グラフで、これを世帯の年収対比で見たものは「○」印で示している。

図表6・8の無職世帯に目を向けると、利息収入の増加額が突出して大きい。利払い負担への影響が小さく、純利息収入は金利上昇によって1・2兆円程度（年収対比で2％程度）増加する。無職世帯の世帯主の多くは年金受給者などの高齢者だ。そのため図表6・8の60代以上の世帯にも同様の傾向が見られる。無職世帯や高齢世帯は他世帯と比べて預貯金が多く、金利上昇による恩恵を受けやすい。また、住宅ローンの返済を終えた世帯が多いため借入が少ない。

年収下位20％を占める第Ⅰ分位の勤労者世帯や、20代以下の世帯では金利上昇の影響が限定的だ。こうした世帯では所得水準が低いため貯蓄率が低く、預貯金も借入も少ないことが背景にある。また、年収上位20％を占める第Ⅴ分位世帯を見ると、利息収入の増加額は勤労者世帯の中で最も大きいだけでなく、借入の多さから利払い負担の増加額も大きい。高所得世帯では、金利上昇による恩恵が利払い負担の増加によって相殺されている。

金利上昇で最も打撃を受けるのが、第Ⅲ分位の勤労者世帯や30～40代の世帯だ。第Ⅲ分位世帯の純利息収入は▲0・1兆円程度だが、年収対比では▲0・3％程度とマイナス幅が最も大きい。30代や40代の世帯も同▲0・4～▲0・3％程度だ。子育て世代と重なることから住宅や自動車

図表6・8　就業状態・年収階級別（上）、世帯主の年齢階級別（下）に見た家計の純利息収入への影響
（短期金利と長期金利がそれぞれ1%pt上昇するケースを想定）

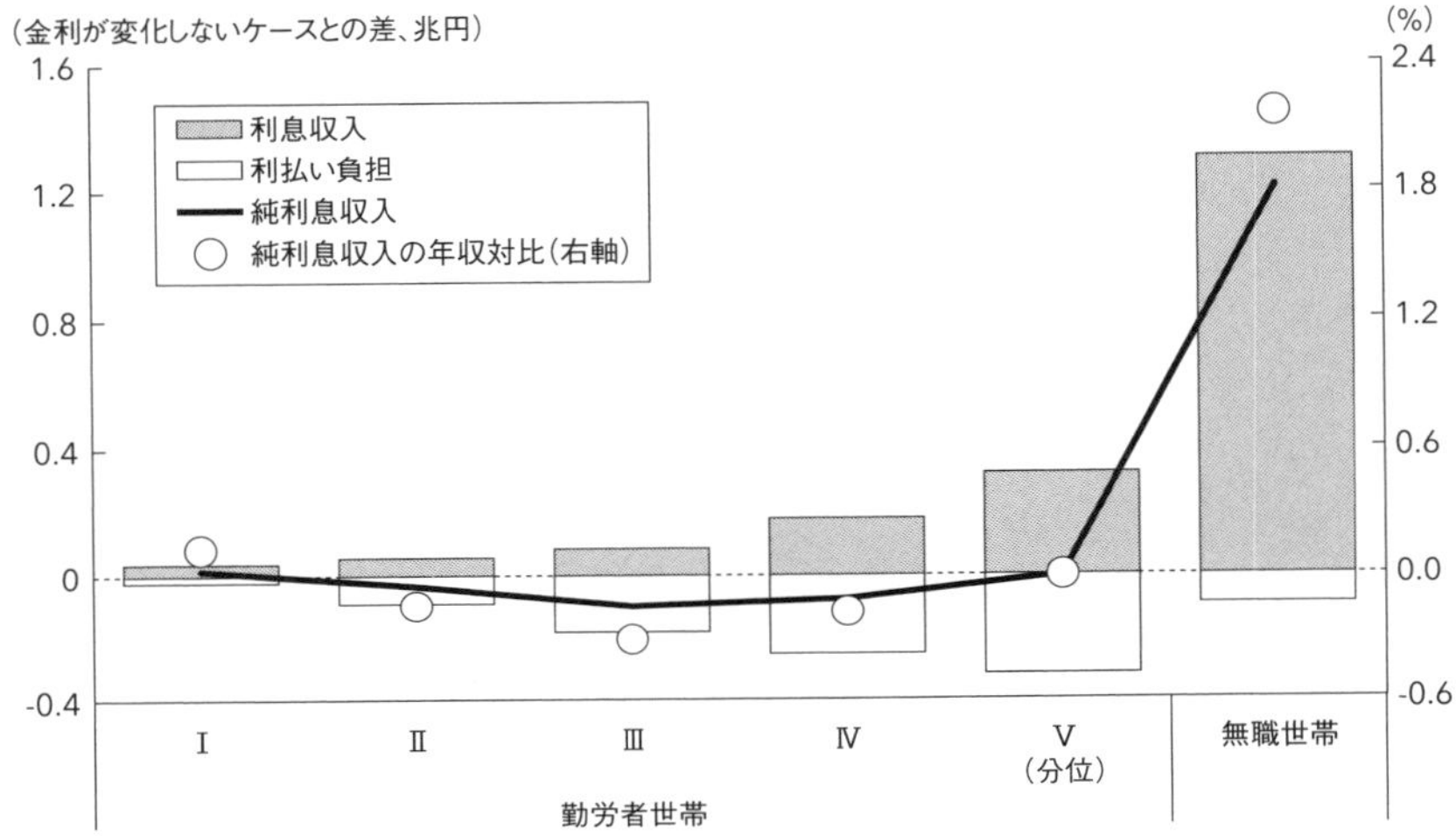

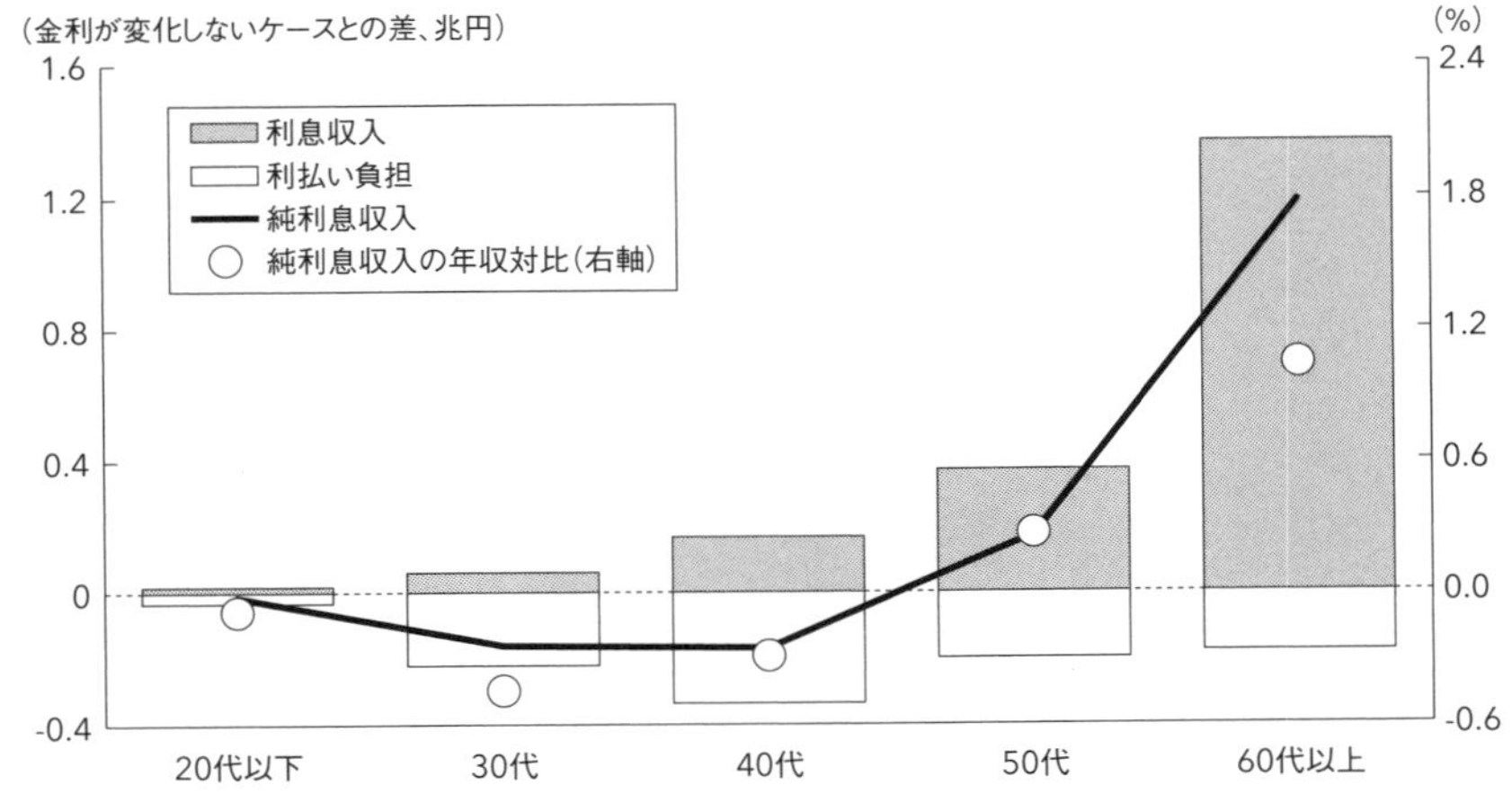

（注）総世帯ベース。2019年全国家計構造調査を用いて図表6−7で試算した家計の純利息収入への影響（＋1.0兆円）を世帯属性別に分解。

（出所）総務省統計より大和総研作成

図表6・9　金利が1%pt上昇した場合の実質GDPへの影響

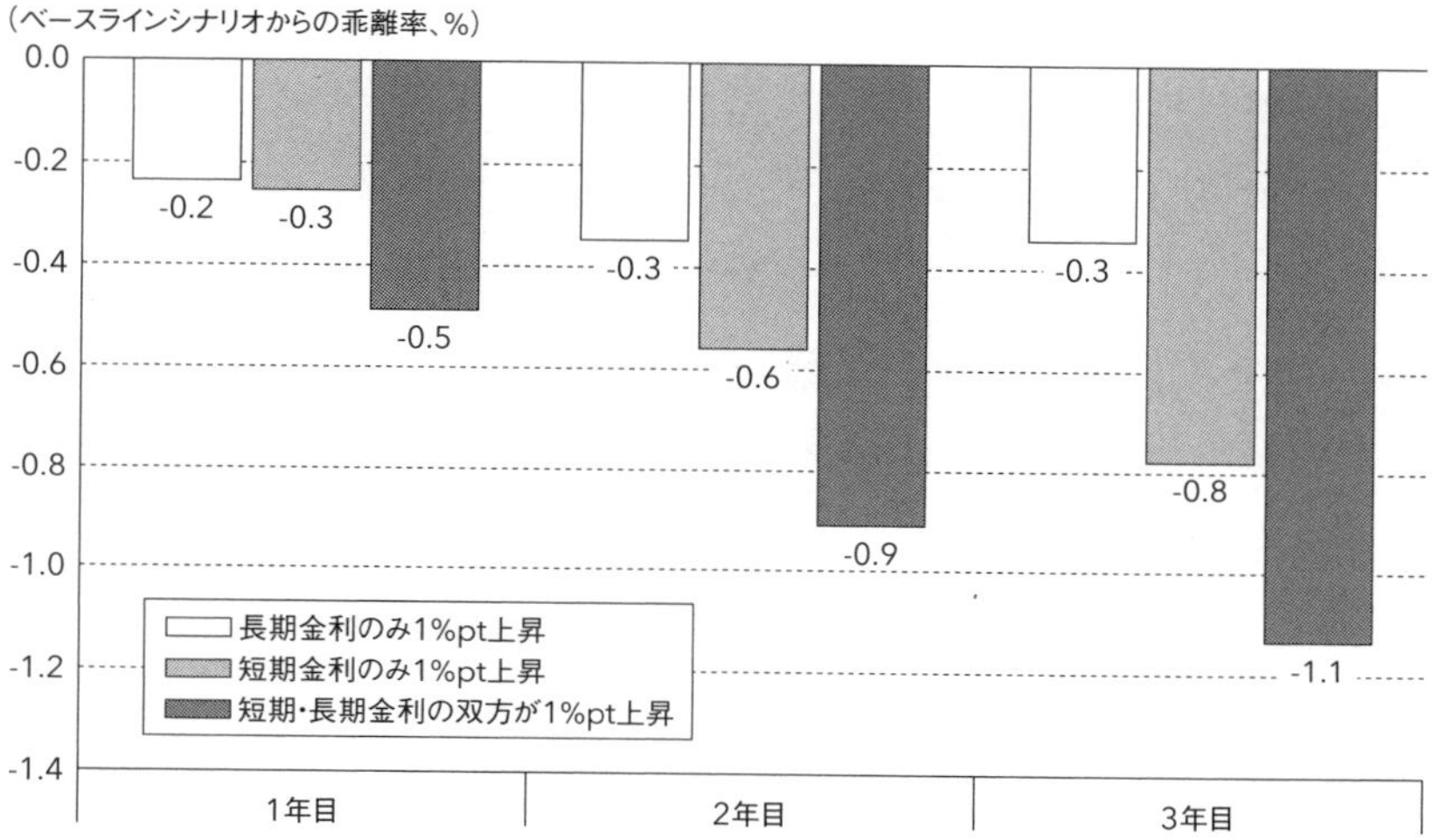

(注)大和総研の短期マクロモデルによるシミュレーション結果。

(出所)各種統計より大和総研作成

を購入する世帯が比較的多く、預貯金を上回る負債を抱えている。金利上昇は、住宅ローンや自動車ローンなどの利払い負担の増加を通じて生活を圧迫するだろう。

金利上昇が実質GDPに与える影響

以上の分析は、金利上昇による各経済主体への直接的な影響を詳しく考察できる半面、金利上昇が投資需要を抑制し、景気が悪化して企業や家計の所得が減少するといった影響を全く考慮していない。すなわち、各経済主体の行動が変化しない静学的な分析であり、経済全体で見た金利上昇の影響はゼロとなっている。

そこで、動学的な波及経路を考慮した金利上昇の影響の大きさを測るため、大和総研の短期マクロモデルを用いてシミュレーションを行う。図表6・9は金利が1%pt上昇した場合、日本の実質GDPに及ぶ影響をまとめたものだ。ここでは短期金利、長期金利、短期金利と長期金利という三つのケースを想定したが、いずれにおいても実質GDPは減少する。

静学的な分析の結果と同様、金利上昇時の経済全体への悪影響は長期よりも短期のほうが大きい。短期金利「のみ」が1%pt上昇すると実質GDPは3年目で0・8%程度押し下げられ、長期金利「のみ」が上昇する場合の2倍以上のインパクトがある。イールドカーブの起点である短期金利は貸出金利など種々の金利に波及しやすいほか、期間別貸出のボリュームゾーンも短期ゾーンに集中している。こうした日本経済の構造がマクロモデルに直接的、間接的に描写されたためである。

金融引き締めのタイミングが遅れた場合の景気悪化リスクに留意

最後に、金融政策におけるリスクシナリオを検討する。

足元のインフレ率は歴史的な高水準にあるが、日銀は物価安定目標の持続的な達成にはまだ距離があるとの見解を示している。インフレ下で金融緩和を継続すれば、実質金利（＝名目金利－インフレ率）が低下することで経済全体の需給がひっ迫する。需給のひっ迫はインフレをさらに加速させることで実質金利を一段と低下させる。こうしてインフレは加速度的に上昇し得る。この循環メカニズムが十分に機能すれば、適切なタイミングで金融を引き締めて、2%の物価安定の目標を達成することは可能だ。

しかし、「適切なタイミング」を見極めることは非常に難しい。インフレの加速度合いが不十分なまま金融引き締めに転じれば、ゼロインフレ経済に戻ってしまうリスクは大きい。例えば、CPIの前年比変化率が小幅のマイナス圏にあった2000年8月に日銀はゼロ金利政策の解除を決定した。しかしその後、景気後退に陥ったこともあり、デフレが長期化してしまった。反対に「適切なタイミング」を見誤り、金融引き締めが遅れた米国や欧州は、物価の急騰に見舞われている。

金融引き締めが遅れてインフレが加速しすぎた場合、海外の主要中央銀行のように日銀も金融引き締めに転じるだろう。その際、インフレを抑制するために必要な利上げ幅は、金融引き締めを開始した時点でのインフレ率の水準はもちろん、各国の経済構造にも依存する。

とりわけ重要となるのはインフレ期待の適合度合いだ。日本のインフレ期待は欧米に比べ、インフレの「実績値」の影響を受けやすい（適合的期待形成の度合いが大きい）。すなわち、日本でインフレが加速すると、期待インフレ率の上昇と相まって実質金利が下がりやすく、景気やインフレが過熱しやすい。金融引き締めのタイミングを誤った場合の経済への悪影響は、欧米よりも大きくなるとみられる。

適合的期待形成の度合いの違いによる短期金利とGDPギャップへの影響について試算した結果が図表6・10だ。ここでは、ゼロ金利下で4四半期にわたり年率3％のインフレが発生し、5四半期目からはインフレ目標の年率2％に向けて金融引き締めを行うことを想定した。適合的期待形成の度合いが大きいほどインフレ率の水準は下がりにくいため、インフレの抑制に必要な利

図表6・10　適合的期待形成の度合いによるインフレ過熱時のリスクシミュレーション

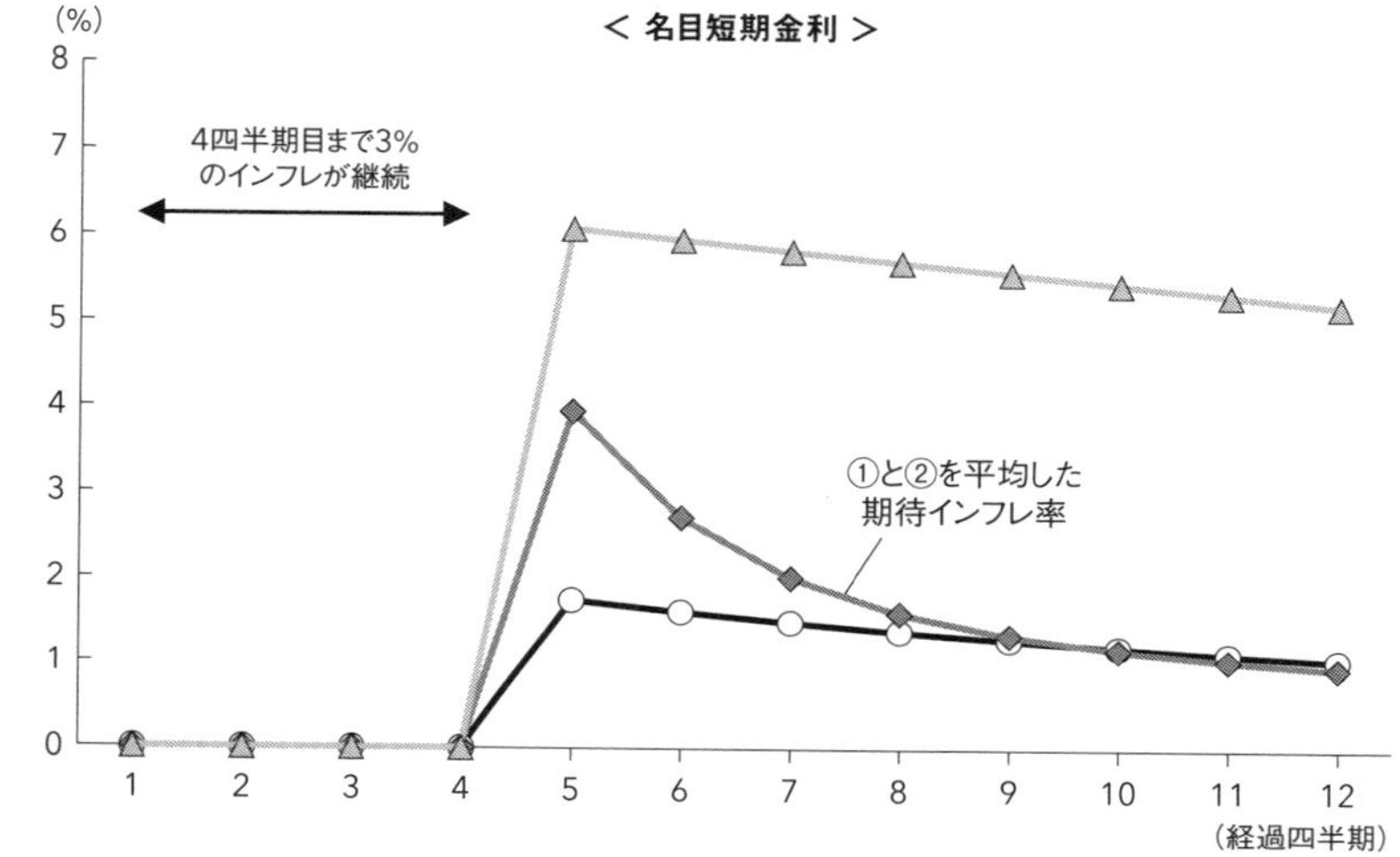

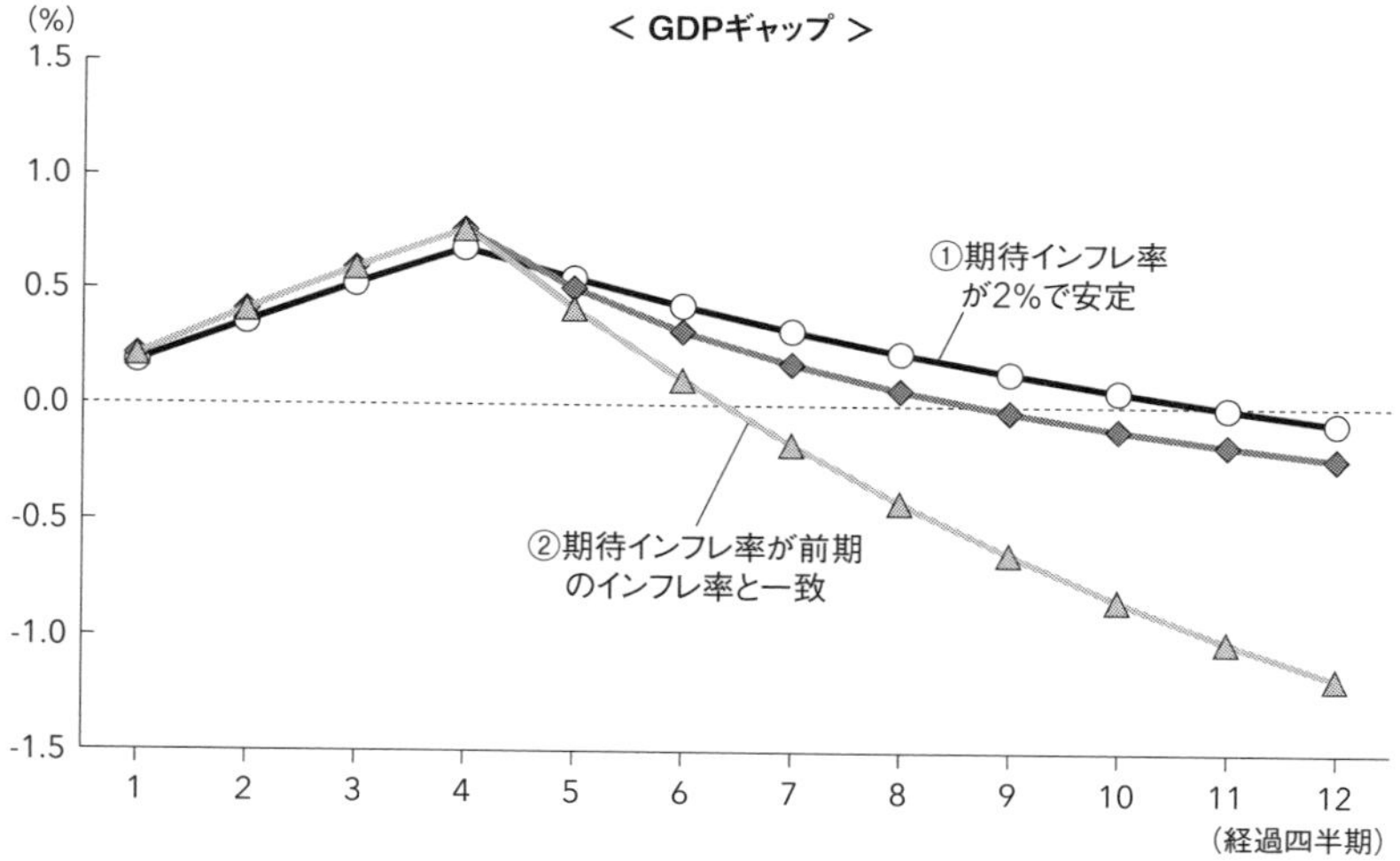

(注)1期から4期までは外生的にインフレ率を3%、名目短期金利を0%と設定。ニューケインジアン型のマクロモデルを用いて得たシミュレーション結果。

(出所)総務省、日本銀行統計より大和総研作成

上げ幅やＧＤＰギャップの低下幅は大きくなる。(注2)

インフレが加速しすぎた場合、インフレ期待の適合度合いが高い日本では、インフレ抑制のために大規模な金融引き締めが必要となる可能性に留意が必要だ。

注

1　2015〜19年（消費増税や自然災害の影響を強く受けた19年10-12月期を除く）に見られた家計貯蓄額のトレンドからの乖離分を「過剰貯蓄」とみなして試算。

2　このメカニズムを大まかに説明すると、適合的期待形成の度合いが大きい経済において高インフレが継続する場合、インフレ期待を表すフィリップス曲線の切片が上方にシフトするため、インフレの抑制に必要なGDPギャップの低下幅が大きくなる。

第7章

日本経済②

最低賃金「1500円」目標と今後の課題

政府は最低賃金の新たな目標として、2030年代半ばまでに1500円になることを目指す。だが目標達成の課題は多く、雇用環境に配慮しつつ最低賃金を平均賃金対比で引き上げたり、生産性向上などを通じて平均賃金を高めたりする必要がある。EBPM（証拠に基づく政策立案）の強化の余地も大きい。

01 「1000円」目標の達成と経済活動への影響

23年度の最低賃金は賃上げ加速や物価高などで過去最大の引き上げ幅に

最低賃金額は2023年10月に各都道府県で改定され、全国加重平均で時給1004円となった（図表7・1）。前年度からの引き上げ額は43円と、目安制度が始まった1978年以降で最大である（引き上げ率は4・5％）。地域別では、東京都（1113円）と神奈川県（1112円）が1100円台に乗った。

大幅な引き上げの背景には、春闘で30年ぶりの高い賃上げ率が実現した流れを非正規雇用に波及させたり、物価が高騰する中で労働条件を改善させたりする狙いがあった。22年度の消費者物

図表7・1　最低賃金額と引き上げ率の推移

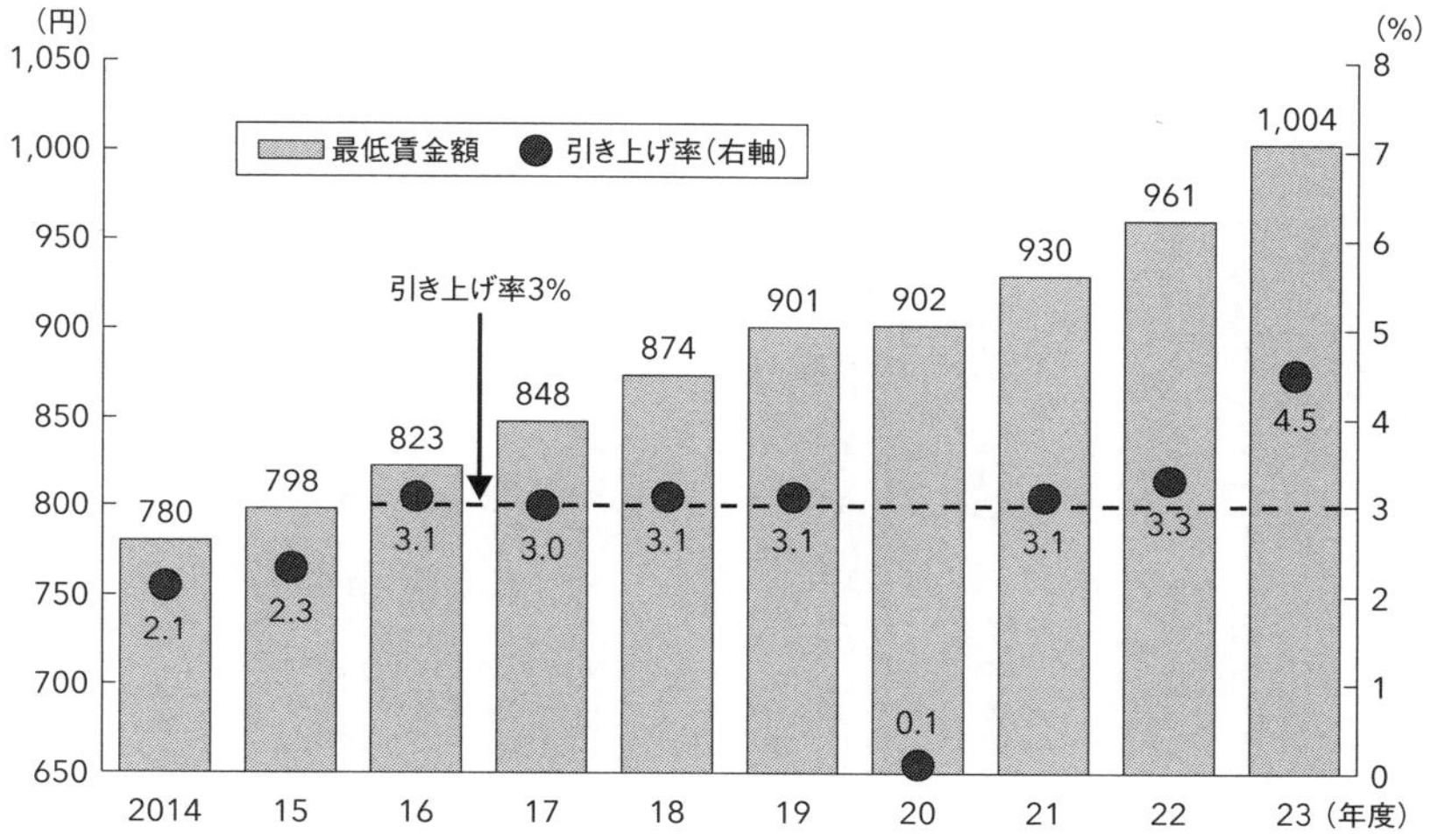

（出所）厚生労働省資料より大和総研作成

価指数（ＣＰＩ）は、持家の帰属家賃を除く総合指数で前年比＋３・８％と41年ぶりの高い伸び率を記録した。円安や資源高などが主因のコストプッシュ型のインフレだったが、最低賃金付近で働く人が受ける物価高の悪影響はＣＰＩが示す以上に大きい。

一般に、可処分所得に対する食料・エネルギー支出の比率は、低（高）所得の勤労者世帯ほど高い（低い）傾向がある。また高所得世帯の場合には、比較的安い商品を選ぶことで家計への影響を抑制することができるが、低所得世帯ではその余地が小さいため、購入量を減らすなどして生活費を切り詰めているとみられる。今回の最低賃金の大幅な引き上げは低所得世帯の生活を改善するだけでなく、消費回復を後押しすることで経済の底上げにもつながるとみられる。

国の中央最低賃金審議会は、７月末に47都道府県を「A」「B」「C」の3ランクに分けた上でそれぞれの引き上げの目安額を提示し、(注1) その額は全国加重平均で41円だった。その後、各都道府県の地方最低賃金審議会で決定された引き上げ額は43円となり、目安額を上回る引き上げが多くの地域で実施された。(注2)

このうち相対的に所得・消費などの水準が低く、最低賃金が低いCランクでは、全13県中12県が目安額を上回る引き上げを実施した。目安額からの上乗せ分は平均で5・4円と、Aランクの同0・2円やBランクの同0・9円を大幅に上回る。地方最低賃金審議会が答申を出した時期を見ると、Cランクの地域はA、Bランクよりも遅い傾向にあったことから、最低賃金が比較的高い地域の動向を見つつ、地域間格差の是正を図るよう目安額からの上乗せに取り組んだとみられる。

内容や達成プロセスに問題が多かった従来目標

2023年度の改定で、最低賃金は従来の政府目標の1000円を超えた。従来目標が初めて示されたのは、安倍晋三政権下の15年11月26日に策定された「一億総活躍社会の実現に向けて緊急に実施すべき対策」(以下、緊急対策)だ。具体的には、「年率3%程度を目途として、名目GDPの成長率にも配慮しつつ引き上げていく。これにより、全国加重平均が1000円となることを目指す」と明記された。

その後、16年度の「経済財政運営と改革の基本方針」(骨太方針)から毎年明記されるようになり、政府の基本方針として定着した。20年9月に発足した菅義偉政権や、21年10月に発足した岸田文雄政権でもこうした方針は維持された。

従来目標の内容や達成プロセスには、問題点が多かった。目標額の「1000円」はわかりやすいものの、経済学的な根拠に基づくものではなかった。また、引き上げ率の目途とされた「年率3%」は、その後の引き上げ率の実質的なベンチマークとなった。16年度以降の引き上げ率は新型コロナウイルス禍(以下、コロナ禍)で経済が大幅に悪化した20年度を除き、22年度まで3%程度だった(前掲図表7・1)。

緊急対策が策定された当時、政府はデフレ脱却と経済再生を実現し、15年7-9月期で501兆円(年率換算額で当時の公表値)(注3)だった名目GDPを20年頃に600兆円まで引き上げるという青写真を描いていた。だが、実際の名目GDPは15年7-9月期からコロナ禍直前の19年10-12月期までわずか10兆円の増加にとどまった。当初の見込みと現実の経済が大きく乖離する中で、最低賃金の年率3%程度の引き上げ率だけが実現した格好だ。

根拠が不明瞭な引き上げ方に対して、使用者側からの反対の声が高まった。緊急対策の内容などを議論した15年11月24日の経済財政諮問会議で、日本商工会議所の三村明夫会頭(当時)は、名目GDPの目標である「600兆円ありき」で最低賃金の引き上げ目標を定めることへの懸念を表明した。また19年5月28日には、日本商工会議所・全国商工会連合会・全国中小企業団体中央会の3団体が連名で「最低賃金に関する緊急要望」を公表し、最低賃金の審議では中小企業・小規模事業者の経営実態を考慮して「納得感のある水準」を決定すべきであり、3%という「数字ありきの引き上げ」には反対であると述べた。

中央最低賃金審議会（目安に関する小委員会）の報告資料を見ても、使用者側委員は政府方針に沿う形で毎年3％程度引き上げることに対して否定的に論じたり、引き上げの合理的な根拠や、最低賃金の水準に対する納得感を求めたりしてきた。しかし、引き上げに積極的な労働者側委員との対立は激しく、労使の意見が一致しない中で、政府方針に則った公益委員の見解が事実上、目安額を決定してきた。

積極的な最低賃金引き上げで賃金分布には偏りが見られるも失業率は低位で安定

近年の積極的な最低賃金の引き上げは、低スキル労働者を中心に所得を増やした一方、企業の人件費の負担を重くし、労働需要を下押しした可能性がある。マクロの賃金や雇用には実際、どのような影響を及ぼしたのだろうか。

厚生労働省「毎月勤労統計調査」から所定内給与の平均時給を就業形態別に見ると、2016年度以降の伸び率が高かったのはパートタイム労働者で、22年度まで年率＋2・2％で上昇した（正社員などが含まれる「一般労働者」は同＋1・1％）。パートタイム労働者の多くはパートやアルバイトであり、賃金水準が比較的低く、最低賃金の引き上げの影響を受けやすい。

この点、最低賃金の引き上げが低賃金労働者の賃金上昇を下支えしたと指摘できるが、パートタイム労働者の平均時給の伸び率でさえ、最低賃金の引き上げ率（16～22年度で年率＋2・7％）を下回った。多くの企業では、最低賃金近傍で働く労働者（以下、最賃近傍雇用者）ほどには、その他の労働者の賃上げを行わなかったといえる。結果として、最賃近傍雇用者が増加するなど、賃金分布に偏りが見られるようになった。[注4]最低賃金の改定後に最低賃金額を下回る労働者割合を示す「影響率」は15年で４・０%だったが、22年には６・９%へと大幅に上昇した。これは、最低賃金の引き上げが企業の人件費の増加につながりやすくなったことを示唆する。

また、平均時給の上昇は必ずしもパートタイム労働者の年間収入の増加につながったわけではなかった。平均時給の上昇を受けて、就業を抑制するパートタイム労働者が少なくないからだ。実際、16〜22年度におけるパートタイム労働者の労働時間は年率▲１・５%のペースで減少し、年収は同＋０・７%の伸びにとどまった（図表７・２）。

背景には、多くの企業が配偶者手当の支給基準額としている年１０３万円や、短時間労働者が厚生年金に加入する同１０６万円、社会保険加入の基準額である同１３０万円を意識して、パートタイム労働者が就業時間を調整したことがある。いわゆる「年収の壁」の問題だ。

総務省「令和４年　就業構造基本調査」によると、収入を一定の金額に抑えるために就業時間・日数の調整をしているパートおよびアルバイトは、22年時点で４８７万人だった。その多くは女性配偶者であり、年収50万〜１４９万円に分布している。また厚生労働省報告書（２０２２）[注5]によると、最賃近傍雇用者のうち就業調整をしている人の割合は22・３%に上った。最賃近傍雇用者の３分の１を占める60歳未満かつ配偶者のいる女性に限れば、４割を超えた。[注6]

一方、一国全体（マクロ）の雇用環境に目を向けると、近年は最低賃金の積極的な引き上げが

図表7・2　パートタイム労働者の就業状況

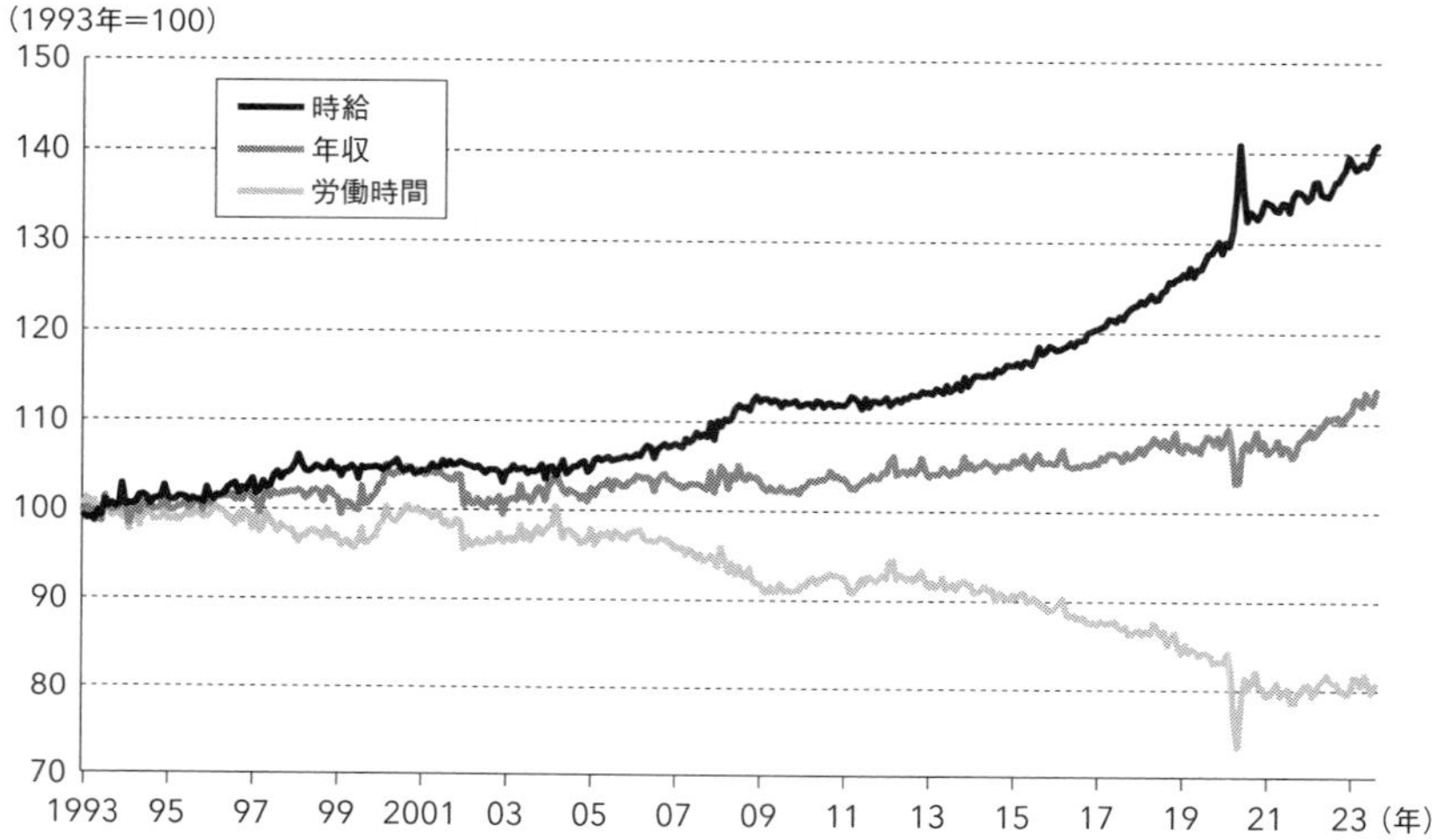

(注) 大和総研による季節調整値。

(出所) 厚生労働省統計より大和総研作成

行われ、コロナ禍に直面したにもかかわらず、総じて堅調に推移したといえる。総務省「労働力調査」によると、15年度で3・3%だった完全失業率は19年度に2・4%へと低下した。コロナ禍の影響で20年度は2・9%へと急上昇したものの、直近の22年度は2・6%とコロナ禍前の水準に戻りつつある。

雇用者数もコロナ禍で落ち込んだ時期はあったものの、その後は緩やかに回復し、22年度に過去最高を更新した。内訳を見ると、正規雇用者はコロナ禍以降も増加ペースを維持した。収益環境が悪化する中でも、経済活動の正常化後に人手不足が一層深刻化することへの懸念などから、働き手の確保に取り組む企業が少なくなかったとみられる。非正規雇用者は対人接触型サービス業の業況悪化などを受けて低迷したが、とりわけ女性の正規雇用化が進んだ影響もありそうだ。

最低賃金引き上げによる雇用への影響は経済学では論争的

最低賃金の引き上げの雇用への影響は、経済学では極めて論争的なテーマである。日本を対象にした先行研究では、雇用環境に負の影響があったとの指摘が多い。明坂・伊藤・大竹(2017)[注7]やKawaguchi and Mori(2021)[注8]は、最低賃金の引き上げが若年労働者の雇用を中心に悪影響を及ぼしたことを指摘している。また、董・茨木(2022)[注9]は2000年以降の文献をレビューした上でメタ分析を行い、最低賃金の引き上げが雇用の伸びを有意に押し下げたことを確認した。

他方、近年は「モノプソニー」という概念を用いて、最低賃金の引き上げが雇用にプラスに働くとする主張も見られる。すなわち、雇い主である企業がごく少数しか存在しない場合、企業が独占力を発揮して賃金を均衡賃金(労働市場で決まる賃金水準)より低く押しとどめることで、雇用量は均衡雇用量よりも少なくなる。最低賃金の引き上げは、均衡賃金からの乖離幅を縮小させるため、雇用量の増加も期待できるという。日本に関する研究は少ないものの、Izumi, Kodama, and Kwon(2020)[注10]は経済産業省「工業統計調査」を用いた分析により、労働需要の集中度が高いと賃金が低下しやすいことを確認している。

10年代後半以降、雇用環境が堅調に推移してきたことは、前述の通り人手不足が深刻化してきたことに依るところが大きいとみられる。だが、一部にモノプソニーが当てはまるような地域があった可能性も否定できない。実証研究を蓄積し、雇用への影響をより丁寧に検証していくことが、今後も最低賃金の引き上げに取り組んでいく上で肝要だ。

02 新たな「1500円」目標をどう見るべきか

新目標では実額水準の大幅な引き上げと達成時期の目安も示す

岸田首相は2023年8月31日に開催された新しい資本主義実現会議で、30年代半ばまでに最低賃金が全国加重平均で1500円となることを目指すという新たな目標を表明した。新目標は従来目標の金額を1・5倍に引き上げただけでなく、「できる限り早期に」などと曖昧だった達成時期について「30年代半ば」と具体的な目安も示した。

諸外国に目を向けると、最低賃金の引き上げ目標を絶対額ではなく、マクロの賃金の中央値または平均値に対する比率で設定している国もある。例えば、英国は成人（本稿執筆時点で23歳以上）向けの最低賃金を、24年までに賃金中央値の3分の2まで引き上げる目標を掲げている。当初は賃金中央値の60％を目指していたが、20年での達成を受けて目標水準を引き上げた。なお、賃金中央値の３分の２という基準は経済協力開発機構（ＯＥＣＤ）のlow pay（低賃金労働者の賃金水準）の定義と一致する。

欧州連合（ＥＵ）理事会は22年10月に最低賃金に関する指令案を採択し（以下、ＥＵ指令[注11]）、加盟国が最低賃金の水準を評価するための参照値として、賃金中央値の60％または平均賃金の50％を挙げた。参照値自体の指定はなく、労働組合や雇用者団体などとの協議の上で、各加盟国が決定することができる。

日本の新目標は欧州とは対照的に、これまで通り絶対額で目標を定める方法が踏襲された。もっとも前述のように、従来目標では達成時期が曖昧だったため、具体的な時期が目安として示された点は特徴的だ。

仮に、35年度に１５００円に達するには、24年度から年率３・４％で引き上げていく必要がある。前述のように、コロナ禍で経済が大きく悪化した20年度を除き、最低賃金の引き上げ率は16年度から22年度まで毎年３％程度で推移し、23年度は４・５％だったことから、ペースが大幅に加速するわけではない。

だが問題は、新目標をどのような経済状況の下で達成するかだ。マクロの賃金や物価が低迷する状況で最低賃金だけが大幅に引き上がると、最賃近傍雇用者の所得環境は改善される一方、企業には人件費負担が重くのしかかることになる。とりわけ最賃近傍雇用者が多い中小事業者や対面型サービス業では、最低賃金の引き上げが収益圧迫につながりやすく、廃業が増加したり、最賃近傍雇用者で失業が発生したりする可能性がある。

1500円は平均賃金対比では主要国最高水準を大幅に上回る

政府が1500円と定めたのにはどのような理由があったのか。これに関して、8月31日の新しい資本主義実現会議後に行われた記者会見で、後藤茂之内閣府特命担当大臣（当時）は「1500円ということ自体は、今のヨーロッパ諸国の最賃の水準などから見て、目標として掲げることについてはぜひ関係者の皆さんにご理解をいただきたいし、いただける数字」と述べた。

図表7・3の丸印は、市場為替レートで円換算した2022年の最低賃金額をOECD加盟国間で比較したものだ。日本の水準は経済規模が比較的大きな国の中では低位にある。これが仮に1500円となれば、前出の大臣発言のように、英国やフランス、ドイツなどとおおむね同水準になる。

だが、各国の最低賃金はそれぞれの経済構造や就業構造などを反映して決定される。絶対額で最低賃金を評価する際には、こうした経済社会の実情も考慮する必要がある。そこで図表7・3の棒グラフでは、比較可能なOECD加盟22カ国を対象に、マクロの平均賃金対比で最低賃金の水準を示した。平均賃金は「国民経済計算」（いわゆるGDP統計）における「賃金・俸給」を時給換算したもので、国際比較が可能だ。ただし、賃金・俸給には現物の給与や役員報酬などが含まれる点に留意が必要である。

日本の最低賃金は22年で平均賃金対比37％と推計され、主要国ではカナダやドイツ、米国を上

図表7・3　平均賃金対比と円換算した最低賃金
（比較可能なOECD加盟22カ国）

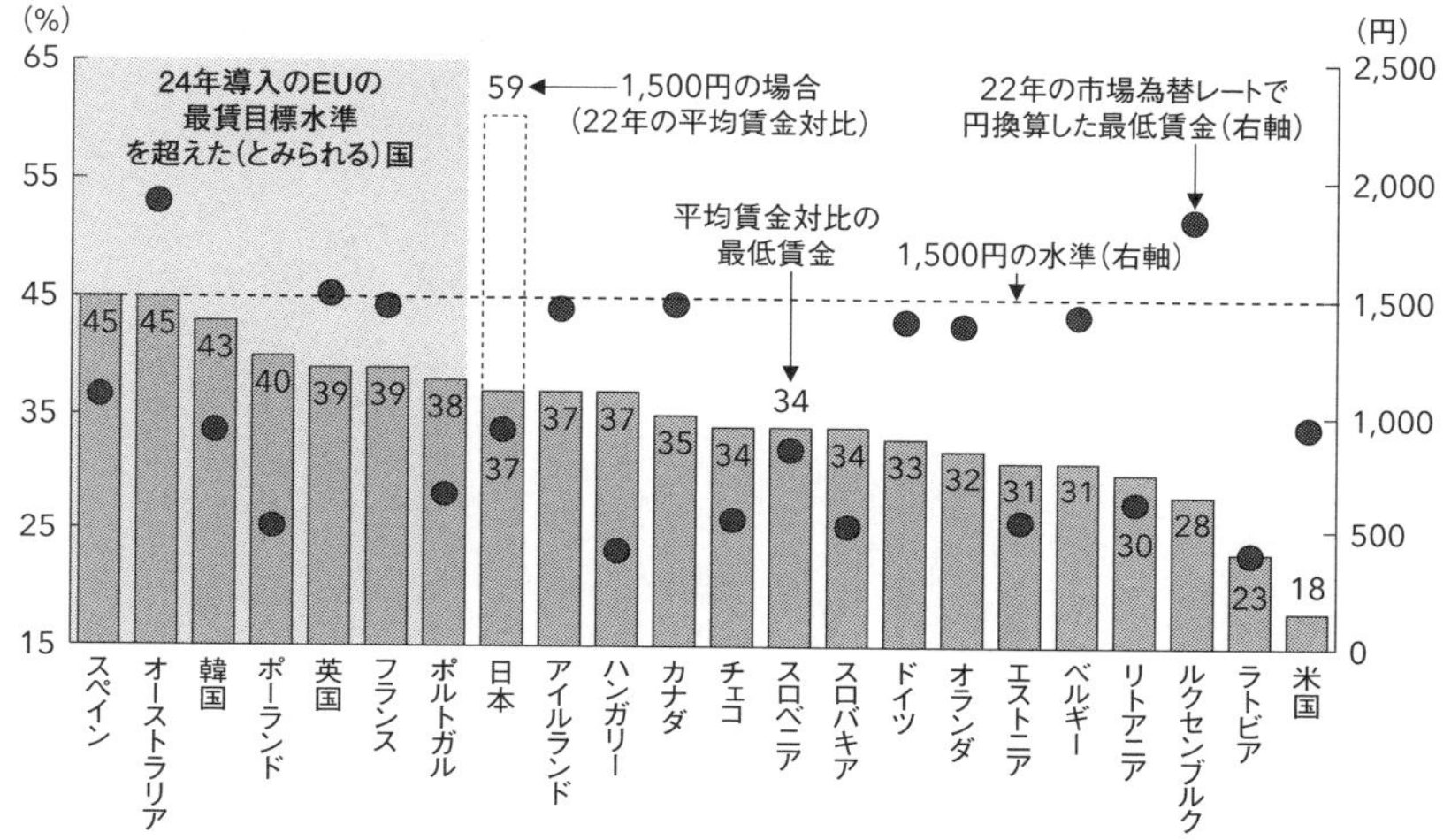

（注）データは2022年。日本の最低賃金は期間加重平均を取ることで暦年ベースに修正し、平均賃金（時給換算した賃金・俸給）は21年の実績値から他統計をもとに延長推計。その他の国は実績値またはOECDによる予測値を利用。

（出所）OECD、総務省、内閣府、厚生労働省、Haver Analyticsより大和総研作成

回る。日本の水準を上回るのは7カ国で、このうちスペイン、韓国、ポーランドは近年大幅な引き上げを実施した。[注12] 英国は前述の通り、賃金中央値の60％まで最低賃金を引き上げるという従来目標を20年に達成した。フランスとポルトガルは18年時点で賃金中央値の60％を上回り、すでにEU指令の目標を達成している。23年度の引き上げを加味すると、日本の最低賃金は直近では、22年のポルトガルに近い水準にあるとみられる。[注13]

ここで日本の最低賃金を1500円として機械的に試算すると、22年の平均賃金対比では59％となる。図表7・3で最も高いスペインの同45％を14％pt も上回る。これは日本の平均賃金が諸外国の中でかなり低い水準にあるためだ。経済実態から見れば、日本の最低賃金をただちに欧州並みの

1500円に引き上げると企業負担が過重になり、廃業や最賃近傍雇用者の失業の増加などの悪影響が目立つようになる可能性が高い。

その意味では、政府が新たな引き上げ目標の達成時期を30年代半ばと明示したのは評価できる。前出の記者会見で後藤大臣は、「できれば早く到達できることについて、これは可能性も残していますし、（中略）最賃が2030年代半ばまでに前倒しで実現されていく日本経済の今後の道筋が見えれば、それはより好ましいことであると考えています」と述べ、あくまで経済実態に配慮して最低賃金を引き上げていく考えを示した。

新目標の達成には平均賃金対比での引き上げや成長力強化が必要

最低賃金の新たな引き上げ目標の達成に向けて、賃金と物価の循環的な上昇や労働生産性の向上は、中長期的に実現していくことが望ましい。マクロの賃金が堅調に上昇する中であれば、それに見劣りしないよう最低賃金を引き上げるのはむしろ社会政策として必要だ。これらの点を考慮して、マクロの賃金動向の見通しなどに基づき六つのシナリオを作成し、それぞれの場合に2035年度に到達する最低賃金額を試算した結果を示したのが図表7・4だ。

24年度から35年度までの平均賃金上昇率は、23年7月に公表された内閣府「中長期の経済財政に関する試算」（以下、内閣府中長期試算）における「ベースラインケース」と「成長実現ケース」の見通しを利用した（ただし33～35年度における平均賃金上昇率は32年度の値を利用）。両ケースでは、

図表7・4　2035年度における日本のシナリオ別最低賃金見通し

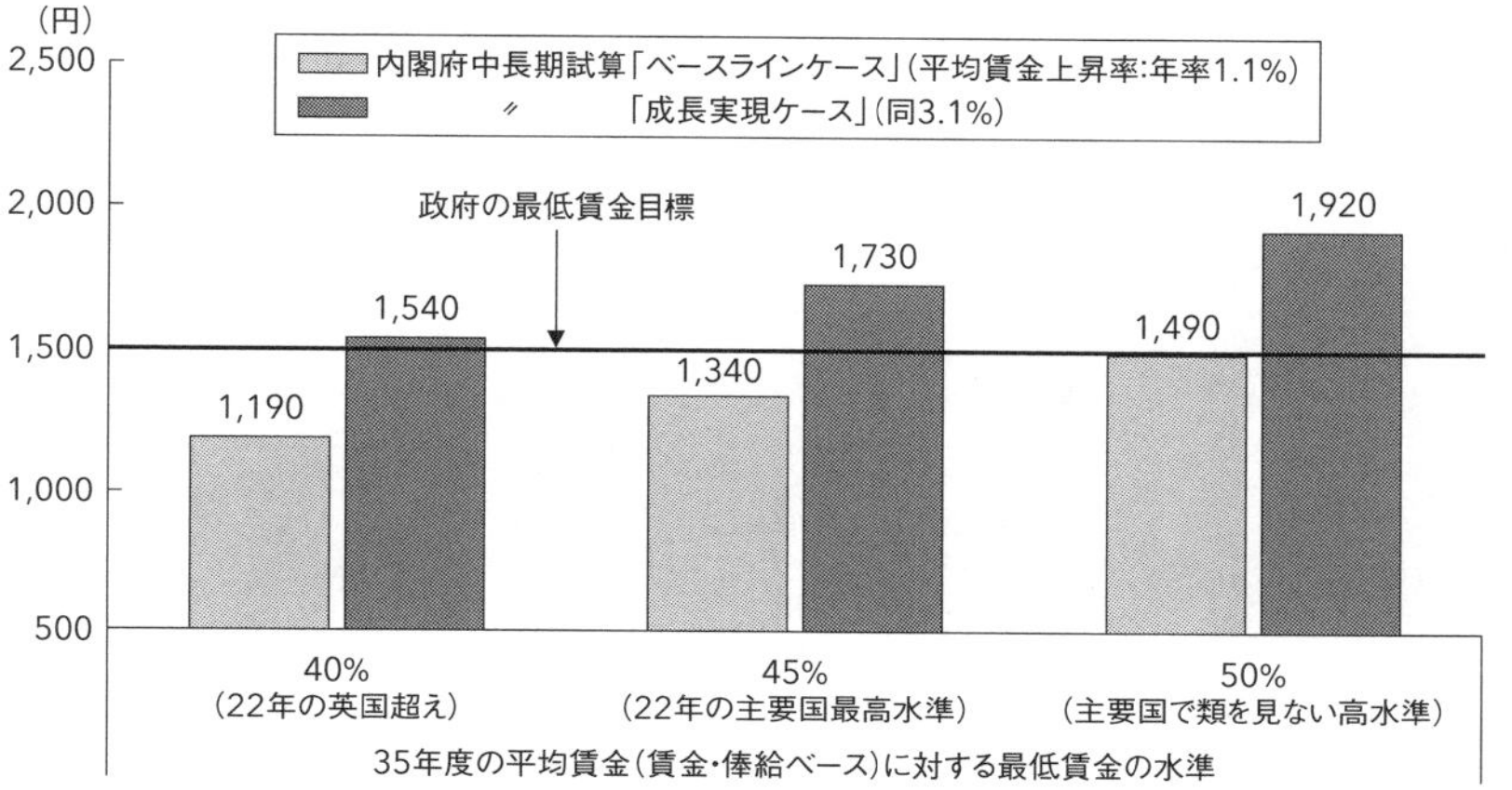

(注)平均賃金上昇率の見通しは、直近の内閣府「中長期の経済財政に関する試算」(内閣府中長期試算)における2024～35年度の平均。2033～35年度における平均賃金上昇率は2032年度の値を利用。

(出所)OECD、内閣府、総務省、厚生労働省より大和総研作成

全要素生産性（ＴＦＰ）上昇率の想定が大きく異なる。足元の経済状況を将来に投影した「ベースラインケース」では、ＴＦＰ上昇率が直近の景気循環の平均値である０・５％程度で推移する。一方、「成長実現ケース」では、これが１９８０～90年代の平均値である１・４％程度へと高まる。労働参加率も高めに推移し、35年度までの平均賃金上昇率は年率３・１％と、「ベースラインケース」の同１・１％を上回る。

また、マクロの賃金動向とは別に、35年度の平均賃金に対する最低賃金の比率にも三つのケースを想定した。具体的には、①22年の英国などをやや上回る「40％」、②22年における主要国の最高水準並みの「45％」、③主要国で類を見ない高水準である「50％」だ。

英国やＥＵ指令は低賃金労働への対策を主たる目的としており[注14]、日本における平均賃金対比の最低賃金の水準を英国やフランスなどの国々

の水準へと引き上げていくことは、そうした社会政策の観点から合理性がありそうだ。また、経済社会の実態や雇用慣行などの違いを十分に考慮する必要があるものの、スペインやオーストラリアなどOECD諸国における最高水準を目指すことも検討に値する。ただし、平均賃金対比での大幅な引き上げは低賃金労働を減らす一方で、最賃近傍雇用者などで失業が増加する可能性もあり、注意を払う必要がある。

図表7・4によると、平均賃金上昇率が年率1・1%の「ベースラインケース」では、35年度に政府の新目標を達成するには、平均賃金に対する最低賃金の比率を50%程度まで引き上げる必要がある。すなわち、現在の経済状況が将来にわたり変わらないとすると、最低賃金を平均賃金対比で10%pt超引き上げないと新目標を達成できない。35年度までの引き上げ率は年率3・4%と、16~23年度の実績（同2・9%）に比べてさほど高いわけではないが、企業の負担は相当に重くなると予想されるため、経済への悪影響が表れる可能性がある。こうした場合は、目標の達成時期を遅らせるなど、柔軟に対応すべきだろう。

次に、平均賃金上昇率が年率3・1%の「成長実現ケース」に基づくと、三つの試算値で平均賃金に対する最低賃金の比率が最も低い「40%」のシナリオでも新目標を達成する。この場合、平均賃金上昇率をやや上回るペースで最低賃金を引き上げればよいため、企業の負担は比較的小さい。

だが、そもそも「成長実現ケース」を実現できるのかどうかが大きな課題だ。およそ10年前の13年8月に公表された内閣府中長期試算の「経済再生ケース」（直近試算の「成長実現ケース」に相当）は、12年度で1％程度だった潜在成長率（実質GDPのトレンド成長率）が、21年度に2・5％程度まで高まることを見込んでいた。しかし、それから約5年後に公表された「成長実現ケース」の21年度見通しでは2・0％程度へと下方修正され、直近の内閣府中長期試算では、同年度の実績値は0・2％と推計された。この10年で政府は幅広い分野で制度・規制改革などに取り組んできたものの、成長力強化の面で成果を上げることはできなかった。

以上の試算結果を踏まえると、新目標の達成には平均賃金対比での最低賃金の引き上げか成長力強化か、またはその両方が必要ということになる。10年超の時間をかけて引き上げていくとしても、最低賃金が1500円になるのは容易なことではなさそうだ。

最低賃金の引き上げが経済活性化につながるかは不透明

政府は最低賃金の積極的な引き上げに経済政策としての役割も期待している。当時の安倍政権が2015年秋に「1000円」目標を掲げた際の目的は「成長と分配の好循環の実現」だった。新目標においても、岸田政権は「賃金や投資を含む成長と分配の好循環を拡大していく(注15)」ための施策の一つに位置付けている。この点、英国やEU指令がもっぱら低賃金労働対策として最低賃金政策を位置付けているのとは異なる。

ただし、最低賃金の引き上げが経済活性化につながるかどうかは不透明だ。前述の通り、最低賃金の引き上げは最賃近傍雇用者の賃金を押し上げる面はあるものの、それ以外の労働者に関してはその効果は限定的とみられる。また、日本の場合には「年収の壁」を意識した就業調整により、時給の上昇が年間収入の増加に十分に結び付いてこなかった。モノプソニー状態の地域が多ければ、最低賃金の引き上げを通じて雇用の拡大が期待できるものの、現時点ではどのような地域がモノプソニー状態で、実際の賃金と均衡賃金がどの程度乖離しているのかを確認できていない。

最低賃金の引き上げが生産性の向上に資するとみる向きもある。だが、最低賃金と生産性の関係は雇用との関係と同様、日本の実証研究では明確な結論が得られていない。例えば、森川（２０１９）(注16)は都道府県レベルと企業レベルのパネルデータを使用した分析により、1人当たり労働生産性への影響は確認できないと論じている。また、厚生労働省報告書（２０２２）は、１９９０年代から20年までの労働生産性とＴＦＰの伸び、さらに最低賃金の引き上げ率を産業別、企業の資本金階級別などに確認し、明確な関係が観察できないことを指摘した。

経済政策としての最低賃金引き上げのインパクトを検討する上では、韓国の事例も参考になる。17年に発足した文在寅（ムン・ジェイン）政権は20年までに最低賃金を1万ウォンに引き上げる目標を掲げた。同政権の主要政策である「雇用・所得主導の成長」の一環として位置付けたものであり、経済対策としての役割を期待している点は日本と共通していた。しかし、韓国の引き上げペースは日本に比べて極めて急速だった。日本貿易振興機構（ジェトロ）によると、18年から2年間で27％超という大幅なペースで最低賃金を引き上げたことにより、小売業や飲食業など最賃近傍雇用者の多い業種で雇用者数が減少した。(注17)雇用への悪影響が顕著になったことで、文前大統

図表7・5　韓国における最低賃金、マクロの平均賃金、失業率の推移

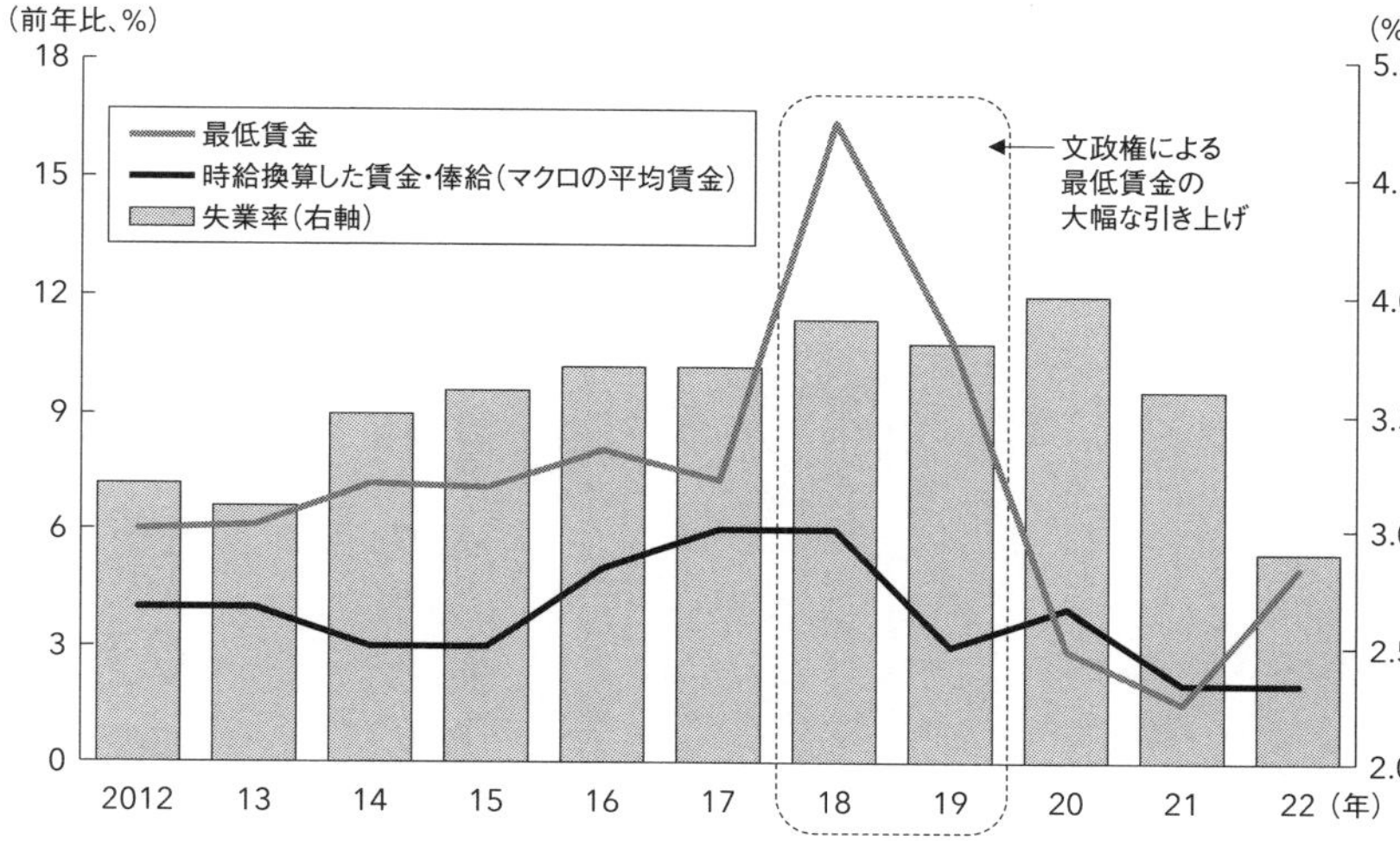

（出所）OECD統計、Haver Analyticsより大和総研作成

領は任期途中で公約の実現を断念した。

韓国の最低賃金の影響率は19年で全雇用者の25%とかなりの高水準だった。(注18) それにもかかわらず18〜19年の失業率は目立った上昇が見られなかったことから、経済政策として成功したとの指摘もある。だが、マクロの平均賃金（時給換算した賃金・俸給）を見ると、前年比の伸び率は18年でほぼ横ばいとなり、19年は伸び率が低下した（図表7・5）。韓国企業は雇用調整を回避した一方、幅広い雇用者の賃金調整で対応したとみられる。文政権としては所得の拡大が消費の拡大を促し、経済の好循環を実現することを目指していたものの、最低賃金の大幅な引き上げではマクロの賃金上昇を加速できなかった。社会政策として一定程度は機能したものの、経済政策としては機能しなかったと評価できる。

03

新目標の達成に向けた課題

目標への労使のコミットメントの確保やEBPMの強化などが必要

新目標の達成に向けて最低賃金を持続的に引き上げていくためにも、目標に対する労使のコミットメントの確保や、ＥＢＰＭ（エビデンス・ベースド・ポリシー・メイキング、証拠に基づく政策立案）の強化などが必要だろう。

政府が最低賃金の目標を掲げても、労使のコミットメントがなければ、毎年の引き上げ額を巡る議論を円滑に進めることは難しい。従来目標の達成に向けて引き上げてきた中で、使用者側からの反対の声が高まったことは前述の通りだ。これに対して、英国では労働者側委員、使用者側委員、有識者委員の三者から成る最低賃金委員会（Low Pay Commission）が、政府目標にコミットしている。英国政府は毎年、最低賃金委員会に諮問した上で、ほぼ委員会の勧告通りに最低賃金を改定している。

労使のコミットメントを確保するためには、新たな目標を掲げた根拠や背景を丁寧に説明することが不可欠だ。前述のように、２０２３年8月31日の新しい資本主義実現会議では、１５００

円という数字に関して「今のヨーロッパ諸国の最賃の水準など」を参考にしていることが示唆されたものの、具体的な検討の内容は判然としない。また、30年代半ばまでという達成期限に関しては、幅を持たせて設定していることに言及した一方、なぜ30年代半ばが目安となるのかの理由には触れていない。さらに、30年代半ばまでどのような経済状況を想定しているのかも不透明だ。

同会議では、労使双方の委員から最低賃金の引き上げについての考えを示した資料が提出された。すなわち、日本労働組合総連合会（連合）は、「新たな中期目標を政労使の十分な理解のもとでセットするには、数字の根拠や時間軸の置き方などをしっかり検討する必要がある。（中略）英国やEU指令など世界の最低賃金の考え方も参考にすべきである」と指摘した。また日本商工会議所は、「労使の意見を踏まえて目指すべき水準を政府方針として掲げること自体は否定しないが、経済実勢などを考慮して、適宜見直しを行うことも必要」との見解を示した。

今後は最低賃金の新目標の達成に向けて、その根拠が十分に説明され、労使のコミットメントを確保することが期待される。また、円滑に価格転嫁できる環境の整備や生産性向上の取り組みを官民で一段と推進するとともに、新目標をどのような経済環境の下で達成するか、マクロの平均賃金対比でどれくらいの最低賃金水を目指すべきなのかなどについて議論を深める必要がある。

他方、最賃近傍雇用者の割合が大幅に上昇したことを踏まえると、最低賃金の引き上げによる低賃金労働者の雇用への影響を精査し、適切に対応する重要性は増している。諸外国の例を見ると、英国やドイツでは最低賃金委員会が、またフランスでは学識経験者が構成する専門家委員会が、最低賃金の改定に向けて膨大な分析をし、２００～３００ページに上る報告書を作成している。報告書では最低賃金の引き上げによる雇用への影響や企業の対応などを細かく確認している。
日本の中央最低賃金審議会（目安に関する小委員会）でも毎年の改定に合わせて定量的な分析をしているものの、諸外国の取り組みに比べると幾分見劣りする印象を受ける。また、そうした分析が報告書のような形でまとめられ公表されるわけではないので、様々な分析を体系的に理解し、引き上げの論拠を辿ることが難しい。最低賃金の引き上げ率が経済状況や雇用情勢に照らして妥当かどうかを定量的に確認し、整理することは、最低賃金に対する労使のコミットメントの確保にも有益だと思われる。

最低賃金の引き上げによる雇用への悪影響を抑える上では、一部の労働者を対象とした最低賃金の減額措置や適用除外も検討する余地がある。日本では、障がい者や試用期間の者に対する減額措置はあるものの、都道府県労働局長の許可を要することもあり、適用は限定的だ。(注19)

この点、諸外国では若年層（または未成年）に対する減額措置や適用除外を実施している。若年層は一般に低スキルで、低賃金労働に従事する傾向にあるため、最低賃金が高まるにつれて雇用への影響が表れやすいためだ。英国の場合、22歳以下に適用する最低賃金を三つの年齢層に分けて減額している。23歳以上の成人に適用される最低賃金額（2023年で時給10・42ポンド）に対して、21～22歳は同10・18ポンド（成人対比で▲2・3％）、18～20歳は同7・49ポンド（同▲28・1％）、16～17歳は同5・28ポンド（同▲49・3％）となっている。EU諸国でも、フランスでは職歴の浅い18歳未満に対して▲20～▲10％の減額措置を実施したり、ドイツでは18歳未満を適用除外としたりしている。こうした仕組みを参考にしつつ、引き上げペースとの見合いで、雇用への悪影響を最小限にとどめるよう配慮することが将来的には必要になるかもしれない。

経済実態に即した最低賃金を設定する上で地域別最低賃金制度は有効

各都道府県で異なる最低賃金の水準を全国で一律にし、最も高い地域の水準に合わせることで、全国加重平均の最低賃金を引き上げることも考えられる。

労働組合や弁護士団体などは、都市部の最低賃金が地方部に比べて高いことが都市部への人口流出を促しており、その対応策として最低賃金の全国一律化が必要と指摘している。中央最低賃金審議会（目安に関する小委員会）でも、労働者側の委員が近年同様の内容を繰り返しており、2023年度の審議では「地域間格差をこれ以上放置すれば、労働力の流出により、地方・地域経済への悪影響が懸念される」[注20]と指摘した。

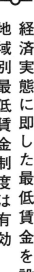

だが、ここで注意しなければならないのは、最低賃金が高い（低い）都市部（地方部）では生計費も高い（低い）ことだ。最低賃金で年2000時間就業した場合の年間収入を1人当たり家計消費額（≒平均的な生計費）対比で都道府県別に示したのが図表7・6の棒グラフだ。[注21]東京都や沖縄県などの一部の例外を除いて地域間格差は小さく、最低賃金の高い都市部で働けば、地方部よりも金銭的な余裕が生まれるとは限らないことが読み取れる。

また、最賃近傍雇用者は地域間移動に積極的なわけではない。総務省「平成29年　就業構造基本調査」を分析した厚生労働省報告書（2022）によると、「仕事に就くため」に県間移動する

図表7・6　1人当たり家計消費額（≒平均的な生計費）対比の最低賃金

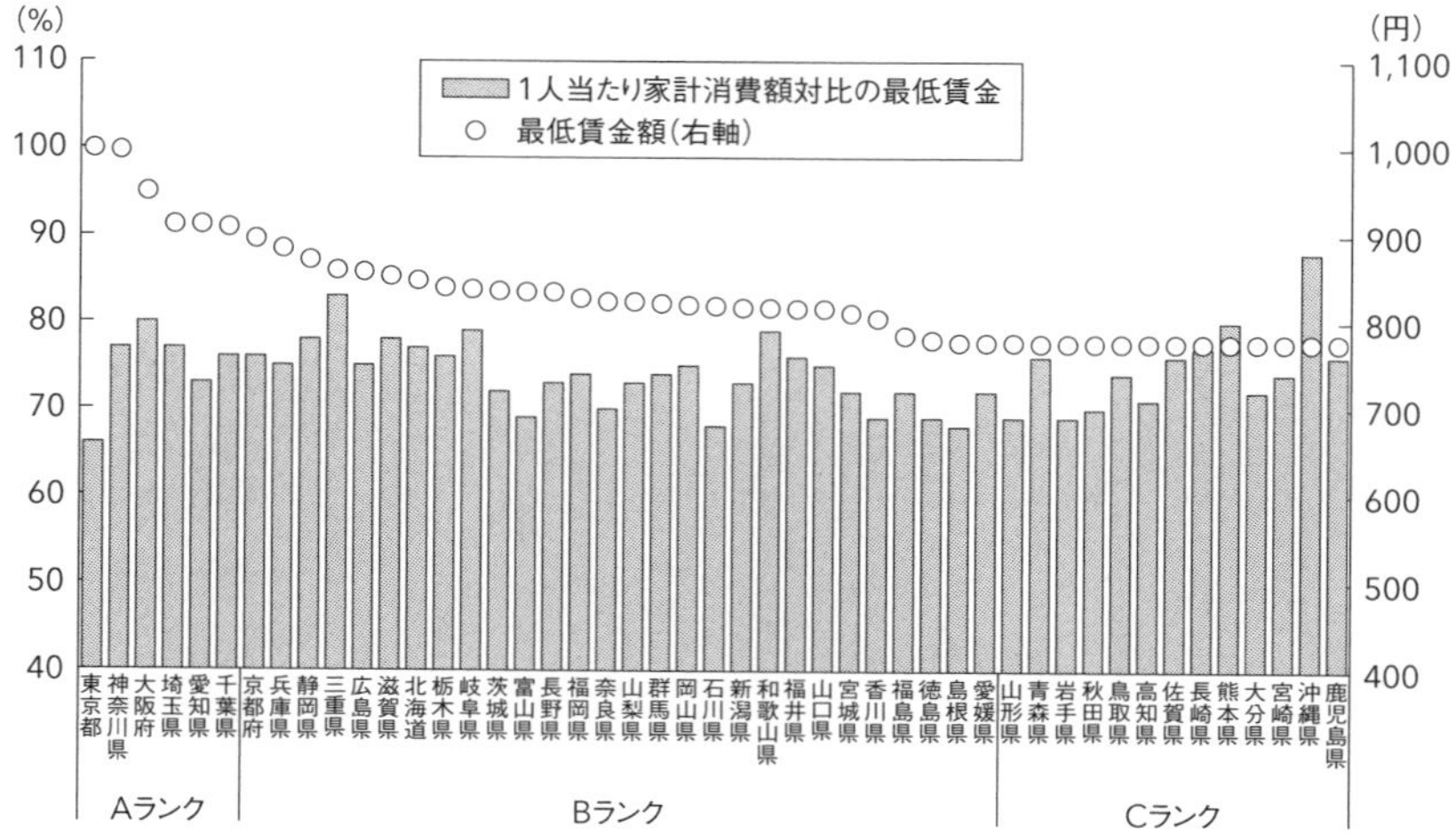

（注）データは2019年度、ランク区分は23年度の最低賃金改定時。最低賃金額は期間加重平均。1人当たり家計消費額対比の最低賃金は、最低賃金で年2000時間勤務した場合の所得を、1人当たり家計消費額（＝名目家計最終消費支出÷総人口）で除した値。

（出所）内閣府統計、厚生労働省資料より大和総研作成

ケースは無配偶者で多く、その中で若年の最賃近傍雇用者の県間移動率は比較的低い。こうしたことを考慮すると、最低賃金の地域間格差が都市部への人口流入を促しているとは言いにくい。

人々を引きつけるのは、雇用があり、教育の機会があり、生活しやすい地域である。賃金の高い仕事がある場所へと人々は移動し、雇用・所得環境が良好であれば、そうでない場合と比べて結婚しやすく、子どもを持ちやすい。小売店や飲食店などのサービス産業は人口密度の高い地域に立地したほうが収益率を高めやすいため、人々が集まる地域には多様で豊富な商品やサービスがそろうようになる。産業の集積や雇用機会の多さと生活の拠点は、相互に作用した結果として決まるものであり、都市部への人口移動は、最低賃金の地域間格差よりも

むしろ、そうした面を反映した動きとみられる。

最低賃金引き上げによる経済への悪影響に配慮する観点からは、経済実態に即して引き上げることが望ましいが、その点において地域別最低賃金制度は支持される。現行の仕組みでは、国の中央最低賃金審議会が目安制度にかかる各都道府県のランクを決める際、所得・消費や給与、企業経営に関連する19の指標を参照している。また、各都道府県の地方最低賃金審議会は国が示した目安額を参照しつつ、その地域の経済状況などを踏まえて引き上げ額を決めている。そのため地方部の最低賃金を仮に都市部の水準まで引き上げると、経済実態から見て最低賃金水準が高すぎることになり、その地域の経済に悪影響が生じる可能性がある。

経済実態を踏まえた結果として最低賃金の地域間格差が解消されることは望ましいものの、最低賃金を全国一律化し、地域ごとの経済実態を反映できる現行の仕組みを放棄することは慎重に検討すべきだ。

注

1　中央最低賃金審議会は2023年4月6日、目安額を作成する際のランク区分を従来の四つから三つへと減らした。ランク区分が多いと最低賃金の地域間格差が開く可能性が高くなることや、四つのランクごとに目安額を示すほどの差がなくなりつつあることなどが理由となった。「中央最低賃金審議会目安制度の在り方に関する全員協議会報告」（第65回中央最低賃金審議会資料、23年4月6日）を参照。

2　最低賃金の引き上げ額は、①中央最低賃金審議会が経済実態に鑑みて都道府県をランク分けした上で、ランクごとの目安額を示し、②それをもとに地方最低賃金審議会が実際の引き上げ額を議論し、都道府県労働局長に答申し、③最終的には都道府県労働局長が決定する。

3　その後の基準改定や推計方法の見直しにより、2015年7-9月期の名目GDPは540兆円に上方修正された。

4　直近の賃金分布は、「賃金分布に関する資料」（令和5年中央最低賃金審議会目安に関する小委員会（第2回）資料、2023年7月12日）を参照。また厚生労働省報告書（2022）（注5を参照）は、10年と20年の2時点で賃金分布を比較している。

5　2021年度厚生労働省委託事業「最低賃金に関する調査研究等事業」で取りまとめられ、22年3月に公表された「最低賃金に関する報告書」（委託先：三菱総合研究所）を指す。総務省「平成29年 就業構造基本調査」に基づき、年間所得を年間労働時間で除した額が最低賃金の1.1倍の額を下回った者を「最賃近傍雇用者」として定義している。

6　もっとも、2021年頃からはパートタイム労働者の平均時給が上昇する中でも労働時間は減少しておらず、年間収入の増加につながりやすくなっている。各種制度の見直しや配偶者手当の支給企業の減少、最低賃金水準の上昇などにより、年収103万円や同106万円を意識して就業調整を行う女性配偶者が減少したためと考えられる（「130万円の壁」に問題がシフト）。

7　明坂弥香・伊藤由樹子・大竹文雄（2017）「最低賃金の変化が就業と貧困に与える影響」ISER Discussion Paper 999, The Institute of Social and Economic Research, Osaka University.

8　Kawaguchi, Daiji, and Yuko Mori (2021) “Estimating the Effects of the Minimum Wage Using the Introduction of Indexation,” RIETI Discussion Paper Series 21-E-007, Research Institute of Economy, Trade and Industry.

9　董艶麗・茨木瞬（2022）「日本における最低賃金の引き上げが雇用に与える影響」『日本労働研究雑誌』750、pp.93-107、労働政策研究・研修機構。

10　Izumi Atsuko, Naomi Kodama, and Hyeog Ug Kwon (2020), “Labor Market Concentration on Wage, Employment, and Exit of Plants: Empirical Evidence with Minimum Wage Hike”, CPRC Discussion Paper Series CPDP-77 -E, Competition Policy Research Center.

11　日本貿易振興機構（ジェトロ）「EU理事会、十分な水準の最低賃金に関する指令案を採択、2024年中にも適用開始」（2022年10月12日）を参照。

12　スペインでは2019年に22.3%、韓国では18年に16.4%、19年に10.9%、ポーランドでは20年に15.6%の最低賃金引き上げが実施された。

13　2023年度における平均賃金対比の最低賃金を試算すると38%程度となる。最低賃金額は、年度内における期間平均値を利用。23年度の平均賃金は、21年度の実績値を他統計の22年度実績と、直近の内閣府「中長期の経済財政に関する試算」における23年度の賃金見通しにより延長して試算。

14　英国は「低賃金状況の終息」、EU指令は「労働者の生活維持に必要な最低賃金水準の確保」を最低賃金引き上げの目的としている。

15　第21回 新しい資本主義実現会議（2023年8月31日）の議事要旨を参照。

16　森川正之（2019）「最低賃金と生産性」RIETI Policy Discussion Paper 19-P-012、経済産業研究所。

17　日本貿易振興機構（ジェトロ）「韓国の賃金水準、日本並みに」（2022年9月5日）を参照。

18　労働政策研究・研修機構「データブック国際労働比較2019」（2019年11月20日）を参照。

19　厚生労働省「令和3年 労働基準監督年報」によると、2021年における減額申請件数は1万1185件、許可件数は1万1095件、許可人員は1万4741人だった。地域別最低賃金にかかるもののみの集計で、許可件数及び人員は前年繰越分を含む。

20　「中央最低賃金審議会目安に関する小委員会報告」（第67回中央最低賃金審議会資料、2023年7月28日）を参照。

21　データ制約から2019年度で比較している。

第 8 章

生成AI

世界の潮流に学ぶ
ChatGPT活用法

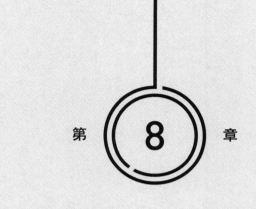

「アルファベットは２０２３年第１四半期の収益会議を開催し、売上高は69・8億ドルで、前年同期比３％増と報告しました。Googleサービスの売上高は６２０億ドルで、前年同期比１％増、Google検索とその他の広告収入は４０４億ドルで、前年同期比２％増でした。」

これは２０２３年４月に公開されたアルファベット（グーグルの持ち株企業）の第１四半期決算発表の要約だ。一見何の変哲もない要約だが、実は筆者の１人が、新進気鋭のベンチャー企業OpenAIの音声認識ＡＩ「Whisper」とテキスト生成ＡＩ「ChatGPT」を用いて、英語音声から生成したＡＩによる要約である。

日常会話から高度な科学技術のレクチャーまで、人間のように高度なテキストを生み出せる生成ＡＩ「ChatGPT」の登場から1年が経過しようとしている。ChatGPTは単なるチャットサービスに留まらず、様々な業務と連携することで生産性の向上に役立つことが、具体的な事例とともにわかってきた。

ただし、業務活用の際には注意すべき点がある。その代表例は、ChatGPTのような生成ＡＩが事実と反するデタラメな内容を生成してしまう「ハルシネーション（幻覚）」と呼ばれる現象だ。現状の生成ＡＩの開発方法では、ハルシネーションを完全に解消することは難しく、最先端の生成ＡＩであるChatGPTといえども、すぐに活用できる領域とできない領域がある。本章ではこのようなChatGPTの特性を押さえた上で、ChatGPTを取り巻く世界的な潮流や雇用に与える影響などを見ていく（本章で扱うChatGPTの仕様や生成内容は２０２３年９月時点）。

01 ChatGPTとは何か

人間のような文章を「確率的に」生成

ChatGPTとは、OpenAIが開発したテキスト生成AI「GPT」を対話（Chat）用に改良したものである。GPTとは「Generative Pre-trained Transformer」の略称で、まるで人間がつくったかのようなコンテンツを生成できる「Generative AI（生成AI）」の一種だ。このGPTは人間の会話により近づけるため「Transformer」と呼ばれる特殊な構造をベースに開発され、ウェブ上の膨大なテキストデータを用いて「人間の会話とは何か」を機械に学習（Pre-training）させている。

具体的には「○○の後には××といった言葉が出てきやすい」といった形で、人間の会話の特徴を「確率的に」理解している。また、GPTは膨大なウェブデータを使って学習しているため、通常のテキストに加えて倫理や道徳に反したテキストも身につけてしまう。あらかじめそうしたテキストを取り除くことは技術的に非常に難しい。そこで、倫理と道徳を担保させるために、人間の手によって追加の調整を施したものが「ChatGPT」だ。ChatGPTの基盤となるGPTは、

図表8・1　ChatGPTにおけるハルシネーション問題

バイデン大統領の経歴について教えてください

ジョー・バイデン（Joe Biden）は、アメリカ合衆国の政治家であり、2021年から第46代アメリカ合衆国大統領として務めています。以下は彼の主な経歴の概要です：

1. **生い立ち**: ジョセフ・ロビネット・バイデン・ジュニア（Joseph Robinette Biden Jr.）は1942年11月20日にペンシルベニア州スクラントンで生まれました。
2. **教育**: デラウェア大学で歴史と政治学の学士号を取得した後、シラキュース大学ローソクールで法学の学位を取得しました。
3. **初期の政治経歴**: 1970年にデラウェア州のニューカッスル郡議会員に選出され、1972年にはデラウェア州選出のアメリカ合衆国上院議員として選出されました。
4. **上院議員**: バイデンは1973年から2009年までアメリカ合衆国上院議員として務め、その間、外交関係委員会や司法委員会の委員長を務めました。
5. **副大統領**: 2008年の大統領選挙でバラク・オバマの副大統領候補として選ばれ、2009年から2017年まで第47代アメリカ合衆国副大統領として務めました。
6. **大統領選挙**: 2020年の大統領選挙で民主党の候補者として選出され、ドナルド・トランプを破り大統領に選出されました。
7. **主な政策**: バイデンは、気候変動対策、経済の回復、公平な税制、医療制度の改革、人権の擁護など、多くの政策課題に取り組んでいます。

バイデンの経歴は非常に長く、多岐にわたるものですが、これは彼の主な経歴の概要です。彼の政治経歴は40年以上にわたり、多くの重要な役職と役割を果たしてきました。

岸田首相の経歴について教えてください

岸田文雄（きしだ ふみお）は、日本の政治家であり、自由民主党（LDP）のメンバーです。以下は、岸田文雄の主な経歴を簡単にまとめたものです（2021年9月時点の情報）：

1. **生い立ち**: 1955年7月15日、大阪府岸和田市に生まれる。岸田文武（元衆議院議員）の息子として生まれました。
2. **学歴**: 早稲田大学第一文学部を卒業後、スタンフォード大学に留学し、政治学の修士号を取得。
3. **政治家として**: 1986年、大阪府議会議員に初当選。1993年、衆議院議員に初当選し、以後連続当選を重ねています。
4. **閣僚経験**:
   - 防衛大臣
   - 外務大臣
   - 経済再生担当大臣
   - など、多くの重要なポストを歴任。
5. **自由民主党総裁**: 2020年、自由民主党総裁選挙で当選し、党のトップとなる。
6. **日本の首相**: 自民党総裁として、2020年に日本の第99代、第100代首相に就任。

岸田文雄は、外交や安全保障、経済政策など、多岐にわたる分野での経験と実績を持つ政治家として知られています。彼のリーダーシップの下で、日本はさまざまな国際的な課題や内政問題に取り組んでいます。

この情報は2021年9月時点のものであり、その後の動向や詳細については公式な情報源やニュースをご参照ください。

（出所）ChatGPT公式サイトより大和総研作成

GPT-3・5とより高性能なGPT-4の二つのバージョンが存在する。

事実と反した内容を生成する「ハルシネーション」問題

ChatGPTが持つ知識は、学習の過程で使用されたデータの期間や内容の偏り（バイアス）などに大きな影響を受ける。もちろん、先述のように倫理や道徳に関わるような高リスクのバイアスについては調整が施されているが、すべてのバイアスを排除することは不可能だ。また、ChatGPTは、文章の意味や文脈を理解しているのではなく、確率的に出現する可能性の高い文をつなげることで文章を生成しているため、それが原因で事実と反する内容を生成する「ハルシネーション（幻覚）」が起きる。

具体例を見てみよう。図表8・1はChatGPTに「バイデン大統領（左）」と「岸田首相（右）」の経歴について尋ねた結果だ。バイデン大統領については正確な回答を生成している一方、岸田首相については、「生年月日」「出生地」「学歴」「政治家としての経歴」のすべてに誤りが含まれている。これは、ChatGPTが主に英語圏のテキストで学習し、日本に対する知識が相対的に欠けている上、確率的に正しいと思われる文をつないで回答を生成したため、ハルシネーションが生じたと考えられる。

ハルシネーションを抑制する「情報連携」

ハルシネーションの存在は生成ＡＩを業務で活用する際に大きな問題となり得るが、幸いなことに抑制法がすでに考案されている。その中で最もメジャーな抑制法と目されている「情報連携（専門的にはＲＡＧ、Retrieval.Augmented Generation：検索拡張生成と呼ばれる）」を紹介したい。

「情報連携」とは、外部の情報ソースとChatGPTを連携させることで、正しい情報に基づいた回答生成を可能にする技術のことだ。情報連携というと複雑な仕組みに聞こえるが、ChatGPTへの質問の前に情報ソースをシンプルに貼り付けることで実現できる。

例えば、図表８・２では、岸田首相の経歴を尋ねる前に、「岸田文雄 公式サイト」のプロフィール情報をコピーして貼り付け、「上の情報を参考に、岸田首相の経歴を教えてください」と質問すると、ChatGPTは岸田首相の経歴を正確に生成する（図表８・２左）。これは、情報連携のおかげだ。次に、「上の情報をもとに自民党の麻生副総裁の経歴を教えてください。情報が含まれていない場合には分からないと答えてください」と質問すると、連携させた情報に麻生副総裁の

図表8・2　情報連携を用いたハルシネーション抑制

1957年
昭和 32年
生まれ

～ 画像では省略 ～

政　府 第101代内閣総理大臣
衆議院議員総選挙の結果を受け、特別国会において首班指名を受け、第101代内閣総理大臣に就任し、第２次岸田内閣を発足させる。

上の情報を参考に、岸田総理の経歴を教えてください

岸田文雄は日本の政治家であり、多くの重要な役職を歴任してきました。以下は彼の主な経歴を示すものです。

- **1957年**：生まれ。
- **1982年**：早稲田大学法学部を卒業し、日本長期信用銀行に入社。
- **1987年**：衆議院議員秘書となる。
- **1993年**：第40回総選挙で衆議院議員に初当選。
- **1997年**：衆議院遺伝子組換え食品の表示問題等に関する小委員会の小委員長として、遺伝子組み換え大豆を使用した食品の表示問題に取り組む。また、自民党青年局長として活動。
- **1998年**：衆議院議院運営委員会委員（議事進行係）。
- **1999年**：政府の建設政務次官（第二次小渕内閣）。
- **2000年**：自民党広島県支部連合会会長、政府の建設政務次官（森内閣）、自民党商工部会長。
- **2001年**：自民党経理局長、政府の文部科学副大臣（小泉内閣）。
- **2004年**：自民党経理局長（再任）。
- **2005年**：衆議院厚生労働委員長。
- **2007年**：政府の内閣府特命担当大臣（安倍改造内閣、福田内閣）。
- **2008年**：政府の消費者行政推進担当大臣、宇宙開発担当大臣（福田内閣）。
- **2010年**：自民党広島県支部連合会会長。
- **2011年**：自民党国会対策委員長。
- **2012年**：宏池会会長、政府の外務大臣（第二次安倍内閣）。
- **2013-2015年**：政府の外務大臣。
- **2017年**：政府の防衛大臣（兼任）、自民党政務調査会長。
- **2018-2019年**：自民党政務調査会長（再任）。
- **2021年**：自民党総裁に選出。その後、第100代内閣総理大臣として岸田内閣を発足。さらに、第101代内閣総理大臣として第2次岸田内閣を発足。

岸田文雄は、外務大臣としての連続在任期間が戦後最長となるなど、日本の外交・安全保障政策において中心的な役割を果たしてきました。

上の情報を参考に、麻生副総裁の経歴を教えてください。情報が含まれていない場合には「分からない」と答えてください。

上記の情報は岸田文雄氏の経歴に関するものであり、麻生副総裁（ presuming you are referring to 麻生太郎, Aso Taro）に関する具体的な情報は含まれていません。したがって、私は「分からない」と答えます。もし、他の質問がありましたら、お聞きください。

上の情報を参考に、麻生副総裁の経歴を教えてください。わからない場合にはわからないと答えてください。

わかりました。上記の情報は岸田文雄の経歴に関するものです。麻生太郎の経歴について、私の知識ベースから主な経歴を以下に示します。

麻生太郎の主な経歴：

- **1940年**：生まれ。
- **1963年**：東京大学法学部卒業。
- **1973年**：第33回衆議院議員総選挙で初当選（以後、連続で当選）。
- **1988年**：竹下改造内閣で労働大臣に就任。
- **1991年**：宮沢改造内閣で建設大臣に就任。
- **1996年**：橋本第一次改造内閣で郵政大臣に就任。
- **1998年**：自民党政調会長に就任。
- **2000年**：森第一次内閣で経済企画大臣に就任。
- **2001年**：第1次小泉内閣で外務大臣に就任。
- **2008年**：自民党総裁に選出され、第92代内閣総理大臣に就任。
- **2012年**：第2次安倍内閣で副総理・財務大臣・金融担当大臣に就任。
- **2019年**：第4次安倍改造内閣で副総理・財務大臣・金融担当大臣に続投。

上記は麻生太郎の主な経歴の一部です。彼は自民党の重鎮として、多くの重要なポストを歴任しています。

（出所）ChatGPT公式サイトより大和総研作成

ものは含まれていないため「分からない」という正しい回答を生成した。

しかし、単純な情報連携では、同じ情報ソースを連携している場合でも、質問方法を少し変えるだけでハルシネーションを起こす場合がある。図表8・2右下のように少し質問文を変えると、ChatGPTが誤った麻生副総裁の経歴を生成した。

このように情報連携のさせ方によっては誤った内容を生成してしまう場合もあるので注意が必要だ。以下では具体的な活用事例を通じて、ChatGPTの適切な運用法を説明する。

02 ChatGPTの特性を踏まえた活用法

ChatGPTの活用は大きく二つの段階に分けられる。一つ目は、ChatGPTが得意とする内容や正解のないタスクを対象とする段階。これはChatGPTを活用できる環境さえあれば、すぐに実現できる。二つ目は、ChatGPTに追加情報を事前に提供する「情報連携」をプラスする段階。前項で述べたように該当する情報をコピー&ペーストしてChatGPTに渡すことでも情報連携は可能だが、あらかじめ業務情報データベースを構築し、ChatGPTと接続することで、効果的な業務効率化が実現できる。その具体例について説明しよう。

ChatGPT単独のソリューション
（翻訳・アイデア出し・データ解釈など）

ChatGPTが得意とするタスクや答えがないタスク、つまりハルシネーションリスクが低いものが対象となる（図表8・3右）。

例えば、英語から日本語への翻訳については、大量の対訳データが学習に使用されているため、情報連携などの工夫をしなくても、従来の翻訳エンジンよりも高精度な翻訳を実現できる。

また、アイデア出しも得意とするところだ。図表8・3左のように「人工知能をシンクタンクで活用するアイデアを具体的に10個考えて欲しい」といった依頼をすると、即座に返答してくれる。このようなアイデア出しは、顧客提案の立案のような実際の業務に活用できる。その際、具体的な顧客情報をChatGPTに入力することで、納得感の高い結果が得られやすくなる。しかし、公式のChatGPTサービスを使用する場合は、入力内容が学習データに使用され、機密情報が流出するおそれがある。

その点、ChatGPTのAPI（アプリケーション・プログラミング・インターフェース）を用いて使用する場合には、入力内容が学習に使われることはない。APIとは外部にシステムへの接続仕様を公開して、外部のソフトウェアやサービスでその機能を利用可能にする仕組みのことだ。APIを用いて、自社専用のChatGPTシステムを構築すれば、顧客情報のような機密情報を入力することが可能になる。

図表8・3　ChatGPT単独のソリューション

A9　人工知能をシンクタンクで活用するアイディアを具体的に10個考えて欲しい

シンクタンクでの人工知能の活用は、研究、分析、戦略策定などの多岐にわたるタスクを効率化・最適化するための強力なツールとなり得ます。以下は、シンクタンクでのAI活用のアイディア10個を示します。

1. **データ分析と予測モデリング**：大量のデータを高速に分析し、未来のトレンドやシナリオを予測するためのモデルを構築。
2. **自動レポート作成**：研究結果や分析データを基に、自動的にレポートや白書を生成する。
3. **意見収集と分析**：SNSやニュースサイトからの公的な意見や感情を収集し、そのデータを分析して社会の動向や意識を把握。
4. **シミュレーション**：政策変更や経済的なインパクトをシミュレーションすることで、その影響を事前に評価。
5. **専門家の知識の統合**：異なる専門家からの意見や知識をAIで統合し、多角的な視点からのアドバイスや提案を生成。
6. **リアルタイムのニュース監視**：世界中のニュースや情報をリアルタイムで監視し、シンクタンクの関心事項に関連する出来事を自動的に識別・報告。
7. **文献レビューの自動化**：関連する学術論文や報告書を自動的に検索・要約し、研究者の作業負荷を軽減。
8. **対話型の知識ベース**：AIを活用して、一般の人々や専門家がシンクタンクの知識ベースと対話できるプラットフォームの構築。
9. **視覚的なデータ解析**：複雑なデータを視覚的に解析し、インタラクティブなダッシュボードやグラフを生成して、情報の理解を深める。
10. **教育とトレーニング**：AIを使用して、シンクタンクのメンバーや関連するステークホルダーに対して、最新の研究方法や技術を教育・トレーニングするプログラムの開発。

これらのアイディアは、シンクタンクの目的やニーズに応じてカスタマイズや組み合わせが可能です。AIの技術は日々進化しているため、その可能性は無限大と言えるでしょう。

ChatGPT単独のソリューション例

・翻訳（多言語対応）

・アイデア出し
- 新規事業案
- 研修内容案
- ミーティングのアジェンダ
- レポートの構成案

・営業サポート
- メール下書き作成
- 商談内容の分析

・メジャー言語（PythonやC++）のサポート
- 既存コードの内容説明
- 簡単なアルゴリズムの素案作成
- エラーの原因追求サポート

・文章の添削・要約

・表データの簡単な分析

（出所）ChatGPT公式サイトより大和総研作成

［例１］自社専用ChatGPT（DIR ChatGPT ほか）

ＡＰＩを用いて構築した自社専用ChatGPTの具体例として、大和総研で運用されている「DIR ChatGPT」を紹介する（図表８・４）。

DIR ChatGPTは、入力内容に制約なく幅広い用途に活用できるChatGPTとして、２０２３年６月から大和総研内で運用されている。活用を促すため、翻訳やソースコード生成といった大和総研内で多くの利用が見込まれる用途に対して、素早く簡単に質問するための質問文案（プロンプト）を用意している。その結果、特に、社外秘情報の翻訳やシステム開発に効果を発揮している。

こうした活用が生産性にどれほど効果的なのかを示す参考として、マサチューセッツ工科大学の研究成果（Noy and Zhang [2023][注1]）を紹介する。この研究では、大卒の学位を持ち、マーケティング担当者やコンサルタントなどの専門職に就く４５３人に、プレスリリースや電子メールの作成といったタスクを割り当て、ランダムに選ばれた半数にChatGPTを提供し、その有無による生産性の変化を調査した。

結果は、ChatGPTを使用したグループではタスクに要する時間が40％減少した上、内容の充実度や独創性といった総合的な評価も向上するなど、生産性に劇的な改善があった。この研究では、ChatGPTの継続利用の有無も重要と考え、実験の2週間後にフォローアップの調査をして

図表8・4　自社専用ChatGPTの例（DIR ChatGPT）

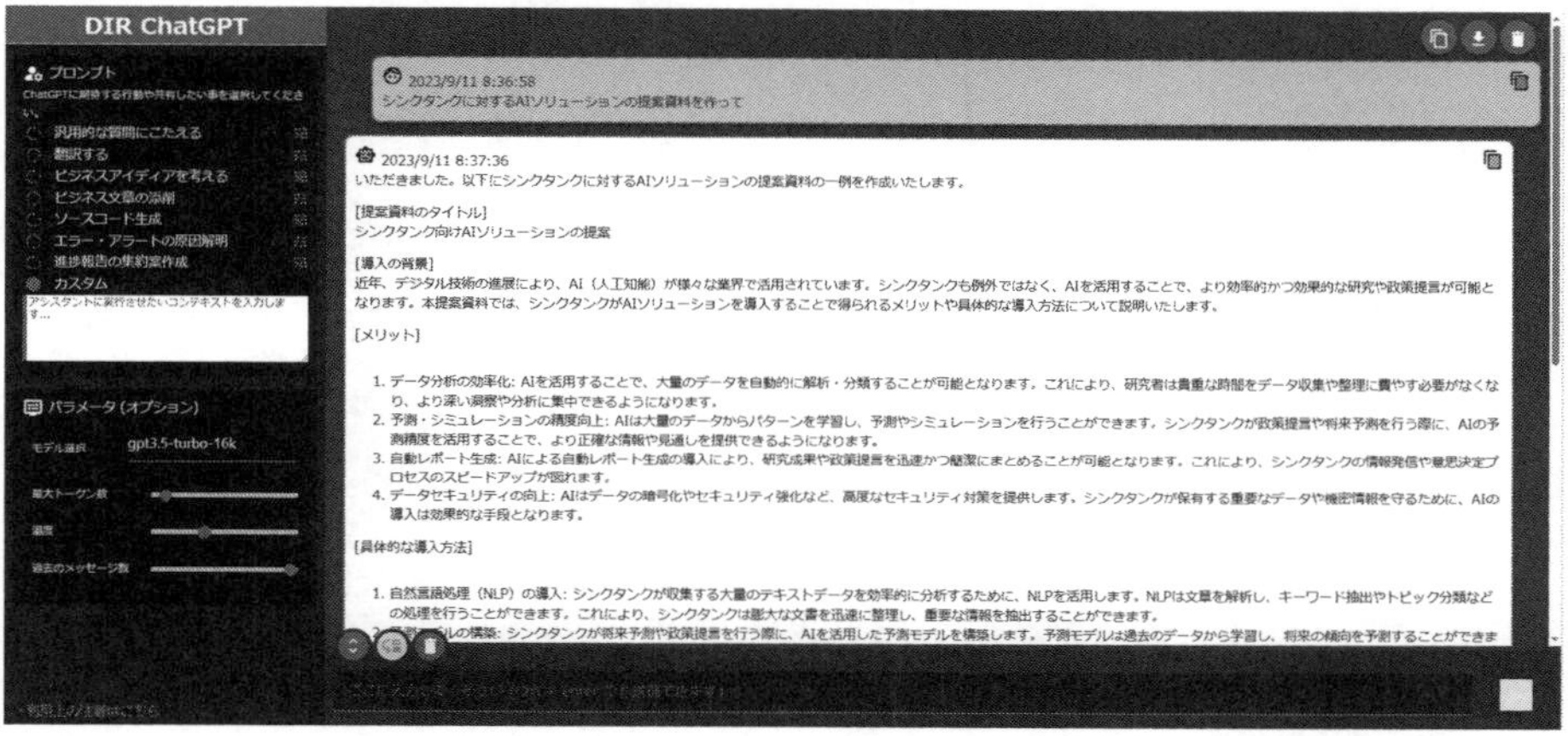

（出所）大和総研作成

いる。結果は、ChatGPTを割り当てられた人のうち33%が、カスタマーサービスへの応答やメールの草稿作成を始めとする幅広いタスクに活用を続けていた。一方、ChatGPTを継続的に利用していない人は、そのほとんどが顧客や企業に特有の情報に関連したライティング業務に従事していた。その理由は、ChatGPTでは適切な文章を生成できなかったためだ。

すでに紹介したように、ChatGPTは情報連携により、企業特有の情報を踏まえた文章を生成することができる。自社専用ChatGPTを構築して社内での利用を広めるには、自社特有の情報と連携させることが非常に重要だ。

情報連携を用いた業務効率化

次に、ChatGPTの情報連携を用いた業務効率化を説明する。前述のように、ChatGPTを外部情報と連携させることで、ChatGPTが学習していない分野のことでも正しい出力を得られる。自社専用のChatGPTを自社のデータベースと情報連携すれば、会議や営業資料の作成などの作業を効率化できるだろう。

また、情報連携は定期的なレポートの執筆とも相性が良い。定期レポートは、執筆の大枠やフォーマットが決まっていることが多く、前のレポートより後に発生した新しい情報をChatGPTと連携し、フォーマットを指定してChatGPTに文章を生成させれば、文章の叩き台を高速に生成させることが比較的簡単にできる。ただし、生成内容が自社の情報を正しく引用しているかをチェックするプロセスが欠かせない。

［例2］大和地域ＡＩ（地域愛）インデックスのレポート執筆の効率化

情報連携を用いた定期レポート業務効率化の成功事例として、大和総研が四半期ごとに公開している「大和地域ＡＩ（地域愛）インデックスレポート」を効率的に執筆するためのソリューションを紹介したい。

大和地域ＡＩインデックスとは、日本銀行が四半期ごとに公開している「地域経済報告（さくらレポート）」の内容をもとに、大和総研が開発したＡＩを用いて地域別の景況感を指数化したものだ。大和総研では、インデックス作成に合わせて、インデックスの推移などを説明するレポートを公開している。

図表8・5　ChatGPTによる「大和地域AIインデックス」レポート執筆の効率化

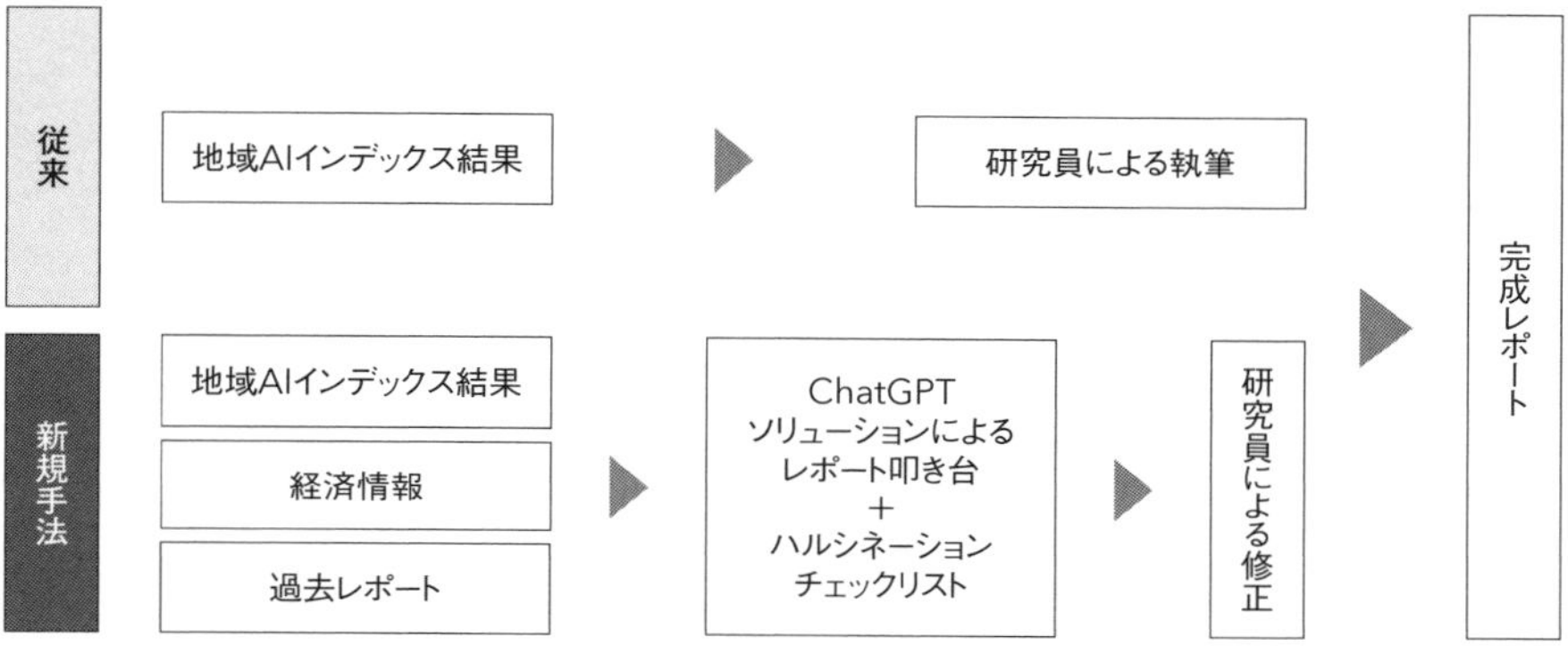

効果	レポート作成時間の継続的な50%削減が可能
実現のポイント	① 生成対象が定型業務（安定したChatGPT活用が可能） ② 研究員とエンジニアのコミュニケーションを通じた効率化の余地と実現可能性の確認 ③ ハルシネーションチェックの技術による効率化

（出所）大和総研作成

大和総研では本レポートを２０１７年７月から作成しており、フォーマットもある程度定まっている。そのため、インデックスの推移や研究員が参考としている経済関連情報、過去のレポート内容などをChatGPTに連携させることで、最新版のレポートの叩き台を作成させることが可能となる。

ただし、レポート作成の叩き台とするには、インデックスの変動原因が「架空の情報から説明されていないか」「正しい情報ではあるが、インデックスの変動と整合性は取れているか」といったハルシネーションのチェックが不可欠だ。こうしたチェックを効率的に実行するための機能を搭載することで、大和総研ではチェックコストの削減に成功し、レポート作成の時間を継続的に5割削減することが可能となった（図表8・5）。

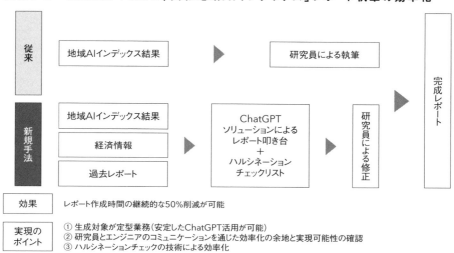

現在のChatGPTでは難しい内容

ChatGPTを活用すればこうしたメリットを享受できる半面、忘れてはならないのが「ChatGPTはあらゆる困難を解決できる魔法のＡＩ」では決してないということだ。

特に困難だと考えられるのが、「無人ソリューション」の外部展開である。現状ではハルシネーションを完全に抑制することが不可能なため、内部チェックが必要不可欠だ。また、最新の情報を反映することも難しい。前述のように、ＧＰＴの知識はChatGPTの学習に使用された情報の期間に依存する。公式ホームページ[注2]では「２０２１年以降の世界や出来事の知識は限られている」（翻訳は大和総研）と記載されていて、最新の情報を反映できていない可能性がある。また、文章を確率的に生成していることから数値処理も苦手としている。

従来、ＡＩモデルを自社の業務に適応させる場合には「ファインチューニング」と呼ばれる特別な作業が必要だった。ChatGPTについてもファインチューニングによって困難を克服できる可能性はある。しかし、現状では、ChatGPTのような大規模な言語モデルに対するノウハウが蓄積されておらず、難易度は高いと考えられる。

03 ChatGPT活用に付随するリスク

前項ではChatGPTの具体的な活用事例を紹介したが、導入に際しては、様々なリスクを検討しなければならず、導入に踏み切れない企業もあるだろう。ここでは、ChatGPTの活用に付随する主要なリスクとその対処法について整理する。

ハルシネーションリスク

リスクとして最も大きいのがハルシネーションだが、前述のように、情報連携を活用することで知識を補完させることができる。情報連携とフローを構築し、ハルシネーションリスクを適切に管理することで、多くの業務改善が可能だ。

ChatGPTが使えなくなるリスク

ChatGPTによる業務改善が進めば進むほど、ChatGPTへの依存度が増す。そこで企業として注意を払わなければならないのが、ChatGPTの使用停止リスクだ。特に、ChatGPTのようなコンテンツを生成するＡＩにおいては、学習データの個人情報問題や倫理的問題など様々な火種が潜んでいる。また、国際競争の観点から、米国外でのChatGPTの提供が停止される可能性もゼロとは言い切れない。

一方、ＡＩの研究開発速度は極めて速く、ChatGPTは唯一のソリューションではなくなりつつある。例えば、２０２３年7月に公開された米Anthropicの「Claude 2」は有力な対抗馬の一つだ。Anthropicは、OpenAIでＧＰＴ-3の開発に携わった研究者が立ち上げたベンチャー企業だ。彼らが開発したClaude 2は、現時点では米英でのみ利用可能で、米国司法試験の多肢選択でＧＰＴ-4を上回る性能を発揮したほか、様々なテストでＧＰＴ-4に迫る性能を発揮している。ＧＰＴ-4の性能も定期的に向上しているため、それを超えるソリューションが生まれるのは先の話になりそうだ。けれども、「現時点のＧＰＴ-4」で実現できることを、今後公開される他のソリューションで代替できる可能性が高いのなら、ChatGPTが仮になくっても企業は困らないだろう。「ChatGPTが使えなくなるリスク」は、それほど深刻に考える必要はないと思われる。

著作権リスク

ChatGPTが生成した文章の使用に関して、有識者が内容を精査することなく、特に法律・金融・医療に関するアドバイスをすることは、ChatGPTの利用規約で禁止されている。

日本の著作権法では、「著作物」とは「思想又は感情を創作的に表現したものであって、文芸、学術、美術又は音楽の範囲に属するもの」とされている。そのため、ＡＩを使って文芸、学術、美術、音楽に関わる創作をする場合には一定のリスクを伴うが、一般的なビジネス効率化に活用する場合は、臆することなく使用してよいと考えられる。

ただし、留意しなければならない点も少なくない。例えば、研究員が外部に公表するレポートの下書きにChatGPTを活用する際、他社のレポートを意図せず盗用してしまうリスクがある。原因は、ChatGPTはウェブ上のデータを用いて学習しているからだ。そのため、ChatGPTが生成した文章に関しては、ウェブ検索などを通じて文書を盗用していないかチェックする必要がある。

また、こうした著作権リスクについて、生成ＡＩの提供企業が、顧客を保護する動きも出てきている。例えば、マイクロソフトの場合はこうだ。Microsoft Office製品にＧＰＴ-4を搭載したサービス「Microsoft 365 Copilot」を含む各種Copilotサービスが生成した文章の内容が原因で製品ユーザーが著作権侵害で訴えられた場合、ユーザーが製品に組み込まれた著作権侵害リスクを低減するツール（ガードレールとコンテンツフィルター）を使用していれば、不利な判決や和解で課された金額をマイクロソフトが支払うことを発表した。

今後このように、生成ＡＩの提供企業が、ユーザーの著作権侵害に対する訴訟リスクを何らかの形で引き受けることが一般的になるかもしれない。

使わないリスク

図表8・6は、ガートナージャパンが公開している日本における人工知能のハイプ・サイクルである。ハイプ・サイクルとは米ガートナー社の造語であり、「イノベーションが過度にもてはやされる期間を経て幻滅期を迎え、最終的には市場や分野でその重要性や役割が理解され進化する共通のパターンを描いたもの」とされる。(注3) 人工知能に関しては、日本では2018年に市場が停滞する「幻滅期」に突入し、海外では2018年の秋から投資が引き揚げられる「冬の時代」に入ったとの指摘もあった。

実際、ここ10年で台頭してきたAI技術に過度な期待を抱き、幻滅した経験を持つ企業は少なくないのではないだろうか。その原因として、AIは非常に強力な技術だが、現状のAIでは解決できないタスクに用いてしまったことが挙げられる。

すでに述べたようにChatGPTに関しても得意不得意があるが、一般的に問題と指摘されているハルシネーションは、情報連携という技術で抑制可能だ。

また、「AI技術の進展速度」についても正しく認識する必要がある。数年前には実用レベルのチャットボットの作成は非常に困難だったが、技術の飛躍的な進展によってすでに作成可能になっている。

ガートナージャパンが2023年8月に公開した「日本における未来志向型インフラ・テクノ

図表8・6　日本における人工知能のハイプサイクル（2016〜2023年）

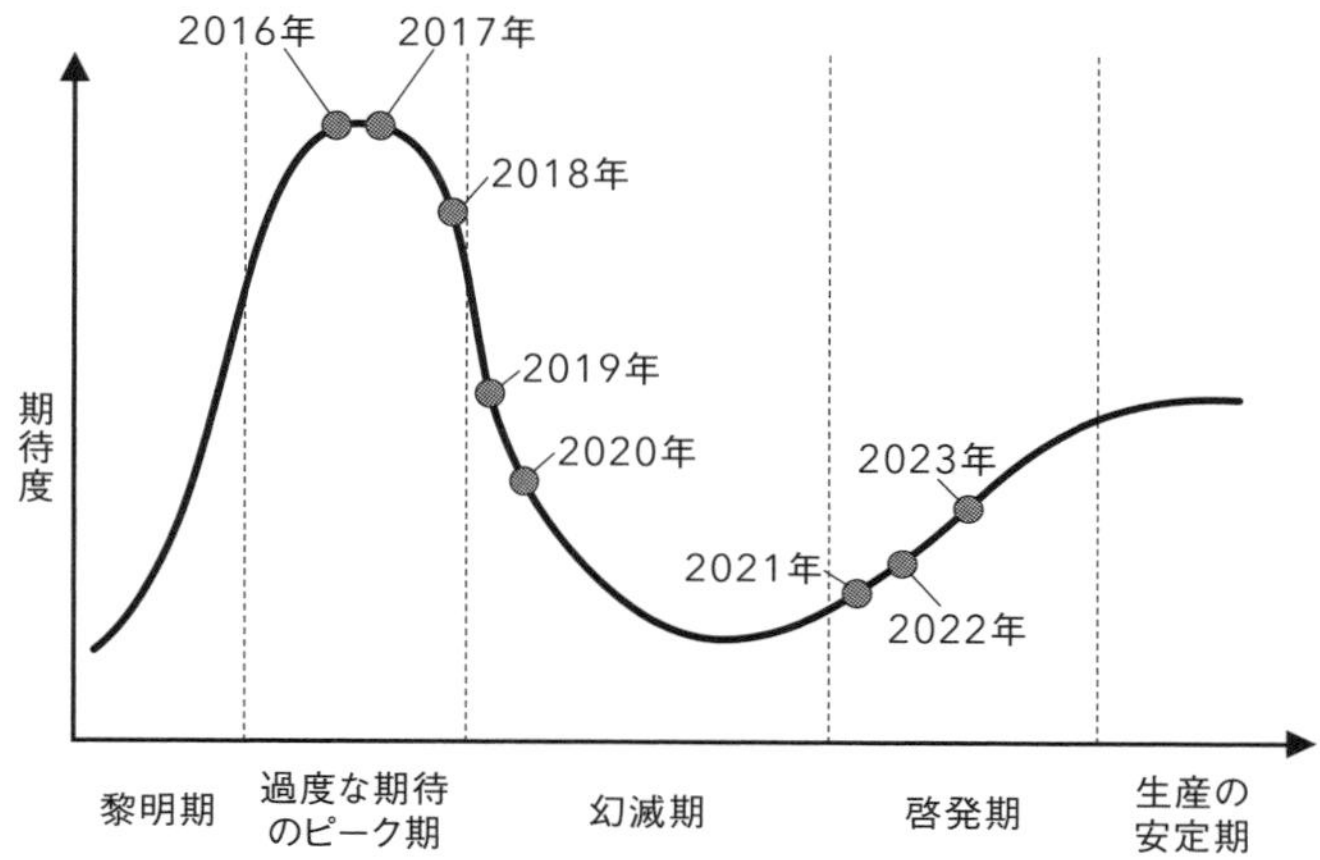

「黎明期」:潜在的技術革新によって幕が開く。初期の概念実証などで大きな注目が集まる。多くの場合、使用可能な製品は存在せず、実用化の可能性は証明されていない。

「過度な期待のピーク期」:数多くのサクセスストーリーが紹介されるが、失敗を伴うものも少なくない。行動を起こす企業もあるが、多くはない。

「幻滅期」:実験や実装で成果が出ないため関心は薄れる。テクノロジの創造者らは再編されるか失敗する。生き残ったプロバイダーが早期採用者に合わせて製品を改善した場合に限り、投資は継続する。

「啓発期」:企業へのメリットを示す具体例が増え始め理解が広まる。パイロットに資金提供する企業が増える。保守的な企業は慎重なまま。

「生産性の安定期」:主流採用が始まる。プロバイダーの実行存続性を評価する基準がより明確に定義される。テクノロジの適用可能な範囲と関連性が広がり、投資は確実に回収されていく。

（出所）ガートナージャパンの公開資料から大和総研作成

ロジのハイプ・サイクル：２０２３年」によると、ChatGPTに代表される「生成ＡＩ」は、日本において「過度な期待」のピーク期にある。日本企業としては「誤った幻滅」によってChatGPTを使わないことが、リスクになり得ることを認識すべきだろう。

04 ChatGPTを取り巻く世界的な潮流

ここまでChatGPTの具体的な性能や応用例について見てきた。ここでは、ChatGPTに関する世界的な潮流を押さえ、今後の活用について考える材料としたい。

ＡＩ大国の中国はChatGPTとの競争に勝てるのか

米国とＡＩ技術に対する覇権を争う国として忘れてはならないのが中国だ。ＡＩに関する研究開発力において、中国はすでに米国を超えているという報告もある。日本経済新聞がオランダの学術情報サービス大手のエルゼビアの協力を得て、各国のＡＩに関する過去10年の論文の量と質を分析したところ、２０１９年の時点で、人工知能に関する論文の量と質で中国が米国を超え、その後も両者の差は拡大していることがわかった（「ＡＩ研究、中国突出　論文の質・量で米国引き離

す」日本経済新聞2023年1月16日)。

では今後、ＡＩに関する実力で勝るとされる中国のサービスが、生成ＡＩに関しても市場を席巻するのだろうか。少なくとも、ChatGPTのような対話型ＡＩの領域では可能性は低いと考えられる。これは中国を取り巻く状況と、ChatGPTのようなＡＩの開発方法・性能が本質的に相容れないからだ。

前述のようにChatGPTの基盤であるＧＰＴ－３・５とＧＰＴ－４は、ウェブ上に公開されている膨大なテキストデータを用いて学習した後、道徳的・倫理的規範に反する発言をしないように調整されている。この調整プロセスは、西洋的・民主主義的な思想のもとで実施されているため、政府の主張と矛盾した内容を一部生成する可能性がある。そのため、中国を筆頭にキューバ、ロシア、イラン、北朝鮮のような国では、ChatGPTの使用が禁じられている。

では、各国の思想を反映させて調整プロセスを実施すればよいのではないかと思われるかもしれないが、それは難しそうだ。ChatGPTのような高性能なＡＩを開発するには、膨大な量のテキストデータが欠かせないため、公開情報を無作為に収集する必要がある。このようなデータを用いて学習した段階で多様な意見を身に宿してしまうため、いかに調整を施したとしても、政府と異なる見解を示してしまう可能性を完全には排除できないと考えられる。

中国では、スタートアップから大企業まで様々な企業が、ChatGPTのようなテキスト生成型ＡＩを独自に構築し、オリジナルの対話型ＡＩサービスの展開に挑戦している。しかし、サービス開始後すぐに公開中止に追い込まれている例も少なくない。例えば、中国のスタートアップ企業Yuanyu Intelligenceが2023年2月に公開したAIチャットサービス「ChatYuan」は、当初から中国経済や軍事問題に対する批判的な意見を生成してしまい、リリースからわずか3日間で公開が中止された。

中国政府は、このように様々な意見を生成し得る対話型AIを高リスクと捉えているようだ。2023年8月15日、中国は主要国で初めて本格的な生成AI規制を盛り込んだ「生成AIサービス管理暫定規則」を施行した。この法律では、中国におけるコンテンツ生成型のAI開発を奨励しながらも、「社会主義核心価値観」の堅持を要求し、「国家政権転覆を扇動し、社会主義制度を打倒し、国家の安全や利益に危害を加える内容を生成してはならない」ことが強調されている。(注4)現状の対話型AIの開発方法で、こうした要求を満たすのは難しいため、中国における生成AI開発は厳しい環境にあるといえそうだ。

欧州の状況――EUと英国で異なる対応

欧州においても、個人情報保護の観点から生成AIに対する規制強化の動きが目立っている。契機となったのはイタリアの個人情報保護当局によるChatGPTの利用禁止令だ。ChatGPTの開発における各種データの収集の方法や生成する内容が不正確であることなどが、EUにおける一般データ保護規則(GDPR)に抵触しているおそれがあるとして、それらが改善されるまで利用を一時的に禁止する命令が2023年3月31日に出された。開発元のOpenAIが個人情報保護や利用時の年齢確認などの対策を講じたため、禁止命令は2023年4月末に解除されたが、EU各国ではChatGPTのようなコンテンツ生成型AIと個人情報保護のあり方に関する議論の呼び水となった。2023年6月には、生成AIを含めた包括的なAIに対する規制法案「EU AI Act」が欧州議会の本議会で採択され、2023年内に各国で合意される見通しとなっている。

一方で、EU域外である英国は、状況がやや異なる。英国でもコンテンツ生成型のAIに対する規制は議論されているが、EUほど厳しい批判にはさらされていない。そのため英国は、多くのAI企業の欧州進出の拠点候補となっている。特に注目すべきは、2023年7月、OpenAIが初となる海外拠点をロンドンに設置したことだ。この拠点は、欧州での人材獲得やEUの規制当局との調整窓口の役割を担う。このようにAI規制の観点から、欧州の拠点を英国に置く企業が今後も増えるだろう。

日本はChatGPTに前向きだが課題も

ChatGPT公開以降、各国で生成AIへの規制が議論される中、日本においては活用の議論が国家主導で展開されている。このことは、OpenAIからの信頼獲得につながっているようだ。2023年4月、OpenAIのサム・アルトマンCEOのChatGPT公開後初となる海外訪問先に日本が選ばれ、岸田首相との面会が実現した。他国と比較してOpenAIに対し公平な視点で話を聞く姿勢が胸を打ったとされ、2023年6月には早くも再来日するなど、日本に対する好意的な

図表8・7　ChatGPTのトラフィック数シェア（カッコ内は前月比）

	ChatGPTトラフィック数シェア
1位:米国	13.05%(+3.53%)
2位:インド	9.01%(+7.58%)
3位:コロンビア	3.86%(+25.72%)
4位:日本	3.69%(−10.2%)
5位:ブラジル	3.2%(+1.26%)

（注）データは2023年8月の数値。
（出所）Similarwebから大和総研作成

アクションが続いている。

また日本では、ChatGPTの利用に対して他国と異なる兆候が見て取れる。その一つがウェブサイトやオンラインサービスのユーザー利用数を示す「トラフィック数」に表れている。図表8・7は、世界各国からのChatGPTに対するトラフィック数で、2023年8月現在、日本は世界で4位にランクインしており、人口比では世界3位となっている。

図表8・8は、世界と日本における検索エンジンのシェアの推移を示している。グローバルなトレンドと異なり、日本ではBingのシェアが、徐々に増加している。

このように日本ではChatGPTとBingに対する具体的なアクションが観測されているため、マイクロソフトが展開するAIサービスの整備も率先して進められている。2023年7月には、マイクロソフトが日本政府の要望に応じる

図表8・8　検索エンジンシェアの推移（2022年8月～2023年8月）

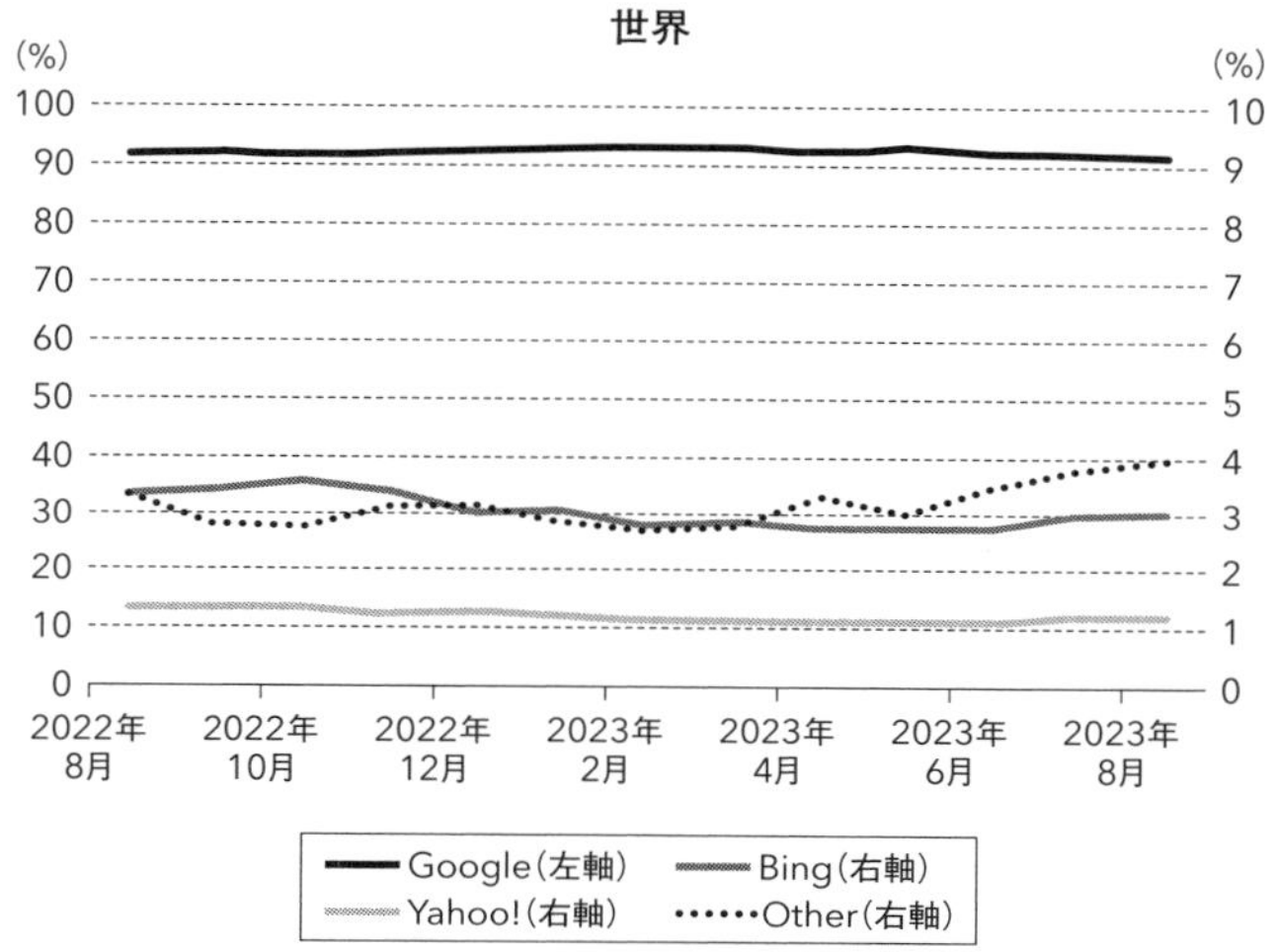

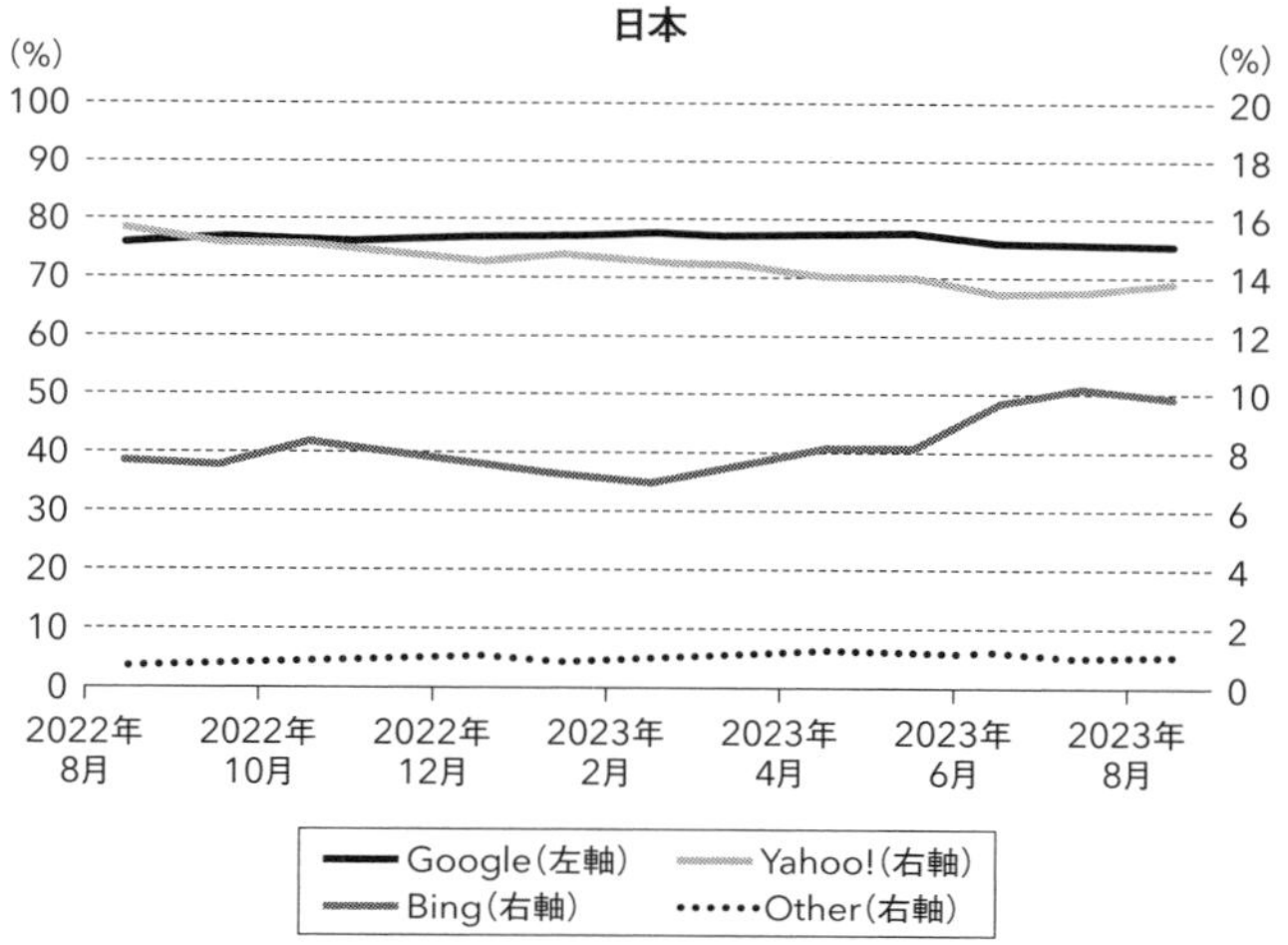

（出所）StatCounterのデータから大和総研作成

形で、東日本に設置しているデータセンターを拡充し、ChatGPTを始めとする生成ＡＩサービスを国内で完結して利用できるようになった。それまでは海外のデータセンターに情報を送る必要があったため、政府はChatGPTの活用を控えていたが、その足かせがなくなり、政府が持つデータとの連携が現実味を帯びてきた。

このようにChatGPTの活用環境が整う中、「国産対話ＡＩ」の開発はどうなっているのだろうか。

世界各国でＡＩに対する規制が積極的に検討されているが、日本のＡＩ規制は緩く、「機械学習パラダイス」と揶揄されているものの生成ＡＩの研究開発にはプラスに働くだろう。ただし、日本のＡＩの研究力・技術力は、残念ながら決して高いとはいえない。前述の日本経済新聞とエルゼビアの分析によると、ＡＩ関連の論文数で、日本は２０１６〜19年の6位から２０２１年には9位に下がっている。論文の質では18位に留まる。そうした状況を変えようと、文部科学省は２０２４年度の予算の概算要求で、ＡＩに関係する若手研究者に年２０００万円、大学院生に年６００万円を支給する「次世代ＡＩ人材育成プログラム」を盛り込むなど、様々な経済支援策を打ち出した。(注5)

また、日本の電力コストの高さも、「国産対話ＡＩ」の開発にネガティブな影響を与えている。ＧＰＴ−3の開発には、毎時１０００メガワット規模の電力が必要だったという。ChatGPTのベースとなっているＧＰＴ−３・５やＧＰＴ−４の開発にはそれを上回る電力が必要だったと考えられ、もちろんＡＩの運用時にも大量の電力を消費する。そのため、電力コストの高さは、国家間のＡＩ開発における競争力に大きな影響を及ぼす。

ChatGPTのような最先端のＡＩについては、膨大なデータとそれを超高速で処理する最先端のＡＩチップを用いていわば「力技」で作成されており、そこには莫大な資金が投入されている。そこに真っ向から挑戦することは、現状の日本の技術力・資金力・人材力などから考えると難しそうだ。日本は、先行事例のノウハウを参考にしながら、同等の性能を低電力で実現する研究開発や、ChatGPTのような汎用的なＡＩではなく、金融や医療など市場規模が大きく専門知識が求められる分野に特化した生成ＡＩを作成するなど、戦略の工夫が重要だ。

05 進化したAIは雇用を奪うのか

ChatGPTを代表とした、テキスト生成型ＡＩの総称である大規模言語モデル（ＬＬＭ）は、高い言語能力や汎用的な問題解決能力を有し、それを活用することにより労働者の生産性を高める効果が期待できる。スタンフォード大学のブリニョルフソン教授らの研究（注6）によれば、企業向けソフトウェア会社の顧客サポート担当者が最新版のＧＰＴで構築されたツールを使用したところ、顧客満足度が改善し、生産性が平均で14％も上昇した。

また、米コンサルティング会社のマッキンゼーの調査（注7）によると、ＬＬＭや画像生成モデルなどを含めた生成ＡＩが世界経済にもたらす付加価値は、年間２・６兆ドルから４・４兆ドル（約377兆～638兆円）と推計された。特に影響が大きいのは顧客対応、マーケティング、営業、ソフトウェアエンジニアリング、研究開発だという。

一方、近年ではＡＩが雇用を奪うのではないかと懸念されている。ここでは、ＬＬＭが進化すると雇用は不安定化するのかについて、歴史的背景にも触れつつ技術革新が労働市場（特に雇用）に与える影響を経済学の視点から検討する。

経済学から見た技術革新が雇用に与える影響

マサチューセッツ工科大学のアセモグル教授とボストン大学のレストレポ教授の研究(注8)によれば、新しい技術には二面性があるという。

一つ目は、「新しいタスクの創出による雇用の増加」だ。新しい技術やイノベーションは、新たな仕事や役割を生み出すため、それに伴い新たな雇用の機会が生まれる。

例えば、20世紀前半の米国の自動車産業(注9)は、電気や内燃機関の実用化という時代背景の中で生まれた。この時代に、各生産工程で使われている様々な機械を小型モーターで駆動する新しい生産方式が確立した。これにより、生産工程の最適配置が可能となり、効率が劇的に高まった。結果として一部の熟練工は職を追われたが、内燃機関や新しい生産方式の導入により、それらを適切に扱うためのスキルが必要となり、より大勢の作業員が必要になった。自動車メーカーでは管理職や販売員などの雇用が増加したほか、トラックの運転手やガソリンスタンドの店員など新たな職種を生み出した。このように、自動車産業は多岐にわたる雇用を創出し、豊かな中間層の創出に寄与した。

二つ目は「自動化による既存の仕事の減少」だ。新たな技術やイノベーションは、従来、人間がこなしていたタスクを自動化するため、雇用機会の減少につながる。

例えば、あるリンゴ農園では、10人の労働者が1日に1人当たり10キログラム（全員で1日100キログラム）のリンゴを手作業で収穫していたとする。ある日、農園の経営者がリンゴの自動収穫機を導入した。この機械を1台使うと1日に50キログラムの収穫が可能だ。従来と同じ1日100キログラムのリンゴを収穫するには、2台の機械があればいい。機械の操作が得意な2人の労働者の雇用は継続されたが、残りの8人は解雇されてしまった。このように、新たな技術の導入による自動化では、新しい技術に適応できる一部の労働者の生産性は高まるが、適応できない労働者は職を失うおそれがある。

こうした自動化が実現するには、いくつか前提条件がある。まず、タスクが定型化しやすいことが必要であり、定型化困難なタスクを数多く含む場合、自動化は難しい。さらに、人件費と比較して自動化のコストが安いことも自動化が進む条件だ。例えば、労働者3人でやってきた仕事を1台数百億円もする工作機械で置き換えることは現実的ではない。

歴史上、自動化によるマイナスの影響が強かった例の一つとして英国の産業革命が挙げられる。蒸気機関の導入により、高賃金の熟練工による作業が機械に代替され、タスクの単純化により低

図表8・9　新たな技術が雇用に対して与える効果の概要を示したフローチャート

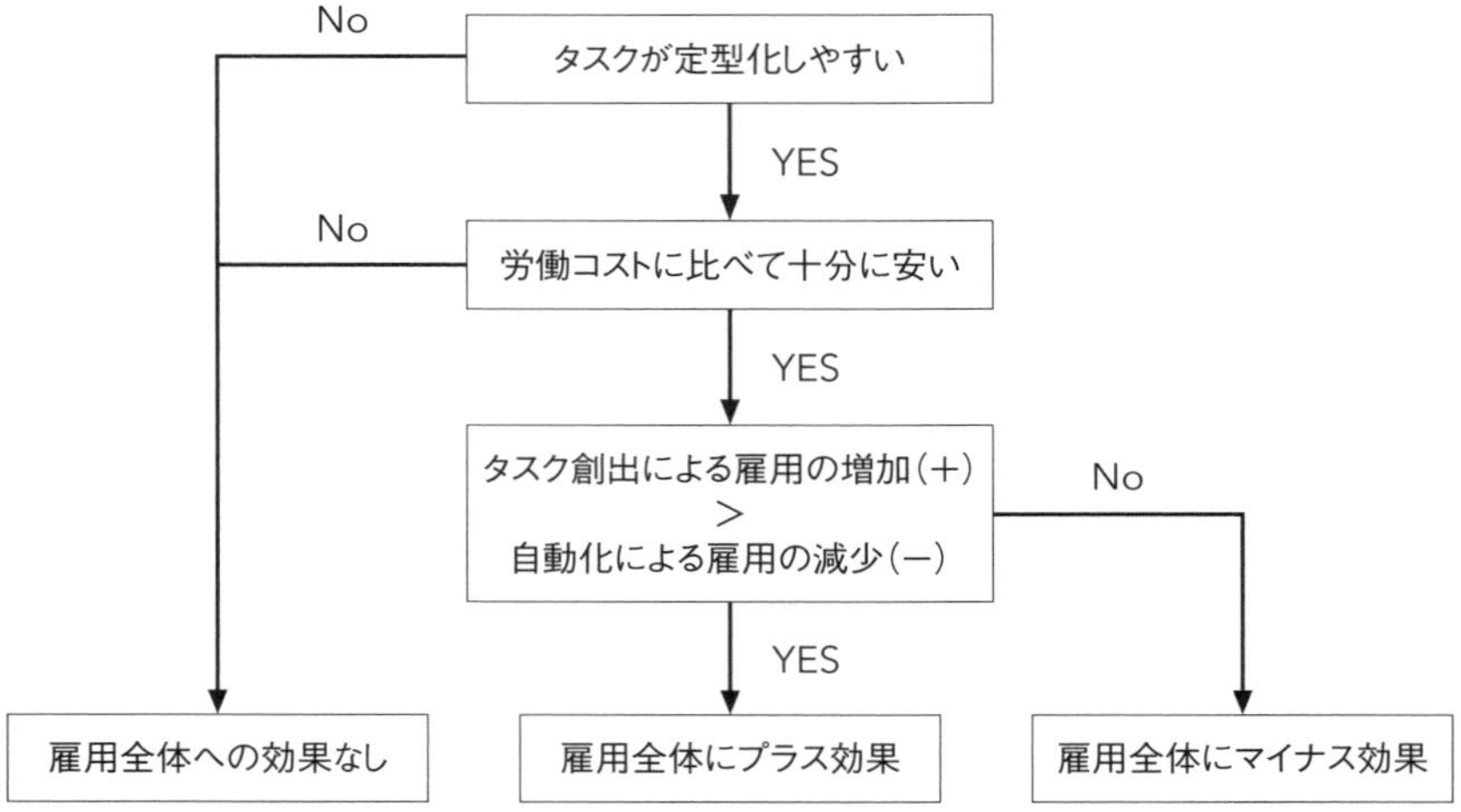

（出所）各種資料より大和総研作成

賃金で雇える子どもでも作業できるようになった。この変化は、生産コストの削減と効率化をもたらし、産業革命の推進力となった。しかし、同時に熟練工の失業と貧困層の拡大という社会問題も引き起こした。

　このように、新たな技術によるタスク創出効果（雇用にプラス）と自動化効果（雇用にマイナス）のどちらが強いかは、技術が持つ特性や、新たな製品の市場とそれにより必要となるスキル、時代や国ごとの労働市場の構造などに依存する。米国の産業革命では、中程度のスキルを要する労働補完的技術であったため、農家などから大量の雇用を吸収しながら雇用を増やすことができた。一方、英国の産業革命では、高賃金の熟練工を代替する労働代替的技術の要素が強かったため、自動化による雇用喪失が大きかった。

LLMによって雇用は二極化？

それでは、LLMは雇用にどのような影響を与えるのだろうか。まず「新しいタスクの創出による雇用の増加」に関しては、AIエンジニアやプロンプトエンジニア（LLMから適切な回答を引き出すための命令文を作成するエンジニア）などの比較的高いスキルが要求される雇用が今後増えると見込まれる。ほかにも、「特定の業界やタスクの内容を踏まえた出力をする」「出力する言語を固定する」といった、ChatGPTと外部情報の連携やAIモデルの微調整（ファインチューニング）をするトレーナー、LLMを基盤としたシステムの導入などに関する雇用が増加すると考えられる。

他方、「自動化による既存の仕事の減少」の観点からは、LLMは比較的スキルの高いホワイトカラーの職を含む広範な労働者に影響をもたらす可能性がある。例えば、ChatGPTを開発したOpenAIとペンシルベニア大学の研究(注10)では、米国の労働者の約80%が少なくとも業務の1割、また約19%が少なくとも業務の5割で影響を受ける可能性があると試算している。特に、高学歴、高収入の職業が影響を受けやすいという。産業革命以降から続く一連の技術革新の多くは、工場労働者などのブルーカラーのタスクが自動化されてきた。一方、LLMは、文章の作成や校正、アイデアの壁打ち、翻訳、プログラミングなど、従来、ホワイトカラーが担ってきたタスクの自動化が見込まれる。

もちろん、これまで指摘した通り、現在のＬＬＭはハルシネーションが時折発生する問題があるため、人間の仕事を完全に代替することは難しい。他方、定型的な業務や一般的な質問応答など、特定のタスクにおいて、ＬＬＭは人間と同等またはそれ以上のパフォーマンスを発揮する。さらに、ＬＬＭの使用コストは人件費に比べれば圧倒的に安いことが多い。

したがって、ＩＴ投資に積極的かつ労働市場が柔軟な国や地域では、ＬＬＭの活用の拡大に伴い、近年拡大してきた雇用の二極化が加速するかもしれない。特に懸念されるのが、米国だ。

米国ではすでに、ＬＬＭをはじめとするＡＩ技術導入による雇用への影響が出始めている。履歴書作成支援サービスを展開するResume Builderが２０２３年2月に米国企業の社員を対象に勤務先のChatGPTの利用状況や雇用に与える影響を調査したところ、勤務先の49％がChatGPTを利用しており、そのうち48％がすでに人員の置き換えを経験したと回答した。また、２０２３年末までにChatGPTの導入により従業員をレイオフ（解雇）する可能性を尋ねたところ、回答者の33％が「確実にある」、26％が「おそらくある」と回答した。実際、米国で宿題支援サービスを展開するCheggは、自社のサービスがChatGPTと競合した影響もあり、２０２３年6月に全従業員の4％に当たる80人を解雇した。米国ではＬＬＭのさらなる拡大を背景に、今後、より低賃金の職に追いやられる労働者が増え、雇用のさらなる二極化が懸念される。

一方、ＬＬＭの導入が日本の雇用環境に及ぼす影響は、相対的に緩やかと見込まれる。その理由として、労働人口の減少や日本特有のメンバーシップ型雇用などが挙げられる。デンマークのオーフス大学の足立大輔助教授と東京大学の川口大司教授、早稲田大学の齊藤有希子准教授は、

１９７８年から２０１７年にかけての日本の製造業と雇用に関するデータを用いて、ロボット導入が雇用に与える影響を分析した。(注11)結果は、米国とは対照的に、産業ロボットの導入が製造業の雇用を増加させたことがわかった。その理由は、産業ロボットの導入による低コスト生産が生産規模の拡大・維持を可能にした結果、雇用が創出されたため、と考えられる。また、日本はメンバーシップ型雇用かつ、既存の正規社員は法的に雇用が保護されているため、ＬＬＭ導入後も雇用は比較的維持されやすいのではないかと想定されるが、新規採用が抑制されるリスクには要注意だ。

それ以上に懸念されるのは、日本の場合、非正規社員に対するマイナスの影響である。これまで日本では非正規社員を低賃金で大量に雇用できたため、事務職の業務などでデジタル技術の導入が他国より遅れたと指摘する研究(注12)もある。今後、コストが非常に安いＬＬＭの導入が本格化すれば、ルーチンワークを担当するホワイトカラーの契約社員やアルバイトなどの人々は、求人の縮小や雇い止めのリスクが一気に増大すると考えられる。

ＬＬＭは比較的新しい技術であり、毎日のように世界中で新たなモデルや関連サービスが発表されている。また歴史を踏まえると、新しい技術は数十年単位の期間をかけて仕事のあり方を変えてきた。したがって、ＬＬＭが雇用に影響を与えるのはまさにこれからだろう。日本政府には、ＡＩ技術の開発や企業のＡＩ活用を支援すると同時に、新しい技術を扱うためのスキルアップを目指したリスキリングの支援や、非正規社員の保護の強化などの多角的な対応が求められる。このような対応により、技術の進化と雇用の安定を両立させることが、日本の持続的な経済成長に寄与するのではないだろうか。

06 ChatGPTの迅速で貪欲な活用が成長の鍵を握る

これまでの話をまとめると、ChatGPTは、テキスト生成に関する飛躍的な進展を実現したAIだ。人間の活動のほとんどすべてにテキストが関わってくることから、活用できない企業を探すほうが難しい。

ただ、世界中でChatGPTなどの活用が進んでいるかというとそうではない。中国・欧州（英国を除く）では、社会規範への抵触や個人情報といった理由で活用が遅れているように見受けられる。また、ハルシネーションのように、対応にある程度の技術力を要する問題について、その抑制法が浸透しておらず、誤った幻滅が進んでいる面もある。

そのような中で、先陣を切って活用を進めた企業からは、小さくない業務改善効果が報告されている。特にメールや会議の議事メモの作成、様々なテキスト関連の雑務に悩まされる日本人にとっては、「注意資源の削減」(注13)という観点が最も重要になるかもしれない。煩雑で些細な日々のタスクが生産性低下を招いていることは、ビジネスパーソンの誰もが感じている。そうしたタスクをChatGPTで効率化できれば、今まで浪費されていた注意資源をもっと重要なタスクに振り向けられる。この視点は、現在のような人的資本の重要性が認識される時代において、特に注目すべき点だ。

ChatGPTはあらゆる困難を解決する魔法のＡＩではない。ハルシネーションのような課題もある。しかし、ハルシネーションについては抑制法も考案され、その他の課題についても、ＡＩの発展速度を考えればそう遠くない将来に解決されるだろう。ChatGPTにはいくつかの課題はあるものの、技術の特性を把握し、どのようなことに活用するのか対象を見極め、安全な運用フローを構築すれば、業務を大幅に効率化できる可能性を秘めている。

「雇用喪失」効果もあることから政府による一定の政策配慮は必要だが、日本にとってChatGPTを迅速に導入し貪欲に活用することが、人口減少下で労働力不足が懸念される中、経済を成長させる重要な鍵の一つとなる可能性がある。

注

1 Noy, S. and W. Zhang [2023], "Experimental Evidence on the Productivity Effects of Generative Artificial Intelligence," SCIENCE.

2 OpenAI "What is ChatGPT?", 2023年10月16日閲覧。

3 ガートナージャパン「Gartner、『日本における未来志向型インフラ・テクノロジのハイプ・サイクル：2023年』を発表」プレスリリース、2023年8月17日、2023年10月3日閲覧。

4 産経ニュース「中国、生成AI規制を施行　共産党に不都合な情報拡散を阻止」2023年8月15日閲覧。

5 文部科学省「令和6年度　概算要求のポイント」2023年8月。

6 Brynjolfsson, E., D. Li, and L. Raymond [2023], "Generative AI at Work," Papers 2304.11771, arXiv.org.

7 McKinsey & Company [2023], "The economic potential of generative AI".

8 Acemoglu, D. and P. Restrepo [2018], "The Race between Man and Machine: Implications of Technology for Growth, Factor Shares, and Employment," American Economic Review 108(6): 1488-1542.

9 本節の歴史的な記述はAcemoglu, D. and S. Johnson [2023], "Power and Progress: Our Thousand-Year Struggle Over Technology and Prosperity," PublicAffairs. およびFrey, C. B. [2019], "The Technology Trap: Capital, Labor, and Power in the Age of Automation," Princeton University Press.（カール・B・フレイ [2020]『テクノロジーの世界経済史ービル・ゲイツのパラドックス』、村井章子、大野一訳、日経BP）を参考にした。

10 Eloundou, T., S. Manning, P. Mishkin, and D. Rock [2023], "GPTs are GPTs: An Early Look at the Labor Market Impact Potential of Large Language Models," Papers 2303.10130, arXiv.org, revised Aug 2023.

11 Adachi, D, D Kawaguchi, and Y. U. Saito [2020], "Robots and Employment: Evidence from Japan, 1978-2017," Discussion Paper Series 20-E-051, RIETI.

12 山本勲 [2017]『労働経済学で考える人工知能と雇用』、三菱経済研究所。

13 認知心理学では、注意を一種の資源と捉える立場が存在する。このような立場では、「注意」はタスクを解決するための一定量の資源と捉えられており、「注意」はタスクをこなす度に消費されていき、欠乏することでパフォーマンスの低下が生じるとされている。

執筆者プロフィール

第２章担当

鳥毛拓馬（とりげ　たくま）

大和総研金融調査部　制度調査課長　主任研究員

研究・専門分野は米国金融・証券規制。2006年大和総研入社。金融・証券に関わる税制・会計制度の担当。2013年金融庁に出向、アジア諸国（主にミャンマー）の金融インフラ整備支援を担当。2015年大和総研に帰任。2016〜2023年ニューヨークリサーチセンター長。2023年より現職。

第２章担当

矢作大祐（やさく　だいすけ）

大和総研経済調査部　主任研究員

研究・専門分野は米国経済・金融。2012年大和総研入社。金融資本市場調査担当を経て、2013〜2015年財務省に出向、IMFやFSBなどの国際機関との折衝を担当。2016〜2017年中国社会科学院金融研究所の訪問研究員（在北京）。2019年〜2023年ニューヨーク駐在、米国経済・金融担当。2023年より現職。

第３章担当

橋本政彦（はしもと　まさひこ）

大和総研ロンドンリサーチセンター　シニアエコノミスト

研究・専門分野は欧米経済。2006年大和総研入社。日本経済担当を経て、2010〜2012年内閣府に出向、経済財政白書の執筆、月例経済報告などを担当。2015〜2019年ニューヨーク駐在、米国経済担当。2022年より現職。

監修、はじめに担当

熊谷亮丸（くまがい　みつまる）

大和総研 副理事長兼専務取締役 リサーチ本部長

内閣官房参与（経済・金融担当）

研究・専門分野は経済調査、政策調査、金融調査全般。1989年東京大学法学部卒業後、日本興業銀行（現みずほ銀行）入行。同行調査部などを経て、2007年大和総研入社。2010年同社・チーフエコノミスト。2014年同社・執行役員チーフエコノミスト。2021年より現職。東京大学大学院法学政治学研究科修士課程修了（旧興銀より国内留学）。ハーバード大学経営大学院AMP（上級マネジメントプログラム）修了。内閣官房参与（経済・金融担当）、全世代型社会保障構築会議委員、財政制度等審議会委員、政府税制調査会特別委員、情報通信審議会委員などの公職を歴任。経済同友会幹事、経済情勢調査会委員長。各種アナリストランキングで、エコノミスト、為替アナリストとして、合計7回、1位を獲得。著書は『ポストコロナの経済学』（日経BP）など多数。

第１章担当

近藤智也（こんどう　ともや）

大和総研政策調査部長　主席研究員

研究・専門分野は欧米経済、日本経済。1996年大和総研入社。日本経済担当・経済構造分析担当を経て、2001年より米国経済担当。2009〜2012年ニューヨークリサーチセンター長。2012年経済調査部、2020〜2021年ロンドンリサーチセンター長。2023年より現職。

第6章担当
久後翔太郎（くご しょうたろう）

大和総研経済調査部　シニアエコノミスト
研究・専門分野は日本経済、財政・金融政策。2012年大和総研入社。日本経済担当を経て、2016～2018年財務省に出向。2020年ケンブリッジ大学ファイナンス修士課程修了。2020年より現職。

第6章、第7章担当
田村統久（たむら むねひさ）

大和総研経済調査部　エコノミスト
研究・専門分野は日本経済。2018年大和総研入社。日本経済担当を経て、2021～2023年内閣府に出向。2023年より現職。

第6章担当
岸川和馬（きしかわ かずま）

大和総研経済調査部　エコノミスト
研究・専門分野は日本経済、国際貿易。2019年一橋大学大学院経済学研究科修士課程修了後、大和総研入社。

第6章、第7章担当
中村華奈子（なかむら かなこ）

大和総研経済調査部　エコノミスト
研究・専門分野は日本経済。2021年大和総研入社。

第4章担当
齋藤尚登（さいとう なおと）

大和総研経済調査部長、主席研究員
研究・専門分野は中国経済。1990年山一証券経済研究所入社、1994～97年香港駐在。1998年大和総研入社、2003年～2010年北京駐在。帰国後、主任研究員を経て、主席研究員。2023年より現職。財務省財務総合政策研究所中国研究会委員、金融庁中国金融研究会委員

第5章担当
増川智咲（ますかわ ちさき）

大和総研経済調査部　シニアエコノミスト
研究・専門分野は新興国経済。2008年大和総研入社。2009年からロンドンリサーチセンターで新興国経済、欧州経済を担当。帰国後、日本経済を担当し、2012年から国際協力銀行（JBIC）外国審査部に出向。2014年より現職。

第6章、第7章担当
神田慶司（かんだ けいじ）

大和総研経済調査部　シニアエコノミスト
研究・専門分野は日本経済、財政・社会保障。2004年一橋大学経済学部卒業後、大和総研入社。内閣府出向（2008～10年）、政策調査部など経て、2019年より経済調査部日本経済調査課長。2023年まで参議院 企画調整室 客員調査員を務める。

第8章担当

溝端幹雄（みぞばた みきお）

大和総研経済調査部　主任研究員
研究・専門分野は日本経済・経済構造分析。1998年東京大学経済学研究科修士課程修了、大和総研入社（日本経済担当）。2005年年金総合研究センター（現・年金シニアプラン総合研究機構）に出向。2007年に大和総研に帰任、2010年より現職。

第6章担当

高須百華（たかす ももか）

大和総研経済調査部　研究員
研究・専門分野は日本経済、開発経済。2022年大和総研入社。

第8章担当

鎌田紀彦（かまた のりひこ）

大和総研データドリブンサイエンス部　シニアグレード
研究・専門分野はデータサイエンス。2021年大和総研入社。課長代理、スペシャリストグレードを経て、2022年より現職。

第8章担当

新田尭之（にった たかゆき）

大和総研経済調査部　主任研究員
研究・専門分野はデータサイエンス、内外経済。2011年大和総研入社。中国経済担当、東南アジア経済担当を経て、2017～2019年には内閣府で政策効果分析や機械学習モデルの開発などを担当。2023年シカゴ大学コンピュータ解析および公共政策修士課程修了。2023年より現職。

この一冊でわかる
世界経済の新常識2024

2023年11月27日　第1版第1刷発行

監修　熊谷 亮丸
編者　大和総研
発行者　中川 ヒロミ
発行　株式会社日経BP
発売　株式会社日経BPマーケティング
〒105-8308
東京都港区虎ノ門4-3-12
https://bookplus.nikkei.com/

デザイン　小口 翔平＋畑中 茜＋須貝 美咲（tobufune）
DTP・制作　河野 真次
編集担当　沖本 健二
印刷・製本　中央精版印刷株式会社

ISBN 978-4-296-00173-6
Printed in Japan

本書籍に関するお問い合わせ、ご連絡は下記にて承ります。
https://nkbp.jp/booksQA